InteGREATion - Alltagsberichte aus einer Asylunterkunft

1. Auflage

Umschlaggestaltung: Anna Will, Maximilian Müller
Druck und Bindung:
Amazon Media EU S.a.r.l., Czekoladowa 1, 55040 Bielany Wroclawskie, Polen
Verlag: Anna Will, Destouchesstraße 71, 80799 München

Bibliographische Informationen der Deutschen Nationalbibliothek: Die Deutsche Nationalbibliothek verzeichnet diese Publikation in der Deutschen Nationalbibliographie; detaillierte bibliografische Daten sind im Internet über http://dnb.dnb.de abrufbar.

ISBN Print: 97833840107459

Für Claudia

Advent

„Derzeit sind 65,3 Millionen Menschen auf der Flucht und vielleicht sollten wir uns gerade jetzt der wahren Bedeutung des Wortes Advent, *Ankunft*, bewusst werden.“ Mit diesen Worten beendet der Redner seine Präsentation. Ich sitze im Hörsaal der Universität Heidelberg, in dem gerade ein Vortrag über die aktuelle Flüchtlingspolitik 2015 in Deutschland gehalten wurde. Das Publikum klatscht, erhebt sich und verlässt den Saal. Vielleicht kommt es mir nur so vor, aber die Stimmung im Raum wirkt irgendwie gedrückt. Es sind nur noch ein paar Tage bis Weihnachten. Vorgestern war der dritte Advent.

Fünf Jahre später komme ich völlig abgehetzt an der Flüchtlingsunterkunft, in der ich seit geraumer Zeit arbeite, mit meinem Fahrrad an. Ich binde es an einem Baum im Garten fest, wickle das dicke Zahlenschloss um den Reifen, gehe auf das Gebäude zu und öffne die schwere Eingangstür zur Asylunterkunft. Drinnen ist es mucksmäuschenstill. Insgesamt ist es seit Beginn der Corona-Zeit sehr ruhig in unserer Unterkunft geworden, denke ich mir. Die Bewohner kommen nur noch selten zu uns, weil die meisten Ämter auf Sparflamme arbeiten, wir viele Behörden gar nicht erreichen können und Angebote eh nicht stattfinden dürfen. Es ist ein Dienstagmorgen im Advent. Mit schnellen Schritten eile ich den Korridor zu Zimmer 14 entlang, dem Büro der sozialpädagogischen Assistenten, welches ich mir mit meinen beiden Kollegen Shafiq und Azad teile, denn ich bin spät dran. Die sonst so kahlen Wände der Unterkunft sind mit Weihnachtssternen und anderer adventlicher Dekoration geschmückt. Mir gefällt es, denn sie verdeckt die Schmierereien der Kinder.
Schon von Weitem höre ich meinen Kollegen in einem Gespräch mit Abadin, einem unserer Bewohner. Ich verstehe kein Wort, denn die beiden unterhalten sich auf Arabisch. Wenn Abadin Arabisch spricht, klingt das für mich immer so, als ob er sehr aufgeregt ist und seiner Wut freien Lauf lassen muss – vielleicht liegt das aber auch an der Sprache. Heute kommt es mir jedoch so vor, als sei Abadin besonders

aufgebracht. Er ist oft sehr aufgebracht, zu unser aller Leid. Wegen jedem kleinsten Anliegen kommt er zu uns und macht uns das Leben schwer. Azad muss jedes Mal drei Zigaretten rauchen, nachdem er ihn bedient hat. Mein Kollege Azad – „der mit den vielen Namen", wie er auch gern von der Personalabteilungsleiterin genannt wird. Ich muss bei dem Gedanken ein bisschen schmunzeln. Der Grund für seinen häufigen Namenswechsel ist politischer Natur. Azad ist selbst vor vielen Jahren mit seiner Familie aus dem Irak geflohen. Als überzeugter Kommunist und kurdisch-jesidischer Peschmerga-Kämpfer wurde sein Vater politisch und ethnisch verfolgt.

Das Gespräch zwischen Abadin und Azad ist beendet, unser Bewohner packt die auf dem Tisch ausgebreiteten Unterlagen vom Jobcenter zusammen und verabschiedet sich.
„Guten Morgen", begrüße ich die beiden.
„Guten Morgen", erwidern die zwei Männer im Chor. Ich schaue in das braungebrannte Gesicht meines Kollegen, seine braunen Augen glänzen und drumherum haben sich ein paar Lachfältchen gebildet. Seine schwarzen Haare verdichten sich langsam wieder, denke ich mir. Er hatte sich in seinem Sommerurlaub im Irak einer Haartransplantation unterzogen – ein nicht ganz ungefährliches Unterfangen, wie er mir ausführlich schilderte, nachdem er aus dem Urlaub zurückgekommen war.
Kaum ist Abadin weg, platzt die ganze angestaute Wut aus Azad heraus. Badar, Abadins Frau, habe gedroht, die Unterkunft abzufackeln, würde die Familie kein Familienzimmer bekommen.
„Die Leute hier wollen immer mehr und mehr und bekommen alles. Erst gestern hat Abadin sich beschwert, dass er hier Miete bezahlen muss. Sein Bruder in Stuttgart bekommt angeblich alles vom Jobcenter bezahlt. Als wir damals hier angekommen sind, haben wir ein Hühnchen und ein paar Mark in der Woche bekommen. Wir haben uns zu sechst ein Zimmer geteilt, die Unterkünfte waren dreckig und wir hatten keine Putzfrauen. Wir haben geschaut, dass wir schnell Arbeit finden. Heute ist die Flucht einfach. Insbesondere der Weg über die Balkanroute. Die Grenzen sind offen. 2015 konnte jeder kommen."

Als Azad das so sagt, frage ich mich tatsächlich, wie es so mancher unserer Bewohner bis hierher geschafft hat. Ich denke an Akono mit seinem verkrüppelten Bein oder die fünfundneunzigjährige Frau bei uns in der Unterkunft.

„Heutzutage ist man nicht mehr so lange unterwegs und es kostet auch nicht sonderlich viel. Viele Leute folgen einfach den anderen, es geht zu wie in einer Schafherde. Ohne zu wissen, warum oder was das für sie bedeutet, kommen diese Menschen, stellen dann fest, dass Deutschland doch nicht das gelobte Land ist und kehren zurück in ihre Heimat. Auch mein Bruder ist damals hierhergekommen und wieder zurück in den Irak gegangen, weil es ihm in diesem Land nicht gefallen hat", fährt mein Freund fort. Ich denke an unseren Bewohner Ehsan, gerade erst Anfang zwanzig, der hier mit seinen vier Geschwistern und seiner Mutter seit sechs Jahren lebt. Alle Familienmitglieder haben einen Aufenthaltstitel. Erst neulich kam er zu mir und beschwerte sich: „Merkel hat uns hergerufen und hier sind wir. Und jetzt haben wir so ein schlechtes Leben in der Unterkunft." Aber dann kommt mir ein anderer Bewohner in den Sinn. Farzin ist Mitte vierzig, ein alleinstehender, gutmütiger, ehrlicher und wissbegieriger Mann. Farzin kommt immer zu mir, wenn er eine ganz spezielle Frage zur deutschen Sprache hat. Der Iraner ist ausgesprochen fleißig und setzt sich so sehr im Detail mit dem Spracherwerb auseinander, dass mir selbst oft die Erklärungen für so manche Deutschregel ausgehen. Farzin sagt immer, er brauche nicht viel, er sei zufrieden, dass er hier sein könne. Von dem wenigen Geld, das der Mann von der wirtschaftlichen Flüchtlingshilfe bekommt, hat er einen Teil an Amnesty International gespendet. Farzin würde gerne arbeiten, aber seine Duldung erlaubt es ihm nicht. Die Regierung hält seine Geschichte für nicht aussagekräftig genug. Der Iraner kann schlecht lügen. Aber genau für diese Seele von Mensch würde ich mir ein Bleiberecht wünschen.

„Als ich damals hierhergekommen bin, war der Fluchtweg nicht so leicht", fährt Azad fort.

„Ich wollte eigentlich nie hier in Deutschland bleiben, ich wollte weiter nach Kanada, habe ich dir das schon mal erzählt?“ Ich schaue in die tiefbraunen Augen meines Freundes.
„Azad, wie bist du eigentlich hierhergekommen? Und wie kam es, dass du in Sibirien auf einem Internat gelandet bist?”, frage ich ihn.
Unsere Blicke begegnen sich. Nach einem kurzen Moment der Stille entgegnet er: „Das ist eine sehr lange Geschichte, aber ich würde sie dir gern erzählen.“ Ich nicke ihm aufmunternd zu.

Irak

„Ich erinnere mich deshalb so gut an den Tag, an dem die Soldaten gekommen sind und meinen Cousin geholt haben, weil es mein zwölfter Geburtstag, der 18. Juni 1982, war. An jenem Tag ist es schon morgens so drückend heiß gewesen, dass wir uns alle in die kühlen Mauern unseres Hauses zurückgezogen haben. Meine ganze Großfamilie war dort versammelt: Meine Mutter, Tanten und älteren Cousinen waren in der Küche, haben Couscous, gefüllte Weinblätter, Fleisch und Baba Ghanoush für das Mittagessen vorbereitet und sich über den neusten Klatsch im Dorf ausgetauscht. Mein Vater, meine Onkels und Cousins haben sich auf den Wohnzimmerteppich zusammengesetzt, Shisha geraucht und dazu Mate getrunken, und meine sechs kleinen Geschwister, meine jüngeren Cousins, Cousinen und ich sind in einem Kreis in einer Ecke unseres Wohnzimmers gesessen und haben Pentovolo gespielt“, beginnt Azad seine Erzählung.
Ich kenne das Spiel von einem Sozialpädagogen, der unsere Unterkunft im Sommer mit seinem Kinderprogramm *Spiele aus aller Welt* besucht hat. Man braucht für dieses Spiel eigentlich nur ein paar kleine Steinchen, die der Spieler in die Luft werfen und dann versuchen muss, mit einer Hand wieder aufzufangen.
„Wir haben viel gelacht und uns darum gestritten, wer als Nächstes an der Reihe ist, während ein beigefarbener Niva den Weg zu unserem Haus heraufgebrettert ist“, fährt mein Kollege fort.
„Ein Mann ist von der Ladefläche gesprungen und die beiden anderen sind vorne mit ihren Gewehren ausgestiegen. Mein Vater, so hatte er

mir später erzählt, hat den Niva schon beim Reinfahren bemerkt und die kostbarsten Gegenstände versteckt. Es hat dreimal gegen die Tür gepocht und von draußen war unmissverständliches Geschrei zu hören. Dann ein Lachen. Mein Vater hat sich beeilt und ist zur Tür gegangen. Ich habe gesehen, wie er versucht hat zu lächeln, als er die Männer hereingebeten hat. Damals hatte ich Angst, aber heute weiß ich, dass mein Vater keine Wahl hatte. Einer der Männer, vermutlich der Anführer, hat auf meinen Cousin Ahmed gezeigt. Ahmed hatte ein verkrüppeltes Bein, weil er fünf Jahre zuvor auf eine Mine getreten ist. Die Männer haben angefangen, sich über meinen Cousin lustig zu machen.

Einer hat sich die Zähne geleckt und ich habe richtig gemerkt, wie er die Angst der Umstehenden dabei genossen hat. Mein Vater und sein Bruder haben versucht, die Aufmerksamkeit der Männer auf etwas anderes zu lenken, aber sie haben so richtig Gefallen an der Angst meines Cousins gefunden und sich über sein Quieken, wie sie es genannt haben, gefreut. Ich habe auf den Boden geschaut, weil ich nicht auch ein Opfer werden wollte. Das einzige Geräusch, an das ich mich in diesem Moment erinnern kann, war mein Herz, das viel zu laut in meiner Brust geschlagen hat, und ich hatte Angst, dass die Soldaten es durch das dünne T-Shirt hören konnten.

Meine Großmutter hat Ahmed festgehalten, aber die Männer sind wütend geworden, haben sie angeschrien und meinen Cousin gepackt. Die Soldaten haben ihn unter seinem Geschrei zum Niva gezerrt. Seine angsterfüllten Augen werde ich niemals vergessen. Genauso wenig meinen Onkel, der vor den beiden Männern auf die Knie gegangen ist und um das Leben seines Kindes gefleht hat, doch das war den Soldaten egal. Sie haben bereits die Kette von der Ladefläche geholt, dabei meinen Onkel bespuckt und ihn als Feigling beschimpft. Er solle doch für seinen Sohn kämpfen, haben sie gesagt. Zitternd ist mein Onkel aufgestanden, nachdem er mit dem ersten Faustschlag bereits niedergestreckt worden war und sich heulend am Boden die Nase gehalten hat. Ich habe gebannt auf die Szene geschaut, unfähig, auf etwas anderes zu achten. Sie haben Ahmed gepackt und ihm die Kette einmal um seine Hüfte gelegt. Der eiserne Gürtel wurde verschlossen,

die Männer sind in den Niva gestiegen und haben geschrien, dass so etwas mit Feiglingen und Krüppeln passiert. Dann haben sie den Motor angelassen und Gas gegeben. Ich erinnere mich nur noch daran, wie Ahmed vollkommen zerschunden auf unserem Hof gelegen ist und das Blut rote Streifen durch den Sand gezogen hat, die nur von den Reifenspuren unterbrochen wurden. Ahmed hat für einen kurzen Moment noch schwer geatmet, dann habe ich einen Schuss gehört. Ich hatte Angst zu weinen und der Nächste zu sein, habe nur noch gesehen, wie mein Vater den Männern Geld gegeben hat und die zwei Soldaten reden gehört: „Und für den haben wir noch Sprit verfahren.“ Dann sind sie davongefahren.
An diesem Abend habe ich das erste Geschenk meines Lebens bekommen. Mein Vater hat mir eine Kalaschnikow in die Hand gedrückt.
„Alles Gute zum Geburtstag mein Sohn. Die wirst du sicher noch gebrauchen können“, waren seine Worte.

Kaweh

Azads Erzählungen werden von einem „Salam alaikum“ unterbrochen. Vor uns steht Kaweh, der mich gedanklich wieder zurück in unser Assistentenbüro holt. Ich stehe noch ein bisschen neben mir, doch das scheint unserem Bewohner nicht aufzufallen, was vielleicht daran liegt, dass er selbst oft einen verwirrten Eindruck macht.
Ich mag ihn, denn er hat einen gewissen Charme, ist meistens recht freundlich, aber leider stinkfaul und vielleicht auch ein bisschen durchtrieben, wie viele unserer Bewohner. Seit sechs Jahren ist Kaweh hier und trotzdem kann unser Bewohner noch immer kaum ein Wort Deutsch. Nicht nur das Erlernen unserer Landessprache fällt ihm schwer, auch sein Namensgedächtnis ist äußerst schlecht. Frau Sonnenschein, von der er seine Leistungen bekommt, nennt er immer nur „diese Frau“.
„Was können wir für dich tun?“, fragt Azad.
„Bitte Vodafone anrufen“, erwidert er in gebrochenem Deutsch. Wie ich mit Azads Übersetzung herausfinde, hat Kaweh von dem

Telefonanbieter eine Mahngebühr bekommen, die er nun in Raten zurückzahlen will. Also schnappe ich mir den Hörer und rufe die Telefongesellschaft an.
„Ist der Herr denn anwesend?“, fragt mich die Frau am anderen Ende der Leitung.
„Ja“, sage ich „aber er kann nicht so gut Deutsch.“
„Wir müssen einen Datenabgleich machen. Wann ist denn sein Geburtstag?“, fragt mich die Vodafone-Frau nun. „Kaweh, wann ist dein Geburtstag?“, leite ich die Frage an ihn weiter. Er schaut mich verständnislos an, dann wirkt er nachdenklich. Azad übersetzt schnell ins Arabische.
„Hmm … ich glaube der 1.1.1980“, antwortet er nach kurzem Überlegen.
„Am 1.1. hat die Hälfte der hier wohnenden Leute Geburtstag“, denke ich mir.
„1.1.1980“, spreche ich in die Hörmuschel.
„Nein, das ist falsch“, kommt es kurz darauf aus dem Hörer.
„Kaweh, das ist falsch“, sage ich.
„Wann hast du Geburtstag?“ Der Iraner kratzt sich an seiner spärlichen Haarpracht.
„4.3.1982“ antwortet er nach kurzem Nachdenken. Ich leite das Geburtsdatum weiter.
„Das stimmt auch nicht“, höre ich die Telefonistin sagen. „Entschuldigung, jetzt muss ich schon sehr dumm fragen, aber wie kann es denn sein, dass jemand sein Geburtsdatum nicht weiß?“ Ich grinse und sage: „Ach, wissen Sie, im Iran nimmt man es nicht so genau mit dem Geburtsdatum.“

Als Kaweh gegangen ist, schüttelt Azad den Kopf über unseren Bewohner.
„Mein Gott, dieser Mann ist so blöd. Habe ich dir schon die Geschichte vom Kinderwunschzentrum erzählt?“
„Nein“, grinse ich erneut.
„Er und seine Frau haben dort mehr als zweitausend Euro Schulden und sie nimmt die Pille.“ Ich merke, wie meine Kinnlade nach unten

klappt. Ich frage mich, was in den Köpfen dieser Leute vor sich geht und vor allem, wie sie diese Rechnung bezahlen werden.

In der Mittagspause sitzen meine Kollegen und ich um den großen runden Tisch in unserer Mitarbeiterküche versammelt und unterhalten uns. Wir reden über Aufenthaltstitel und Duldungen und kommen auf zwei pakistanische Bewohner zu sprechen.

„Die zwei haben nur ein Bleiberecht bekommen, weil sie vorgeben, ein schwules Paar zu sein", sagt Azad. Ich weiß, dass viele der hier Lebenden versuchen, mit einer Lüge ihren Aufenthaltstitel zu erschleichen.

„Kaweh hat Wind von dieser Geschichte bekommen und mich gefragt, ob er so auch ein Bleiberecht bekommen kann. Aber Kaweh war sich unsicher, ob sein Schwindel auffallen würde. Deswegen hat er mich gefragt, ob nicht eine Prostituierte in die Unterkunft kommt, um zu schauen, wie er auf sie reagiert."

Kaum hat Azad zu Ende gesprochen, breche ich in schallendes Gelächter aus. Ich merke richtig, wie mir die Tränen kommen, so sehr muss ich lachen, und denke mir gleichzeitig, wie typisch diese Überlegung für Kaweh ist.

„Es gibt tatsächlich eine Möglichkeit, das zu überprüfen", sage ich, nachdem ich mich wieder unter Kontrolle habe.

„Der homosexuelle Partner des Antragstellenden muss dem BAMF schriftlich bezeugen, dass er oder sie in einer Beziehung mit ihm oder ihr ist, das hat mir zumindest neulich eine Kollegin aus einer anderen Unterkunft so erzählt. Wenn ich das jetzt so sage, frage ich mich allerdings nur, was ein Homosexueller, der keinen Partner hat, in so einem Fall macht."

Ich vernehme ein allgemeines Schweigen um den ganzen Tisch herum, meine Kollegen sind mit Kauen beschäftigt, aber ihrer Reaktion entnehme ich, dass sie darauf auch keine Antwort haben.

„Mein Gott, oder damals, wisst ihr noch, als Kaweh neu hier in Deutschland war", unterbricht Azad von Neuem die Stille.

„Ich sollte für ihn beim Arzt dolmetschen. Der Arzt hat mich gefragt, was ihm fehle und ob er Schmerzen habe. Nachdem ich das übersetzt hatte, hat mich Kaweh nur kurz angeschaut und dann geantwortet: ‚Vielleicht wenn ich schlafe, aber das merke ich dann ja nicht.‘ Mein Gott, war mir das peinlich, ich bin fast im Erdboden versunken“, sagt Azad und schüttelt den Kopf. Mir kommen erneut fast die Tränen, so sehr muss ich lachen.

„Die Leute wollten damals nur die Ärzte ausprobieren, sie waren neugierig. Und Ansprüche hatten sie, könnt ihr euch das vorstellen? Ihr kennt doch unsere Kinderkrankenschwester?“ Ich denke an die immer gut gelaunte, herzliche und ein bisschen korpulente Frau Holler.

„Die Bewohner haben sich schon einmal beschwert, weil sie eine schöne Krankenschwester wollen.“ Ich schaue meinen Kollegen mit großen Augen an.

„Wir waren froh, dass wir überhaupt eine Krankenversicherung hatten, als wir damals hier angekommen sind. Aber die haben wir nur bekommen, weil wir gearbeitet haben. Wisst ihr, was einer meiner ersten Jobs hier in Deutschland war?” Ich schüttle den Kopf.

„Ich habe auf einem Friedhof als Bestatter gearbeitet“, beantwortet Azad die Frage.

Die letzte Stunde sitze ich allein im Büro. Da es ruhig ist, nutze ich die Zeit und gebe *Flüchtlingskrise 2015* in die Google-Suchmaschine ein. „Die Zahl der Asylanträge hat im Jahr 2015 einen historischen Höchststand erreicht“ (BAMF, 2016) lese ich auf der offiziellen Seite des BAMF.

> „2015 gab es die höchste Zuwanderung und den höchsten Wanderungssaldo seit 1992. Die Zuwanderung hat sich 2015 im Vergleich zum Vorjahr um 46 Prozent auf 2,14 Mio. Zuzüge erhöht. (BAMF, 2016)

Eine große Zahl, denke ich mir. „Besorgniserregende Zustände entlang der Balkanroute“ (Uno-Flüchtlingshilfe, 2022), schreibt die Webseite der UNO Flüchtlingshilfe.

„Entlang der Route herrschten elende Zustände. Die Menschen versuchten, sich zu Fuß zur nächsten Grenze durchzuschlagen und strandeten im Nirgendwo.“ (Uno-Flüchtlingshilfe, 2022) Ich lese weiter über die „hygienischen Zustände“ und über

„Ausschreitungen zwischen Flüchtlingen, Migranten, mazedonischen Beamten und griechischer Polizei“ (Uno-Flüchtlingshilfe, 2022) und denke an das Flüchtlingslager Moria, in das wir manchmal gern die anstrengendsten unserer Bewohner verlegt hätten.

„Viele der Migranten, die die Balkanroute nehmen, kommen aus Syrien, dem Irak, und dem weiteren südlichen Zentralasien, insbesondere Afghanistan und Pakistan, aber auch, nachdem die Mittelmeerrouten schwieriger und teurer wurden, aus nordafrikanischen Ländern, aus Eritrea und Äthiopien“ (Wikipedia, 2022), lese ich auf Wikipedia und weiß, dass unser Asylheim mit dieser Länderauswahl repräsentativ ist. Ich denke an Azads Worte, daran, dass die Flüchtlinge früher oft zehn Jahre unterwegs waren und heute lediglich ein paar Monate brauchen. Er hat mir erst neulich von einer Polizeikontrolle in einem Heim in unserer Stadt erzählt, nachdem ich mich gewundert hatte, warum Jam, einer unserer Bewohner, seine Tür nicht aufgemacht hatte, obwohl ich wusste, dass er zuhause war.

„Zehn Jahre war dieser Nigerianer auf der Flucht und als die Polizei gekommen ist und er abgeschoben werden sollte, hat er sich umgebracht“, waren seine Worte.

Ich weiß nicht, ob die Flucht heute wirklich so viel leichter ist als früher. Die Berichte, die ich im Internet finde, vermitteln mir ein Bild davon, dass eine Flucht auch aktuell nicht einfach ist. In einem Artikel der FAZ lese ich, dass „Fluchthelfer bis zu 12.000 Euro für eine Fahrt von Syrien nach Wien“ (Genitz, 2015) verlangen.

„Eine nicht unbeträchtliche Summe“, denke ich mir und lese weiter, dass die Fluchthelfer „über Leichen gehen“ (Genitz, 2015). Mir kommen Bilder aus den Nachrichten vor Augen, in denen immer wieder von tot aufgefundenen Flüchtlingen in LKWs die Rede ist. Demnach stelle ich mir vor, dass auch heutzutage eine Flucht nicht ganz ungefährlich ist.

„Manche Bewohner, die nach Deutschland gekommen sind, sind ins Paradies, manche in die Hölle gekommen“, hat Azad einmal gesagt. Für unseren Bewohner Emal und seine Familie ist Deutschland das Paradies. Sie machen sich hier von den Sozialleistungen, die sie bekommen, ein schönes Leben und haben sich ein Haus im Iran

gekauft. Akar versucht sich zu integrieren, aber Deutsch zu lernen fällt ihm unglaublich schwer. Buruk, der eine Kugel im Kopf hat, wird nie Deutsch lernen. Ich habe ihm einmal einen Dolmetscher zur Einschreibung in eine Sprachschule buchen müssen. Trotzdem gelingt es ihm, immer wieder Arbeit als Lagerist zu finden. Buruk ist gewillt, sich zu integrieren, obwohl Deutschland für ihn die Hölle sein muss. Obwohl er besondere Herausforderungen und Schwierigkeiten hat, kann ich behaupten, dass die Integration bei ihm ein Stück weit funktionieren wird, beziehungsweise hat sie das auf eine gewisse Art und Weise bereits.
Ich frage mich, was diese Leute antreibt, den langen und gefährlichen Weg bis hierher nach Europa aufzunehmen. Ich frage mich, mit welchen Hoffnungen, Träumen und Zielen sie kommen und wie sie von uns, der Gesellschaft und der Politik aufgenommen werden, was unsere Reibungspunkte sind und welchen Herausforderungen wir uns stellen müssen, wie wir uns gegenseitig beeinflussen, voneinander lernen und unsere Meinungen bilden. Und ich frage mich: Kann Integration funktionieren?
Nachdenklich sperre ich an diesem Abend nach meinem Dienstende das Büro ab und fahre langsam mit meinem Fahrrad nach Hause.

Das Team stellt sich vor

Am nächsten Tag habe ich Frühschicht und treffe gleichzeitig mit Aileen, unserer Chefin, in der Unterkunft ein. Aileen kommt ursprünglich aus Irland, hat aber auch in Kalifornien und vielen anderen Orten dieser Welt gelebt. Sie ist ein bisschen verplant, aber ein herzensguter Mensch. Ich glaube, sie ist die Professionellste von uns allen. Sie versucht es zumindest, was schon durch ihre Outfit-Wahl zum Ausdruck kommt. Aileen geht immer in schicker Businesskleidung und Absatzschuhen in die Arbeit. Heute wippen ihre langen, dunkelblonden Locken, als sie den Gang entlang auf ihr Büro zusteuert.
„Bist du wieder mit dem Fahrrad gekommen?“ fragt sie mich ein wenig ungläubig, als wir so nebeneinander den Korridor entlanggehen.

„Wie machst du das nur immer jeden Tag? Es ist so kalt draußen, das könnte ich nicht. Du bist mein Vorbild.“ Ich lächle.
„Das ist nur eine Sache der Gewöhnung“, sage ich zu ihr und wir gehen in die Küche, wo Aileen Wasser in den Teekocher füllt und ich ein Kaffepad in die Maschine lege. Während das Wasser kocht und die Kaffeemaschine aufheizt, unterhalten wir uns über die neuesten Corona-Maßnahmen. Ich habe das Gefühl, es gibt mittlerweile kein anderes Thema mehr.
Als wir uns auf den Weg zurück in unsere Büros machen sind auch schon Azad, Casy und Doris eingetroffen.
Casy ist unsere Erzieherin und zuständig für alle Bereiche, die Kinder, Familien und Jugendliche betreffen. Ihre Hauptaufgabe ist der direkte Austausch mit den Schulen und Kindergärten. Ich bin sehr froh, dass Casy vor ein paar Monaten zu uns gestoßen ist. Wir sind fast gleich alt und verstehen uns wunderbar. Casy bereichert unser Team ungemein. Sie sprudelt nur so vor neuen Ideen und Motivation. Die Dreißigjährige ist auf Zack. Was sie anpackt, ist in Minuten erledigt. Mit Casy kann man so viele schöne Projekte angehen, die Zeit vergeht wie im Flug, es ist gut für unsere Teambildung und die Bewohner, insbesondere die Kinder lieben sie.
Heute begrüße ich Casy schwungvoll mit einem „guten Morgen“ und sie erwidert meinen Gruß. Irgendwie schafft meine Kollegin es immer, mir viel Energie für den Tag zu geben. Ihre Motivation und ihr Schwung sind ansteckend. Ich gehe ein Büro weiter und begrüße Doris, die sich schon an ihrem PC installiert hat. Gemütlich im Schneidersitz sitzt sie auf ihrem Drehsessel. Es schienen nicht viele E-Mails seit gestern eingegangen zu sein und auch sonst ist es noch sehr ruhig heute. Doris spielt, wenn sie einen Leerlauf hat Online- Sudoku, so auch an diesem Morgen.
„Guten Morgen“, begrüße ich auch sie. Doris wendet sich mir zu und nun kann ich in ihre großen, braunen Augen schauen, ihre schwarzen Haare hat sie wie immer zu einem straffen Dutt zusammengezurrt.
„Guten Morgen“, erwidert sie meinen Gruß mit sanfter, leiser Stimme und lächelt ein wenig unsicher. Doris ist eine eher unscheinbar, ruhige Frau. Sie sagt nie viel, aber wenn sie etwas sagt, ist es wichtig und gut

durchdacht. Ich gehe weiter in mein Büro, wo Azad bereits mit Abadins Post beschäftigt ist. Wir begrüßen uns kurz und ich frage meinen Kollegen, ob ich ihm ein bisschen Arbeit abnehmen kann, was er verneint. Also setze ich mich vor den großen Computer, checke erst die neu eingegangenen E-Mails, aktualisiere unsere Bewohnerliste und lese, als ich nichts mehr zu tun habe, Artikel über die Flüchtlingskrise 2015. So sitze ich eine ganze Weile vor dem Bildschirm in Gedanken versunken und merke erst gar nicht, dass sich mein anderer Kollege Shafiq am Tisch mit der Spuckglasscheibe, die zum Schutz vor Corona dient, vorbeigeschoben hat. Ein Hauch von Louis Vuitton-Parfüm erfüllt den Raum.

„Guten Morgen liebe Kollegin", sagt er mit lauter, freundlicher Stimme".

„Guten Morgen", sage ich, lächle und schaue auf meine Armbanduhr. Es ist zehn Uhr fünfzehn. Wie jeden Tag ist er mal wieder eine Viertelstunde zu spät. Auch er ist vor vielen Jahren als dreizehnjähriger unbegleiteter Minderjähriger aus Afghanistan nach Deutschland geflohen. Shafiq hat mir ein paar Ausschnitte von seiner Fluchtgeschichte erzählt. Was mir besonders in Erinnerung geblieben ist, war seine Ausführung, als er bei der türkischen Grenze durch meterhohen Schnee gestapft ist, während die Grenzsoldaten auf ihn geschossen haben.

„Es war so kalt, Anna, so kalt", hat mein afghanischer Kollege immer wieder gesagt. Mir schaudert noch immer, wenn ich daran denke, wie Shafiq mir erzählt hat, dass er fast von einem Fluchthelfer vergewaltigt worden ist, wie er sich im Kofferraum eines Autos zwei Tage versteckt hat und wie er zweimal wieder zurückgeschickt worden ist – einmal nach Afghanistan und einmal nach Griechenland, und doch hat Shafiq den langen Weg bis hierher geschafft. Einmal habe ich meinen Freund gefragt, wie es für ihn ist, daran zurückzudenken.

„Es ist wie ein Traum", war Shafiqs Antwort. Ich bin beeindruckt, wie viel Schreckliches ein Mensch erleben kann und trotzdem kein bisschen abgestumpft ist. Shafiq und Azad sind zwei äußerst empathische Menschen. Sie sehen oft, wie es mir geht, bevor ich es selber weiß.

„Du siehst heute so anders aus, so erfrischt", sagt mein afghanischer Freund zu mir. Charmant ist er immer, das muss man ihm lassen. Man kann Shafiq nie böse sein. Seine Unpünktlichkeit oder die Tatsache, dass er sich vor viel Arbeit schlichtweg drückt, macht er mit seiner liebevollen, empathischen Art und Weise wett.

Aufbruch

„Jetzt hatte ich zwar eine Kalaschnikow, aber keine Munition", steigt Azad heute in seine Erzählungen nach einer Zigarettenpause ein.
„Aber ich wusste mir schon zu helfen. Wie ein Bettler bin ich jeden Tag am Wegrand gesessen und habe die Peschmerga-Kämpfer um ein paar Patronen gebeten." Ich schaue Azad an: „Und hast du auch welche bekommen?" frage ich und habe dabei ein paar Zweifel.
„Ja", beantwortet er meine Frage wie selbstverständlich.
„Und dann habe ich geübt, jeden Tag. Dafür habe ich mir einen Felsstein, der aus der Mauer neben unserem Haus hervorgestochen ist, als Zielscheibe ausgesucht. Du musst dir das so vorstellen: Mein Vater hat unser Haus damals in einer Schlucht umringt von Felswänden gebaut. Wie damals die Könige ihre Schlösser und Städte mit einer Burgmauer geschützt haben, so sollte die Lage von unserem Haus die Feinde meines Vaters abhalten. Er war ein sehr aktiver Peschmerga-Kämpfer, weißt du?" Ich wusste nicht viel über die Peschmerga, aber mein Freund erklärt mir weiter, dass diese Gruppe für ein unabhängiges Kurdistan kämpfen und sich selbst *die dem Tod ins Auge Sehenden* nennen. Als ich das höre, erklärt sich für mich plötzlich, wo die furchtlose Abenteuerlust meines lieben Arbeitskollegen ihren Ursprung hat.
„Azad, erzähl mir davon, wie ihr in die Türkei gekommen seid", dränge ich ihn.
„Wie war das, als ihr alles hinter euch lassen musstet?" Ich merke, wie Azad kurz nachdenkt, bevor er zu sprechen beginnt.
„Ein paar Monate, nachdem ich meine Kalaschnikow bekommen habe, mussten wir fliehen. Es war im November 1988, das war das Jahr, in dem Saddam Hussein die Macht im Irak ergriffen hat. Wir haben

gesehen, dass die Menschen um uns herum zu fliehen begannen und es gab Gerüchte, dass Saddams Armee mit Chemiewaffen unterwegs sei. Also haben wir geschaut, dass wir so schnell wie möglich mit der Menge mitgehen. Wir haben nur das Allernötigste eingepackt und sind zu Fuß los." Ich schaue in Azads dunkle Augen: „Was wäre gewesen, wenn ihr im Irak geblieben wärt?" Diesmal braucht Azad keine Minute, um nachzudenken, was er darauf antworten soll und schießt wie aus der Pistole hervor: „Dann hätte uns Saddams Regime umgebracht. Kommunist in einem muslimischen Regime zu sein ist so gut wie unmöglich." Obwohl mich seine Antwort schockiert, überrascht sie mich nicht sonderlich, und so frage ich weiter: „Und wie lang habt ihr gebraucht, bis ihr in der Türkei wart?"

Azad fährt fort: „Meine Eltern, meine kleinen Geschwister und ich waren insgesamt drei Tage unterwegs, bis wir endlich die türkische Grenze erreicht haben. Wir haben uns dem Flüchtlingsstrom angeschlossen. Außer meiner Familie und mir waren ungefähr noch achttausend andere Menschen unterwegs. Nur meinen jüngsten Bruder, der zu dem Zeitpunkt gerade einmal sechs Monate alt war, mussten wir im Irak zurücklassen. Er ist in die Obhut meiner Tante gekommen, denn sie wollte als alleinstehende Witwe nicht fliehen. Ich erinnere mich noch sehr gut daran, wie ich meinen zweijährigen Bruder stundenlang auf dem Rücken während diesem Fußmarsch getragen habe, immer dann, wenn er angefangen hat zu weinen, weil sein kleiner Körper vom langen Laufen ganz erschöpft war und seine Füße weh getan haben. Seine nackten Füße waren schon nach kurzer Zeit blutig gelaufen und der Dreck der staubigen Straße hat die offenen Wunden dunkelrot gefärbt. Viele Menschen hatten keine Schuhe auf diesem Weg. Es ist kalt im November im Irak musst du wissen, und deswegen haben wir alle gefroren. Dazu sind dann noch die Müdigkeit und der Hunger gekommen. Weißt du, viele Menschen haben es gar nicht erst bis zur Grenze geschafft. Der erste Tote, den ich am Wegrand liegen gesehen hab, war ein alter Mann. Das ist schon am ersten Tag von unserem Fußmarsch passiert. Bei diesem Anblick habe ich mich in die Mitte des Menschenzuges gedrängt, weil ich meinem kleinen Bruder auf meinem Rücken dieses Bild ersparen wollte. Zwei Stunden später bin ich fast über eine Säuglingsleiche gestolpert. Das Körperchen war blau gefärbt. Ich vermute, das Kind ist erfroren.“ Ich sitze im Büro, an die warme Heizung gedrängt und merke, wie mir ein kalter Schauer über den Rücken läuft.

„Am zweiten Tag unseres Fußmarsches lag ein süßlicher Duft in der Luft. Es hat nach Orangen gerochen und davon bin ich aufgewacht. Ich weiß noch genau, wie ich meine Nase in den Wind gehalten und gerochen habe. Für einen kurzen Moment war ich wieder in meinem Bett in unserem Haus in der Schlucht. Der Geruch hat mich an Mamas Orangensaft erinnert, den sie jeden Morgen frisch aus den Früchten unserer Orangenbäume, die rund um unser Haus gewachsen sind, für uns alle gepresst hat. Ich erinnere mich noch daran, wie mir das Wasser bei dem Gedanken an den säuerlich schmeckenden Saft im Mund zusammengelaufen ist. Panikrufe der Menschen um mich herum haben mich allerdings schnell zurück auf die Straße, auf der ich gelegen bin, zurückgeholt, und keine zwei Sekunden später sind hunderte von Männern und Frauen, Alten und Kindern wie wild um mich herum in alle Richtungen davongerannt. Ich habe schreiende Frauen und weinende Kinder gehört und zuerst habe ich nicht verstanden, was los war, also habe ich es mit der Angst zu tun bekommen. Doch dann sind mir die Worte von einem alten Mann eingefallen, der mir tags zuvor auf dem Weg begegnet ist. Dieser Mann hatte mir erzählt, Chemiewaffen würden angeblich nach Orangen riechen. Der gegenwärtige Geruch in meiner Nase hat mich handlungsunfähig gemacht, ich konnte keinen klaren Gedanken fassen. Panik ist in mir aufgestiegen und ich habe nur noch gesehen, wie mein Vater nach links und meine Mutter nach rechts gestürmt sind. Ohne viel nachzudenken bin auch ich so schnell gerannt, wie mich meine kaputten Füße in dem Moment tragen konnten. Mitten in diesem ganzen Chaos haben wir dann noch meine fünfjährige Schwester Ariya verloren.“

„Und habt ihr sie wiedergefunden?“ unterbreche ich meinen Kollegen.

„Gott sei Dank, ja“, antwortet Azad.

„Am nächsten Tag. Sie ist mit einer anderen Familie mitgegangen.“ Jetzt bin ich erleichtert.

„Und nach diesen drei nervenaufreibenden Tagen haben wir dann endlich die türkische Grenze erreicht. Doch glaub nicht, dass dann alles in bester Ordnung war. An der türkischen Grenze hat unsere lange Reise erst begonnen, denn die Grenzbeamten hatten wenig Mitgefühl mit uns irakischen Flüchtlingen. Sie wollten uns zuerst eigentlich gar nicht ins Land reinlassen und so haben wir dann wochenlang nur vor den verschlossenen Grenzen gesessen und gewartet." Ich versuche, mir vorzustellen, wie Azad und seine Familie an einem kühlen Novembertag am Grenzzaun stehen, mit dünnen T-Shirts, luftigen Hosen und barfuß. Ich dachte, die Kälte und das lange Warten allein wäre schon schlimm genug, doch Azad erzählt weiter: „Ich bin damals schwerkrank geworden, dort an der Grenze. Mein Vater hatte schon einen Platz für mich gefunden, an dem er meine Leiche vergraben wollte." Mir schaudert, ich frage: „Was hattest du, Azad?" und höre ihn sagen: „Eine Lebensmittelvergiftung. Du musst dir vorstellen, die ganzen Bauern, die mitgekommen sind, mussten ihre Tiere auch mitnehmen. Sie wussten gar nicht, wohin mit den ganzen Lämmern, Kühen und Schafen. Also durfte jeder von uns diese Tiere schlachten und essen. Davon bin ich dann krank geworden."

„Wie bist du wieder gesund geworden?" frage ich weiter.

„Dann ist das rote Kreuz gekommen. Die Deutschen haben mich gleich zweimal gerettet." Er lächelt.

„Sie haben mich an diesem Tag gerettet und sie haben mich 2001 gerettet, an dem Tag, als ich in Deutschland angekommen bin. An dem Tag vor der türkischen Grenze haben sie mir eine Tablette gegeben und ich bin wieder gesund geworden." Als ich das höre, bin ich erleichtert. Jetzt will ich aber wissen, wie mein Kollege und seine Familie über die türkische Grenze gekommen sind, und so berichtet mein Freund weiter: „Nach ein paar Wochen waren die Grenzen offen, weil die ganze Welt zugeschaut hat. Hast du schon mal etwas von den Giftangriffen auf Halabdscha gehört?" Ich schüttele den Kopf.

„Das war die erste Stadt, die Saddam Hussein angegriffen hat. Mit deutschen Chemiewaffen. Gib mal bei Google ‚Giftangriff auf Halabdscha' ein", und genau das tue ich. Ein Spiegel-Artikel aus dem Jahr 2013 ist das erste, das auf der Bildfläche aufpoppt. Der Autor schreibt darin, es handle sich bei diesem Angriff um den „schlimmsten Gifteinsatz seit dem ersten Weltkrieg“ (Gunkel, 2013). Bei diesem Angriff seien circa fünftausend Menschen, vor allem Frauen und Kinder, ums Leben gekommen. Ich lese weiter und erkenne langsam die Zusammenhänge für das Motiv von Saddam Hussein, Chemiewaffen gegen die eigene Bevölkerung zu richten. Halabdscha war vor allem von den kurdischen Peschmerga-Kämpfern, zu denen auch Azads Vater zählt, besiedelt. Diese Kämpfer, *die dem Tod ins Auge Sehenden,* unterstützen den befeindeten Iran. Ich recherchiere weiter im Internet und stoße auf ein Bild, auf dem eine Mutter sich schützend über ihren Säugling beugt. Das Kind hat die Augen geschlossen. Friedlich wie ein Engel liegt es in den Armen seiner Mutter. Es wird nie wieder seine Augen öffnen.

Faim Nazemi

Es klopft an unseren Türrahmen und diesmal steht Faim Nazemi vor mir. Ich habe ihn nicht kommen hören. Faim ist ein groß gewachsener afghanisch-stämmiger Mann. Die Herkunft des Afghanen ist durch sein eher flaches und breites mongolisches Gesicht, seine flache Nase und die schlitzförmigen, dunklen Augen deutlich erkennbar. Laut Ausweis ist der Mann erst Anfang dreißig, aber seine sich langsam grau färbenden Haare lassen ihn älter wirken. Höchstwahrscheinlich stimmen aber in Wirklichkeit seine Papiere nicht, denn erst gestern hat mir Shafiq ein paar interessante Details über unseren Bewohner erzählt.
„Faim war ein sehr einflussreicher Mann in Afghanistan, er hat mit den obersten Politikern zu Abend gegessen. Einmal hat Faim mir ein Bild gezeigt, auf dem er und mein Cousin, du weißt schon, der, den die Taliban später umgebracht haben, drauf waren.“
„Die Welt ist klein“, denke ich. Bestimmt haben auch die Erfahrungen in Afghanistan Spuren in seinem Gesicht hinterlassen, aber ich kann mir auch vorstellen, dass seine zehn Kinder, neun Mädchen und das jüngste ein Sohn, ihn haben altern lassen. Manchmal frage ich mich, ob er noch mehr Kinder bekommen hätte, wäre Mortaza nicht geboren

worden. Grund für meine Annahme ist eins unserer vielen Küchengespräche.
Vor ein paar Wochen erst waren wir in der Mittagspause zusammen um den großen runden Tisch gesessen und hatten uns über die neuesten Geschichten der Bewohner unterhalten. Das Kindergeld für Halima musste noch beantragt werden und während wir darüber diskutiert haben, was noch so alles ausgefüllt werden musste, war Nadine, unsere städtische Einrichtungsleiterin, zur Tür hereingekommen, um sich Teewasser zu kochen.
„Jetzt haben sie schon fünf Kinder. Wie viele Kinder wollen die Hosseinis denn noch bekommen?“ hatte Nadine gefragt.
„Die probieren es wohl auch so lang, bis sie einen Jungen haben. Stellt euch mal vor, die bekommen auch zehn Kinder, so wie die Nazemis.“
„Was willst du damit sagen?“ habe ich Nadine an jenem Tag gefragt.
„Naja, unter arabischen Frauen zählst du erst etwas, wenn du einen Sohn geboren hast. Erst dann hast du ein gewisses soziales Ansehen, einen guten Status. Und das geht nicht mal von den Männern aus, die Frauen unter sich respektieren sich nicht, wenn du nur Töchter hast.“ Ich hatte mich daraufhin an einem Stück Karotte verschluckt, denn diese Information war mir neu. Eine deutsche Freundin mit zwölf Geschwistern kam mir in den Sinn. Erst das neunte Kind war ein Junge. Vermutlich sind Faims zehn Kinder auch der Grund für sein autoritäres Auftreten. Ich habe bei ihm immer das Gefühl, er wolle mich belehren oder erziehen.

Faim räuspert sich.
„Guten Tag. Haben Sie Zeit?“ Zurück im Assistentenzimmer reiße ich mich von dem Bild mit dem toten Kind, eines der Opfer des Giftgasangriffs auf Halabdscha los, das noch immer auf der Bildfläche unseres Computers zu sehen ist.
„Wie kann ich dir helfen?“, frage ich.
„Ich habe hier einen Brief“, sagt er und reicht mir einen Zettel. Ich lese: *Verstoß gegen das Infektionsschutzgesetz.*
„Du musst hier eine Begründung abgeben, warum du gestern Abend nach zweiundzwanzig Uhr im Stadtpark warst.“ Wegen der

coronabedingten Ausgangssperre durfte kein Bürger nach zweiundzwanzig Uhr mehr auf der Straße sein.
„Schreib: Ich habe mich mit zwei Freunden auf einer Parkbank getroffen. Wir haben uns schon lang nicht mehr gesehen gehabt und deshalb haben wir beschlossen, zusammen ein Fußballspiel auf unseren Handys anzuschauen.“ Ich denke mir, dass diese Geschichte keine gute Ausrede ist und vermute, dass Faim eher ein bisschen Abstand von seinen vielen Kindern gebraucht hat. Vielleicht sollte ich lieber das als Begründung angeben. Der Afghane hat seine Kinder vor ein paar Jahren durch Familiennachzug nach Deutschland geholt.
Als die Rasselbande hier angekommen ist, waren sie wild wie die Tiere, sind überall herumgelaufen, haben keine Regeln gekannt und wussten nicht, wie eine Toilette zu benutzen ist.
Obwohl ich seinen Grund für den Verstoß gegen das Infektionsschutzgesetz nicht für aussagekräftig halte, fülle ich das Blatt nach seinen Wünschen aus und schreibe seine Version der Geschichte auf. Er bedankt sich bei mir und reicht mir ein weiteres Formular, ein Schreiben der örtlichen Kriminalpolizei.
„Da steht drauf, es gab hier einen Vorfall und deine Tochter soll ihre Version, wie sich die Situation zugetragen hat, schildern. Wie alt ist denn deine Tochter?“ frage ich nach.
„Zwölf“, antwortet Faim kurz und knapp.
„Dann kann sie ja selber sagen, was passiert ist. Kannst du sie kurz herholen?“ Er greift nach seinem Mobiltelefon und spricht etwas auf Farsi hinein. Kurze Zeit später steht seine Tochter Bahana vor meiner Plexiglasscheibe.
„So“, sage ich.
„Jetzt erzähl mir mal deine Version von der Geschichte. Was ist vor einer Woche hier in der Unterkunft genau passiert?“ Ich hatte keine Ahnung, was nun auf mich zukommen würde. Aus dem Zettel der Bundespolizei ging nichts darüber hervor.
„Diese Frau hat mich mit einem Messer bedroht. Sie ist auf mich losgegangen, hatte ein Messer in der Hand und dann hat sie noch so gemacht“. Bahana verdeutlicht pantomimisch mit ihren Fingern, dass diese Frau ihre Kehle durschlitzen wollte. Mir bleibt der Mund

offenstehen und einen Moment überlege ich, wie ich ihre Geschichte verschriftlichen soll. In diesem Moment höre ich auch schon das Klackern der Absatzschuhe meiner Chefin Aileen aus dem anderen Büro und eine Sekunde später steht sie neben uns.
„Komm bitte zu mir, bei allem, was mit der Polizei zu tun hat“, sagt sie. Aileen nimmt das Blatt Papier und studiert es aufmerksam, während sie langsam zurück in ihr Büro geht. Faim und seine Tochter folgen ihr. Ich schaue ihnen noch kurz nach und wende mich dann wieder an meinen Kollegen Azad: „Wie ging es dann weiter, nachdem die türkischen Grenzen offen waren?“

Türkei

„Von der türkischen Grenze aus wurden wir dann mit LKWs in ein Flüchtlingscamp in Diyarbakir gebracht.” Azad unterbricht seinen Erzählfluss und sagt: „Gib mal bei Google ‚Diyarbakir 1989‘ ein.“ Genau das tue ich und scrolle durch die Seiten. Es sind viele Bilder zu sehen, Luftaufnahmen von tausenden aneinandergereihter Zelte auf sandigem Boden. Azad beugt sich über den Bildschirm.
„Genau so hat es am Anfang ausgesehen. Wir waren nur in Zelten untergebracht. Meine Familie und ich wurden zusammen mit den achttausend Menschen, mit denen wir zu Fuß bis dorthin gekommen sind, in einem Camp untergebracht. Aber es gab noch mehrere Flüchtlingssiedlungen. 1988 haben insgesamt zwei Millionen Iraker ihr Land verlassen, eine Million sind in die Türkei geflohen, der andere Teil in den Iran.”
„War es nicht sehr kalt in den Zelten im Winter dort?“ will ich wissen.
„Wir haben insgesamt vier Monate in den Zelten gelebt. Gott sei Dank ist es in dieser Gegend selbst im Winter warm. Und dann haben sie Häuser gebaut.“
„Genau wie hier bei uns?“ hake ich nach. Ich wusste, dass die ersten Bewohner unserer Asylunterkunft ebenfalls in Zelten auf der anderen Straßenseite untergebracht waren bevor das Heim gebaut wurde.
„Nein“, antwortet Azad.

„Die Unterkünfte dort waren noch schöner.“ Das erstaunt mich jetzt doch ein wenig. Natürlich ist unsere Unterkunft, ein steriles bunkerartiges Gebäude, keine Schönheit, in der man gerne wohnt, aber ich kann mir nicht vorstellen, dass eine türkische Flüchtlingsunterkunft so viel besser abschneiden kann.
„In jedem Stockwerk gab es einen Kamin, jede Familie hatte eine eigene Küche und es gab Badewannen. Es gab eigentlich nur Familienzimmer.“ Ich erinnere mich an die Anträge auf Familienzimmer, die ich für zwei Familien schreiben musste, jedoch ohne Erfolg. Die Familienzimmer in unserer Unterkunft sind rar und heiß begehrt und nur, wer einen sehr guten Grund hat, bekommt ein solches Zimmer.
„Es waren wirklich schöne Häuser, aber wir haben sehr eng zusammengepfercht gehaust. Man konnte nicht einmal richtig Fußball spielen. Die türkische Regierung hat zwar Häuser für uns errichten lassen, aber sie wollten uns so schnell wie möglich wieder abschieben. Es gab Verhandlungen und ein Abkommen zwischen der türkischen und der irakischen Regierung, in dem hieß es, dass die Türken uns wieder nach Hause schicken durften und Saddam Hussein uns nicht umbringen würde. Manche Iraker sind daraufhin tatsächlich zurückgegangen. Auch mein Großvater ist wieder zurückgekehrt, denn er ist ganz allein in die Türkei geflohen und musste seine dreizehn Kinder im Irak zurücklassen. Für meinen Opa war das auch nicht gefährlich, Hussein hat sich an die Abmachungen gehalten. Aber für die jüngeren Männer hätte eine Rückkehr den sicheren Tod bedeutet. Saddam Hussein hat kampffähige Männer gezielt umgebracht, bevor sie sich der Opposition anschließen hätten können. Damit wir nicht woandershin abhauen konnten, haben die Türken das Flüchtlingscamp mit einem Stacheldrahtzaun umgeben.“ Ich frage mich, wie der Alltag eines vierzehnjährigen Jungen dort wohl ausgesehen haben mochte, monatelang mit achttausend Menschen in einem Heim zusammengepfercht ohne Ziele und ohne Perspektiven. Ich sehe die Perspektivlosigkeit bei unseren Bewohnern, die sechs Jahre hier leben, jeden Tag. Sie sind antriebslos und demotiviert, schlafen den ganzen Tag und ich weiß nicht, was sie nachts treiben. Aber immerhin dürfen

sich unsere Heimbewohner zumindest innerhalb Münchens frei bewegen.
„Was hast du dann den ganzen Tag gemacht?“ will ich wissen.
„Ich bin rausgegangen, in die Stadt“, lacht er. Azad wirkt ein bisschen spitzbübisch, als er das so sagt, und ich denke mir, dass ihm das ähnlich sieht.
„Die Soldaten haben absichtlich in die Luft geschossen, wenn sie gemerkt haben, dass wir rausgegangen sind. Sie wollten uns abschrecken, aber ich hatte nie Angst. Es hat viele türkische Kurden in der Stadt gegeben. Diese Kurden waren keine Flüchtlinge, so wie wir, sondern haben schon immer in Diyarbakir gelebt. Viele haben ein Restaurant besessen und immer, wenn ich an einem dieser Lokale vorbeigekommen bin, haben sie mich nur gefragt: „Was willst du essen?“. Ich habe nicht darum gebeten, weil es mir peinlich war. Aber die Restaurantbesitzer haben schon anhand unserer Kleidung gesehen, dass wir Flüchtlinge waren.“
„Wie lange warst du dann noch in dem Heim und bist du dann weiter nach Syrien?“ höre ich mich fragen.
„Ich war noch ungefähr zwei Monate in der Unterkunft. Mein Vater wusste, dass wir dort keine Zukunft hatten, und er hat beschlossen, mich zu retten, indem er mich ins Ausland schicken würde. Sein Geld hat allerdings nicht für alle meine Geschwister gereicht, und da ich der Älteste war, hat er mich geschickt. Ich erinnere mich genau an den lauen Sommerabend im Juni. Meine kleinen Geschwister sind bereits alle in ihren Betten gelegen und meine Mutter hat das Geschirr in der Küche gespült. Ich bin mit meinem Vater in der Mitte unseres Wohnzimmers gesessen und wir haben Tee getrunken, als er mich plötzlich gefragt hat: ‚Willst du nach Russland, in die Sowjetunion?‘ Ich war überrascht und habe zuerst nicht gewusst, was ich darauf antworten sollte. Ich wusste rein gar nichts über dieses fremde Land, das so weit weg war. Nach einigen Minuten der Stille habe ich meinen Vater dann gefragt: ‚Kommt Dilo auch mit?‘ Dilo war mein bester Freund von Kindertagen an und kam aus dem gleichen Dorf wie ich. Wir sind zusammen aufgewachsen und kannten uns von Geburt an. Mit ihm habe ich meine Ausflüge in die Stadt dort in

Diyarbakir unternommen und er hat Freude in mein Leben in der türkischen Asylunterkunft gebracht. Ich hätte nicht gewusst, was ich ohne ihn gemacht hätte während dieser Zeit dort.
‚Ja' hat mein Vater daraufhin geantwortet. Also bin ich gegangen." Ich frage mich, ob Azads Vater schon geplant hatte, dass er auf das Internat in Sibirien, von dem er mir so viel erzählt hat, gehen würde.
„Nein" klärt mich mein Arbeitskollege auf.
„Mein Vater wusste nur, dass sich die Sowjetunion um alles Weitere kümmern würde."

Aufbruch nach Syrien

„Ich erinnere mich noch sehr gut daran, wie wir damals gegen vier Uhr früh mit einem Sprinter vom Asylheim abgeholt wurden und nach Mardin, das ist eine kleine Stadt an der syrischen Grenze, gebracht worden sind. Außer mir waren noch sechs andere Jungen aus meiner Unterkunft dabei. Einer von ihnen war der sechsjährige Mustafa, dessen Vater ich versprochen hatte, mich um den Kleinen zu kümmern. Aus den umliegenden Unterkünften haben sich uns noch zehn weitere Jungen angeschlossen, die ich aber alle nicht kannte. Ich weiß nur noch, dass zwei davon Christen und zwei Jesiden waren. Insgesamt waren wir also siebzehn Kinder auf dem Weg in die Sowjetunion. In Mardin selbst hat sich uns dann noch ein circa siebzigjähriges Paar angeschlossen." Ich wundere mich, was Menschen in diesem Alter noch dazu motiviert, mit auf so eine Reise zu gehen, und auch Azad runzelt die Stirn.
„Ich weiß nicht, warum sie mitwollten. Naja, wir sind dort in Mardin also eine gefühlte Ewigkeit gestanden und haben gewartet, was weiter passieren würde, und irgendwann ist dann ein Kleinbus gekommen, aus dem ein etwa zweiundzwanzigjähriger Mann ausgestiegen ist. Dieser Mann hat einen Sack aus dem Wagen geholt, in den ohne weiteres zwei Kinder hineingepasst hätten. Außerdem noch einen persischen Teppich. Irgendwie ist mir das Ganze ein bisschen merkwürdig vorgekommen und deswegen habe ich ihn auch gefragt, was denn in dem Sack da drin sei. Aber der junge Mann ist meiner

Frage ausgewichen, denn er hat nur kurz und knapp geantwortet, es sei Heu. Wir wussten schon davor, dass uns ein bekannter Fluchthelfer über die syrische Grenze bringen sollte. Es kam mir nur sehr merkwürdig vor, dass dieser Fluchthelfer noch so jung war.
‚Der Sack ist schwer, aber ihr müsst ihn bis zur Grenze tragen. Wechselt euch ab', hat der Fluchthelfer zu uns gesagt und ihn gleich einem der älteren Jungen in die Hand gedrückt. ‚Ich nehme den Teppich.' Nachdem alles geklärt war, haben wir in Mardin gewartet, bis es Nacht wurde. Ich schätze, es war gegen ein Uhr morgens, als wir den Weg angetreten haben. Wir sind alles zu Fuß gegangen, vorbei an Häusern, bis wir irgendwann das Ende der Stadt erreicht haben. Weiter ging es dann über Wiesen und die frisch umgepflügten Felder der Bauern. Wir Kinder hatten keine Ahnung, was da auf uns zukommen würde. Das Einzige, das wir wussten war, dass wir über die syrische Grenze gehen mussten, aber keiner hatte uns in irgendeiner Weise über die Gefahren aufgeklärt. Ich glaube, wir waren noch ungefähr drei Stunden vom Militärstützpunkt entfernt und um uns die Zeit zu vertreiben, haben wir uns Witze erzählt. Als Mohammed etwas besonders Lustiges von sich gegeben hat, musste ich so laut lachen, dass ich für einen Moment den Heusack abstellen musste. Der Fluchthelfer hat mich wie einen Rohrspatz geschimpft und leise gezischt: ‚Sei still du Bastard!'
Auch ein sechzehnjähriger Junge, den ich hier Abdul nenne, hat mich angefaucht. ‚Du Idiot, halt endlich deine Klappe!' Ich kannte nicht einmal seinen Namen. Noch heute wünsche ich mir, ich könnte seine Familie besuchen und ihnen alles erzählen, was in diesen Tagen dort passiert ist, aber ich habe keine Anhaltspunkte." Ich werde stutzig und frage mich, warum Azad gerne Kontakt mit dieser Familie aufgenommen hätte, aber er hat seinen Erzählfaden schon wieder aufgenommen, ehe ich ihn unterbrechen kann.
„Ungefähr fünfzig Meter vor der syrischen Grenze hat unser Führer uns dann ein Zeichen gegeben, stehen zu bleiben. Der Mann hat den Heusack an sich genommen, geöffnet und eine Kalaschnikow hervorgeholt." Ich bekomme große Augen, denn damit hätte ich jetzt nicht gerechnet, aber Azad erzählt unbeirrt weiter.

„Der Fluchthelfer hat zu uns gesagt: ‚Jetzt wird es ernst, wir überqueren die Grenze. Kommt mir immer hinterher und macht genau das, was ich mache.'" Ich halte den Atem an während mein Kollege weiterspricht.
„Ich glaube wir sind in etwa zwanzig Meter gelaufen, als plötzlich ein helles Licht über uns angegangen ist. Es hat uns so sehr geblendet, dass wir kaum noch etwas sehen konnten."
„Haben die Grenzsoldaten mit Scheinwerfern auf euch geleuchtet? Haben sie euch entdeckt?" frage ich, den Atem weiter anhaltend.
„Ja, die Grenzsoldaten wussten schon, dass wir kommen. Ohne Vorwarnung haben sie aus allen Kanonen auf uns geschossen. Ich habe nur noch das Geräusch der Schüsse gehört und das Nächste, das ich gesehen habe war, dass jeder von uns in eine Richtung gelaufen ist. Panik und das totale Chaos sind ausgebrochen. Hätte uns der junge Mann vorgewarnt, was für einer Gefahr er uns da ausgesetzt hat, hätten wir uns wohl nicht in alle Richtungen zerstreut, das ist zumindest meine Vermutung. Eine neue Kugel wurde abgefeuert. Das Geräusch war ganz laut, ich glaube, die Kugel ist nah an meinem Ohr vorbeigegangen. Sie hat in den Sand eingeschlagen und das Nächste, das ich gesehen habe, war eine Staubwolke, die sich vor mir aufgetürmt hat. Ich konnte keinen klaren Gedanken mehr fassen, aber ich wusste damals in diesem Augenblick, dass ich um mein Leben rennen musste. Ein paar Sekunden später ist wieder eine Kugel an mir vorbei gezischt und ich bin nur noch gerannt, so schnell ich konnte. Als sich der Staubnebel endlich gelichtet hat, konnte ich den Stacheldrahtzaun direkt vor mir sehen. Hinter mir habe ich immer noch die Geschosse und Schreie der anderen Kinder gehört. Ich bin direkt auf die Abgrenzung zugerannt, der Zaun ist immer näher und näher gekommen. Ich habe noch das genau Bild im Kopf, wie ich nur noch wenige Meter vor diesem Stacheldrahtzaun war, aber ich weiß heute nicht mehr, wie ich es geschafft habe, über die Grenze zu kommen. Ich konnte in diesem Moment nicht klar denken, aber irgendwie habe ich es geschafft. Innerhalb von gefühlt dreißig Sekunden war ich auf der anderen Seite.

Viel später habe ich von irgendjemandem erfahren, dass schon sein Großvater, sein Vater und der Fluchthelfer selbst auf genau der gleichen Strecke ums Leben gekommen sind." Ich frage mich, woher Azad das wusste.
„Diese Menschen sind bekannt, so etwas spricht sich herum", ist seine Antwort.

Akar und Ihsan

Azads Erzählungen werden von Neuem unterbrochen. Diesmal ist es Akar, der zu uns ins Büro kommt. Er ist einer unserer syrischen Bewohner, der uns oft und gerne nicht nur wegen einem Problem besuchen kommt, sondern auch, um ein bisschen zu ratschen. Doch natürlich kommt Akar auch immer, wenn er Hilfe bei seinen Schwierigkeiten im deutschen Alltag braucht. Der Syrer braucht nach wie vor sehr viel Unterstützung, denn sein Deutsch ist nach mittlerweile sechs Jahren in unserem Land immer noch sehr rudimentär. Heute trägt Akar ein Tablett mit einer arabischen Teekanne aus Silber und drei dazu passenden Tassen in den Händen.
„Das ist Melisse, sehr gesund", sagt er in gebrochenem Deutsch und wedelt dabei wild mit seinen Armen. Was Akar nicht mit Worten zum Ausdruck bringen kann, macht er mit Gestik und Mimik. Der Syrer erinnert mich oft an einen temperamentvollen Südländer, emotional geladen, sehr leidenschaftlich, der oft in Rage verfallen kann, aber auch gutmütig ist und ein großes Herz hat.
Akar ist Ende dreißig, doch sein spitzbübisches Gesicht lässt ihn manchmal wie ein Kind wirken, was sein teils unselbstständiges Charakterbild zudem noch unterstreicht. Azad sagt häufig, würde man ein MRT von ihm machen, wäre darauf nichts zu erkennen. Die radikale Ehrlichkeit meines Kollegen bringt mich oft zum Lachen. Weil Akar und ich oft ein Verständigungsproblem haben, kenne ich viele seiner Charakterzüge nur von Azads Berichten.
„Habe ich dir schon einmal erzählt, wie er den deutschen Staat anklagen wollte?" hat mich mein Kollege erst neulich gefragt. ‚Er hat seine Verwandtschaft dort oben in Ansbach besucht. Von dort aus ist

es ja nicht mehr sonderlich weit bis nach Tschechien. Dann hat er sich gedacht, dass er mal einen kleinen Ausflug dorthin machen kann, um Orangensaft zu kaufen, weil der dort drüben ja billiger ist. Was Akar allerdings nicht mit einkalkuliert hat, war, dass er keinen Reiseausweis hat. Letztendlich ist ihn das alles dann viel teurer gekommen als der billigere Orangensaft aus Tschechien. Oh mein Gott, war dieser Mann anstrengend, als er letzte Woche mit seiner Post von der Grenzpolizei vor mir gestanden und geschimpft hat. Er war doch tatsächlich felsenfest der Meinung, dass der Staat ihn darauf hinweisen hätte sollen, dass er Deutschland ohne Reiseausweis nicht verlassen darf.“ Und wieder einmal bin ich in schallendes Gelächter ausgebrochen, so dass mir fast die Tränen gekommen sind.

Akars Frau ist zurzeit schwanger, weswegen er noch häufiger als früher zu uns kommt.
„Allah. Frau anstrengend. Ganze Nacht kein schlafen“, sagt er zu mir. Ich gehe davon aus, dass er damit sowohl sich selbst als auch Yara meint. Er unterhält sich aufgebracht mit Azad auf Kurdisch. Es scheint, als ob er ein bisschen Abstand von seiner Familie braucht. Ich kann mir vorstellen, dass die Schwangerschaft für beide nicht einfach ist, noch dazu, weil es eine Risikoschwangerschaft ist. Die Familie hat schon zwei Söhne. Ihsan, der ältere der beiden ist 2014 ohne Nieren und ohne Geschlechtsorgane auf die Welt gekommen. Die Familie ist nicht nach Deutschland geflohen, weil Krieg in Syrien ist, sondern wegen Ihsan, der in einem Land, das von Bürgerkrieg geprägt ist mit seiner Deformation keine Überlebenschance gehabt hätte.
„Geht es Yara soweit gut?“ frage ich ihn.
„Ist alles okay mit dem Baby?“
„Ja ja“, antwortet Akar ein bisschen abwesend. Er wirkt müde heute.
„Alles gut.“ Als ich anfangs erfahren habe, dass seine Frau schwanger ist, habe ich mich so gefreut und enthusiastisch zu Azad gesagt: „Ich hoffe, dass es diesmal ein Mädchen wird.“ Doch mein Freund hat daraufhin nur erwidert: „Ich hoffe, dass es gesund wird“, und Besorgnis schwang in seinem Tonfall mit.

„Warum, was meinst du damit?“, habe ich ihn gefragt und dabei gemerkt, wie sich meine Nackenmuskeln unweigerlich verkrampft haben. Ich habe in diesem Moment an Ihsan gedacht, seine Deformation trotzdem nicht gleich damit in Verbindung gebracht.
„Es hat einen Grund, warum Ihsan so ist wie er ist“, war die Antwort meines Kollegen.
„Akar und Yara sind Cousin und Cousine.“ Mir bleibt der Mund offen stehen.
„Weißt du, vor allem in den Dörfern ist es etwas ganz Normales, jemanden aus seiner eigenen Familie zu heiraten. Da weißt du immerhin woran du bist.“ Ich verstehe zwar das Argument, aber aus kultureller Sicht ist es fragwürdig. Aus biologischer Sicht meiner Ansicht nach sogar eine Katastrophe.

Hinter der syrischen Grenze

Wenig später, als Akar wieder weg ist, fragt Azad: „Wo waren wir bei meinen Erzählungen stehen geblieben?“
Ich denke kurz nach und sage dann: „An der syrischen Grenze.” Und so beginnt er wieder, in seinen Erzählmodus zu verfallen.

„Ich hatte es tatsächlich über die syrische Grenze geschafft!
Noch immer haben die Grenzpolizisten geschossen und ich habe die anderen Kinder schreien gehört. Ich weiß nicht, wie lang diese Schüsse und das Geschrei der anderen um mich herum noch angedauert hat, aber irgendwann habe ich einen der Grenzpolizisten sagen hören: ‚Hört auf zu schießen, es sind Kinder!‘ Und dann war nur noch Stille. Ich habe den Atem angehalten, denn ich konnte den Worten der Soldaten nicht trauen. Doch tatsächlich sind keine weiteren Schüsse gefallen. Der nächste Gedanke, der mir in den Kopf gekommen ist, war Mustafa. Ich hatte seinem Vater doch versprochen, auf den Jungen aufzupassen. Vor meinem inneren Auge haben sich tausende Szenarien abgespielt. Was, wenn es der Kleine nicht über die Grenze geschafft hat? Was, wenn er Opfer der Kugeln der Soldaten geworden ist? In Gedanken habe ich Mustafa schon leblos vor mir auf dem Boden liegen sehen,

getroffen von einer Kugel direkt durch die Brust. ‚Mustafa, wo bist du?' habe ich panisch gerufen. Zuerst ganz leise, denn ich hatte Angst, die Grenzpolizisten könnten mich hören. ‚Mustafa, wo bist du?' Aber es kam keine Reaktion. Also habe ich immer lauter gerufen ‚Mustafa, wo bist du?' Und irgendwann habe ich ihn rufen hören. ‚Ich bin hier,' habe ich sein leises Stimmchen gehört. Du glaubst gar nicht, was für einen Hüpfer mein Herz da gemacht hat! Ich bin auf ihn zugerannt und habe ihn umarmt. Gott sei Dank! Als wir so dastanden und uns umarmt haben, habe ich gemerkt, wie mir Tränen der Erleichterung gekommen sind. Auch Mustafa hat angefangen zu schluchzen. Ich kann dir nicht sagen, wie lange wir so dagestanden sind. Erst viel später sind mir die anderen aus unserer Gruppe aufgefallen, die um uns herum versammelt waren. Die Jungs sind dicht gedrängt zusammengekauert am Boden gesessen und haben leise geweint. Ich habe zum Stacheldrahtzaun hinüber geschaut. Der Teppich, den der Fluchthelfer den ganzen weiten Weg bis hierher getragen hatte, ist noch immer darüber gehangen, wie eine Brücke. Die Kinder waren so über den ungefähr eineinhalb Meter hohen Zaun geklettert und über die Grenze gekommen. Dann haben wir ein Wimmern gehört, erst leise, dann immer lauter, und erst da habe ich Abdul etwa zehn Meter entfernt von uns auf dem Boden liegen sehen. Er hat geschluchzt und geflucht. Instinktiv wollte ich zu Abdul hinrennen, aber kurz bevor ich direkt vor ihm gestanden bin, habe ich gesehen, dass sich eine Blutpfütze um seinen Körper herum gebildet hatte. Ich bin stocksteif stehen geblieben. Die Dunkelheit der Nacht ließ jedoch nur seine Silhouette erkennen und so konnte ich nicht sehen, wo ihn die Kugel getroffen hatte. Unfähig, einen klaren Gedanken fassen zu können, habe ich im nächsten Moment versucht, ihn hochzuheben. Also habe ich den Jungen unter den Achseln gepackt, aber keine Chance. Ich habe keine Kraft gehabt. In jenem Moment habe ich gemerkt, wie die letzten Monate meinen Körper geschwächt hatten. ‚Hilfe! Ich brauche Hilfe!' habe ich in die Gruppe gerufen und zusammen ist es uns gelungen Abduls Körper zu bewegen. Ich habe ihn unter den Schultern genommen, einer der Jungs seine beiden Füße. So sind wir immer nur geradeaus gelaufen. Ich hatte kein Zeitgefühl mehr, aber es kam mir

vor wie Stunden. Dann, irgendwann habe ich einen grauen Pickup unmittelbar vor uns an einer Böschung stehen sehen. Daneben haben zwei kleinere, schwarze VWs geparkt.
‚Diese Autos werden uns nach Quamushli bringen', hat uns der Fluchthelfer mitgeteilt. ‚Schnell, steigt ein!' Es lief alles nach Plan. Die Fahrer der Autos waren Mitglieder der Kommunistischen Partei Irak, die alles für uns organisiert und denen mein Vater Geld für meine Flucht gegeben hatte. Wir haben den schlaffen Körper von Abdul hinten auf die Ladefläche des Pickups gehievt und uns um ihn herumgesetzt. Der Fahrer hat den Motor angemacht und schon zwei Minuten, nachdem wir losgefahren waren, habe ich im Rückspiegel vom Pickup ein Auto der Grenzpolizei entdeckt, das geradewegs auf uns zugerast ist. Unser Fahrer hat wohl auch gemerkt, dass wir verfolgt wurden, denn auf einmal hat er das Gaspedal bis auf den Anschlag durchgedrückt und wir wurden von der Geschwindigkeit nach hinten gedrückt. Anfangs war die Straße noch asphaltiert, aber der Weg wurde immer schlechter, die Schlaglöcher, über die der Pickup geholpert ist, haben beinahe kein Ende genommen und schließlich mündete die Straße in einen unasphaltierten Weg. Wir sind direkt auf die Wüste zugerast, dicht gefolgt vom Polizeiauto." Ich hatte das Gefühl, dass mir Azad die Geschichte einer Verfolgungsjagd aus einem Hollywood-Film erzählt.
„Als wir über einen Huckel gefahren sind, ist der Körper von Abdul fast einen halben Meter in die Luft geflogen. Schnell haben wir versucht, ihn aufzufangen, damit er sich nicht noch mehr verletzt. Ich habe seinen Kopf ganz festgehalten und da habe ich dann auf einmal gesehen, wo er verletzt war. Eine Kugel war direkt durch sein Auge durchgegangen. Einen Moment später, nachdem ich seinen Kopf aufgefangen hatte, habe ich erst bemerkt, wie seine Augenflüssigkeit direkt an meiner Hand geklebt ist. Noch heute bekomme ich deswegen Panik, wenn ich etwas Klebriges anfassen muss.
Am nächsten Tag ist Abdul ins Krankenhaus in Damaskus gekommen, wo er gestorben ist. Er hatte mit seinen Worten vom Anfang ‚Wir werden alle sterben' recht behalten." Jetzt verstehe ich, warum Azad Kontakt mit der Familie des Jungen aufnehmen wollte.

„Viele Jahre später hat mir mein Vater erzählt, was sich an dem Tag nach unserem Grenzübertritt im Flüchtlingsheim auf der anderen Seite zugetragen hat.
Ein dunkelgrüner Niva ist den Hügel hinauf zum Camp gefahren und hat vor dem umzäunten Anwesen angehalten. Aus dem Fahrzeug sind zwei türkische Polizisten ausgestiegen. Sie hatten die Stoffreste unserer zerfetzten Jacken, mit denen wir am Stacheldrahtzaun hängen geblieben waren, bei sich. Einen Jackenfetzen haben sie meinen Eltern in die Hand gedrückt. Sie wussten genau, wie sie die Kleidungsstücke zuordnen konnten, weil sich unsere Ausweise noch darin befunden haben. Als der türkische Grenzbeamte meiner Mutter die Jacke mit meinem Ausweis überreicht hat, konnte sie ihre Tränen nicht länger zurückhalten. Ihr kleiner Körper hat gebebt und sie hat ihr Gesicht in den starken Armen meines Vaters vergraben. Auch er hat leise geweint. Meine Eltern wurden von dem Polizisten mit den Worten ‚Wir wissen, dass nur ein Kind ums Leben gekommen ist', unterbrochen. Der Beamte hat sehr nüchtern und routiniert gewirkt, anscheinend war so ein Szenario wie dieses nichts Außergewöhnliches für ihn. ‚Die Identität des Jungen ist allerdings noch unklar.' Es folgte eine Woche voller Ungewissheit, Trauer und Panik, die über dem gesamten Asylheim wie eine Gewitterwolke lastete. Jede der sechs Familien, die einen Jungen mit der Kommunistischen Partei Irak nach Syrien geschickt hatte, macht eine Phase der Trauer in dieser Zeit durch. Nach diesen sieben Tagen klingelte das Telefon am Empfangsbereich der Unterkunft. Als sich die Nachricht verbreitet hatte, war es Abduls Mutter, die laut aufschrie, weinte, zu Boden ging und Gott anflehte, er möge ihren Sohn verschonen.

Von Schönheitsköniginnen, Kriminellen und Irrenhäusern

Es ist ein Mittwochmorgen Ende Februar. Ich freue mich, dass die Tage langsam länger werden. Wenn ich jetzt morgens das Haus verlasse, um mit meinem Fahrrad in die Arbeit zu fahren, ist es draußen bereits hell.

An den kahlen Ästen der Bäume bilden sich schon die ersten Knospen. Manche sprießen bereits und erste weiße Kirschblüten sind zu sehen. Die zwitschernden Vögel versuchen, gegen das Hupen und Motorengeräusch der an mir vorbeifahrenden Autos anzukommen. Pünktlich um zehn Uhr treffe ich in der Asylunterkunft ein.
„Guten Morgen“, begrüßt mich Azad. In seiner Stimme schwingt etwas Motivierendes, Enthusiastisches mit, das gleich auf mich überschwappt, und ich merke, wie ich gute Laune bekomme.
„Wie kannst du zeigen, dass du Ausländer bist, ohne ein Wort zu sagen?“, fragt mich Shafiq, der heute Frühschicht hat, verschmitzt und steckt einen Strohhalm in seine Capri-Sonne. Ich schaue ihn verwirrt an, denn ich stehe komplett auf dem Schlauch. Azad scheint verstanden zu haben, denn er klärt das Rätsel auf. Shafiq hatte den Strohhalm auf der Bodenseite eingestochen.
Wir werden von Frau Rahimi unterbrochen, die mit einem riesigen Papierstapel vor uns steht. Ich verdrehe bei dem Anblick des Dokumentenhaufens innerlich die Augen. Ellaha Rahimi wartet immer eine gefühlte Ewigkeit, bis sie mit ihrer Post zu uns kommt. Manche Zahlungsfristen sind dann oft schon lange überschritten. Diesmal gab es tatsächlich einen Grund, warum wir sie so lang nicht mehr gesehen haben, denn sie war drei Wochen im Iran.
„Hallo Azad. Wie geht es dir?“, fragt sie ihn, ohne mich eines Blickes zu würdigen. Ich nehme es nicht persönlich. Wir alle wissen, dass sie meinen Kollegen besonders gerne mag.
„Guck mal, ich habe meine Zähne im Iran machen lassen.“ Sie nimmt ihre FFP2-Maske ab und fletscht ihr Gebiss. Ich komme mir wie auf einem Viehmarkt vor. Charmant, wie Azad ist, macht er unserer Bewohnerin Komplimente für ihre neuen Zähne, ich merke aber, wie er sich zurückhalten muss, um nicht laut loszulachen. Ihre Zähne sind nur eines der vielen Dinge, die sie sich hat machen lassen. Die Brüste und Lippen sind auch nicht echt. Aber das sind nur zwei von ihren Operationen, von denen ich Bescheid weiß. Nicht umsonst nennen meine Kollegen und ich Ellaha auch immer unsere Schönheitskönigin. Ich frage mich, für wen sie diese ganzen Schönheitsoperationen machen lässt. Für sich? Für ihre Affären? Oder ihre Arbeit? Frau

Rahimi ist keine gewöhnliche afghanische Frau. Sie hat mit den Traditionen ihrer Kultur gebrochen, trägt kein Kopftuch, kleidet sich freizügig und ist geschieden. Mit ihrem minderjährigen Sohn lebt sie seit geraumer Zeit in unserer Unterkunft. Ich weiß nicht, ob es nur ein Gerücht ist, das hier kursiert, seit sie zu uns gekommen ist, oder ob etwas Wahres dran ist, jedoch wird gemunkelt, dass sie sich mit dem ältesten Gewerbe der Welt etwas zu ihren Sozialleistungen dazu verdient. Ich kann mir allerdings gut vorstellen, dass ein Funke Wahrheit dahintersteckt. So ein Flüchtlingsheim ist viel: Ein Bordell, ein Drogenkartell, in dem Schwarzarbeit aller Art betrieben wird, ein Irrenhaus und ein Ort, an dem die deutschen Gesetze außer Kraft treten. Ich denke an eine unserer Bewohnerinnen aus Afrika, die von ihrem Ehemann gekauft worden ist und jetzt hier in einem deutschen Heim als seine Sklavin gehalten wird. Nach deutschem Recht ist diese Ehe illegal, aber sie traut sich nicht, ihren Mann zu verlassen, aus Angst um ihre zurückgebliebene Familie in Afrika. Immer wenn die junge Frau zu uns zur Beratung kommt, merkt man in ihren leeren Augen, wie unglücklich sie in ihrer Ehe ist. Sie könnte eine sehr hübsche Frau sein. Schlank, groß gewachsen, mit ihrem kindlichen Gesicht, den hohen Wangenknochen, einer schmalen Nase und großen Augen, die mit langen, dicken Wimpern umrahmt sind, gleicht sie einem Model. Doch der Kummer und die vielen Sorgen der Frau zerstören das perfekte Bild. Die Nigerianerin erfüllt die Rolle einer glücklichen Hausfrau und Mutter. Das ist sie ihrer afrikanischen Familie schuldig. Der Ehemann ist krank, er hat einen Katheter, den er immer mit sich herumtragen muss. Die beiden sind so unterschiedlich wie Tag und Nacht. Ich frage mich, über was sie zuhause miteinander sprechen. Ich frage mich, ob er sie schlägt, oder ob er sie manchmal auch zum Lachen bringt. Das Ehepaar hat ein behindertes Kind, ein Mädchen, das die Frau jetzt, obwohl das Kind schon fünf Jahre alt ist, ständig in einem Tragetuch mit sich herumträgt. Ich habe das Mädchen noch nie laufen sehen. Vielleicht kann es das noch nicht.
Alle Bewohner, die zu uns kommen, haben ihre persönliche Geschichte. Ich erinnere mich an eine Frau im Besonderen. Success war eine füllige Nigerianerin, alleinerziehend, mit drei Kindern. Diese

Frau war verrückt, anders kann man es nicht beschreiben. Tuberkulose und alle möglichen Krankheiten hatte sie, aber auch psychisch war Success nicht ganz gesund. Ein Vorfall, den Azad mir im Detail geschildert hat, kommt mir ins Gedächtnis. Success hat einen Tobsuchtsanfall bekommen, aber keiner konnte den Auslöser für ihre Wut erkennen. Wie aus dem Nichts ist die Frau auf meinen Kollegen losgegangen. Dieser Vorfall ereignete sich noch zu den Zeiten vor Corona und kein Spuckglas hat uns Mitarbeitern Schutz vor den Bewohnern geboten. Wie aus dem Nichts, ohne Vorwarnung, hat Success meinen Kollegen angegriffen und ihre Fingernägel tief in das Fleisch der Unterarme von Azad hineingebohrt.
„Ich schwöre dir, noch nie hatte ich solche Angst in diesem Heim“, hat mein Freund später gesagt. Die Frau war HIV-positiv. Die Nigerianerin war nicht lange in unserer Unterkunft. Wenn sich die Bewohner falsch benehmen oder zu schwierige Fälle sind, werden sie kurzerhand in das nächste Heim umverlegt. Eine langfristige Lösung ist damit allerdings nicht gefunden.

Es gibt viele Bewohner, die in unserer Asylunterkunft fehl am Platz sind. Ich denke hierbei insbesondere an Jonis, der an Schizophrenie leidet. Zweimal habe ich einen akuten Schub von ihm direkt miterlebt. Das erste Mal war letztes Jahr im November und ich hatte erst wenige Monate in der Unterkunft gearbeitet. An jenem Tag las ich morgens in der Übergabe, dass sich Jonis in einem stuporartigen Zustand befände. Wenige Minuten nachdem ich die Übergabe überflogen hatte, stand auch schon Aileen neben mir im Büro.
„Wie geht es Jonis?“ habe ich sie gefragt. Sie zuckte zusammen.
„Er ist wie ein Geist“, hauchte sie. Ich hatte keine wirkliche Vorstellung davon, was Aileen genau damit meinte, bis ich es dann mit eigenen Augen gesehen habe. Jonis' Mitbewohner öffnete mir die Tür zum gemeinsamen Zimmer, denn Jonis selbst wäre schon seit langem nicht mehr in der Lage dazu gewesen. Bei dem Anblick des Schizophrenen zuckte ich zusammen. Ein derartiger Anblick war neu für mich. Unser Bewohner stand wie ein Zinnsoldat vor mir, er war stocksteif. Ein bisschen in die Knie gebeugt stand Jonis in seinem

Zimmer und bewegte sich nicht. Seine Augen waren geöffnet, aber er blinzelte nicht. Das Weiße um die Iris herum war rötlich gefärbt, sein Mund war leicht geöffnet und Speichel tropfte heraus. Jemand hatte ihm ein Stück Papier auf den Boden daruntergelegt. Es sah erschreckend aus. Nachdem ich die Sprache wiedergefunden hatte, fragte ich Jonis' Mitbewohner: „Wie lang steht er schon so da?"
„Sechs Stunden", brachte er in unverständlichem Deutsch hervor und ich erschrak. Warum ließ man einen Menschen sechs Stunden in so einem Zustand stehen? Warum holte ihn kein Arzt ab und brachte ihn ins Krankenhaus? Später erfuhr ich, dass es rechtliche Gründe hatte. Zu dem Zeitpunkt, in dem Jonis noch ansprechbar gewesen war, hatte er ausdrücklich klargestellt, er wolle nicht ins Krankenhaus. Erst als sein Zustand kritischer geworden war, wurde er mit einem Krankenwagen und einem Feuerwehrauto abgeholt. Jonis blieb drei Monate in der Psychiatrie.
Jonis' zweiter schizophrener Schub, den ich miterlebt habe, war erst vor wenigen Wochen mitten in der Nacht zwischen Mittwoch und Donnerstag. An jenem Donnerstag hatte ich Frühschicht und Aileen Verspätung. Als ich um acht Uhr als Erste in der Unterkunft eintraf, kam mir bereits Herr Nuri entgegengerannt. Ich hatte irgendwie den Eindruck, er wirke aufgebracht.
„Anna! Du musst schnell mitkommen!" rief er vom anderen Ende des Gangs im Erdgeschoss zu mir hinüber.
„Warte, warte, lass mich erst einmal mein Büro aufsperren", sagte ich langsam, denn ich hatte noch keine Vorstellung, was gerade passierte. Also legte ich gemütlich meinen Rucksack ab und lief zu Herrn Nuri – und da sah ich ihn. Jonis stand in seinem Türrahmen, machte komische Grimassen und redete wirres, unzusammenhängendes Zeug. Unser Bewohner schien nicht mehr zu realisieren, was um ihn herum geschah. Ich zuckte zusammen, dann fragte ich, an Herrn Nuri gewandt: „Wie lange ist er schon in diesem Zustand?", und der Bewohner klärte mich in seinem breiten afghanischen Akzent auf.
„Heute früh um fünf Uhr hat Jonis an unsere Zimmertür geklopft und da war er auch schon so." Ich machte große Augen.
„Hat denn schon jemand den Krankenwagen gerufen?"

„Ich bin selbstverständlich direkt zu einem der Security- Mitarbeiter vorne gegangen und der hat sich um alles gekümmert“, brüstete sich unser Bewohner.
Tatsächlich trafen keine zehn Minuten später zwei Sanitäter in der Unterkunft ein und versuchten, Jonis anzusprechen. Als er nicht reagierte, nahmen sie ihn kurzerhand mit. Auch nach seinem zweiten Schub blieb der Afghane drei Monate in der psychiatrischen Klinik. Was macht unser Staat mit Flüchtlingen, die so schwer psychisch erkrankt sind? Diese Menschen stehen gleich vor zwei Herausforderungen. Sie müssen sowohl mit ihrer Erkrankung zurechtkommen als auch lernen, sich zu integrieren. Wie können diese Geflüchteten ihren Platz in unserer Gesellschaft finden? Unser Heim hat weder das nötige Betreuungsangebot noch ein geschultes Fachpersonal für Menschen wie Jonis. Wir haben zwar eine Krisenliste, auf die wir Kandidaten wie Jonis eintragen und regelmäßig kontrollieren, aber im Ernstfall fehlt es uns an den nötigen Mitteln und Kenntnissen, um optimal für diese Menschen sorgen zu können.
Jonis' Erkrankung ist für uns harmlos. Es gibt allerdings auch solche Bewohner, die nicht nur für sich selbst, sondern auch für ihr Umfeld eine Gefahr sind. Ich denke hier insbesondere an Hewad. Dieser Bewohner ist ein zierlich gebauter, kleiner Mann aus Afghanistan, der dem Stamm der Paschtunen angehört und meistens in afghanischer Kurta herumläuft. Meine Kollegin Doris sagte einmal, Hewad sei ein einfacher Mann. Sie meinte damit, dass er nicht sonderlich gebildet ist und nicht in komplexen Zusammenhängen denken kann. Ich kann es nicht beurteilen, denn er spricht kaum ein Wort Deutsch. Auch Paschtu kann er nicht lesen oder schreiben. Sich mit Hewad zu verständigen ist eine Herausforderung, denn keiner ist seiner Sprache mächtig. Er spricht nur ein paar wenige Brocken Deutsch, die er in der psychiatrischen Klinik, in der er regelmäßig ist, gelernt hat. Hewad ist unberechenbar. Ich denke an einen Vorfall, der schon einige Monate zurückliegt. An jenem Tag bog ich wie jeden Morgen mit meinem Fahrrad rechts in die Straße ein, in der sich die Flüchtlingsunterkunft befindet. Just in dem Moment sah ich ein Polizeiauto, das vor der Unterkunft stand. Eine leise Vorahnung für den Grund des

Polizeibesuchs überkam mich. So schnell ich konnte, sperrte ich mein Fahrrad ab und ging auf das Gebäude zu, öffnete die Tür und trat ins Innere ein. Meine Vorahnung bestätigte sich bei dem Anblick, der folgte. Hewad saß am Boden und sein kleiner Körper lehnte an der Wand zu unserem Assistentenbüro. Um ihn herum standen meine Kollegen, zwei Polizisten und unsere Putzfrauen. Hewads Hände steckten in Handschellen. Der kleine Afghane schaute mich an und ich erkannte Verachtung, aber auch Angst in seinen tiefbraunen Augen. Das Betrachten der Szene verwirrte mich, ich schaute von einem zum anderen, ging langsam an den Polizisten vorbei und warf einen Blick in das Zimmer der Sozialpädagogen. Der Tisch mit der Plexiglasscheibe war umgekippt. Jetzt konnte ich ansatzweise vermuten, was passiert war. Die Worte von einem der Polizisten holte mich zurück in die Gegenwart.

„So, machen wir uns auf den Weg“, sagte er zu Hewad und seinem Kollegen. Hewad wusste, was das für ihn bedeutete und er schrie die wenigen Worte, die er auf Deutsch konnte: „Nein, nicht ins Krankenhaus!“ Sein kleiner Körper versteifte sich und der Bewohner begann, mit Händen und Füßen um sich zu schlagen. Die Polizisten schienen Vorfälle wie diesen gewohnt zu sein, denn es wirkte äußerst fachmännisch, wie sie den kleinen Mann unter den Achseln packten und hinaustrugen, auf direkten Weg in die Psychiatrie.

„So, ich brauche jetzt erstmal einen Tee,“ sagte meine Kollegin Aileen und gab dabei einen seufzenden Laut von sich. Man konnte förmlich spüren, wie sich ihre Anspannung nun langsam legte.

„Was ist hier gerade passiert?“ versuchte ich in Erfahrung zu bringen und merkte, dass ich immer noch ein wenig verwirrt war. Und dann war es Doris, die begann, die ganze Geschichte zu erzählen.

„Hewad hat Aileen aus dem Nichts heraus angegriffen. Er wollte auf sie losgehen, ist in unser Büro gestürmt und hat den Tisch umgerannt. Aber Ilana, unsere Putzfrau, hat schnell reagiert und sich auf den zierlichen Hewad gestürzt. Ilana, Azad, Aileen und ich konnten ihn schließlich zu viert auf den Boden drücken. Einer von den Securities war dann auch schnell zur Stelle und hat die Polizei verständigt.“ Doris beendete ihren Bericht mit den Worten: „Er hat Fortschritte gemacht, denn er hat seine Wut jetzt nach außen gerichtet.“

Ich erinnere mich an einen anderen Vorfall mit Hewad. Damals waren Shafiq und ich im Dienst. Schon den ganzen Tag war Hewad damals wie ein nervöser Tiger im Kreis zwischen uns und seinem Zimmer hin und hergelaufen und hat nach Aileen gefragt, weil sie nicht in ihrem Büro war. Irgendetwas schien ihn sehr zu beunruhigen, aber weder mit Shafiq noch mit mir wollte er darüber sprechen. Shafiq und Hewad kommen zwar aus dem gleichen Land, mein Arbeitskollege gehört im Gegensatz zu Hewad aber nicht der Ethnie der Paschtunen an. Ich glaube, in Aileen sieht der Bewohner eine Art Muttterersatz, deswegen kommt Hewad immer zu ihr, wenn er Probleme hat. Als wir ihm an jenem Tag damals zum wiederholten Mal sagen mussten, dass unsere Chefin nicht da sei, stand er irgendwann mit tiefen Schnittwunden an Armen und Beinen vor unserer Bürotür. Der ganze Gang war blutverschmiert. Damals, bei jenem Vorfall, hat Hewad seine Wut gegen sich, nach innen gerichtet. Ein paar Wochen später hatte er mit seinem Angriff also einen Fortschritt gemacht. Ich wünschte mir, Doris hätte auch diesen Fortschritt gemacht und es geschafft, ihre angestaute Wut nicht gegen sich zu richten. Ein paar Wochen nachdem Hewad auf Aileen losgegangen ist und den Tisch umgeworfen hat, beging unsere Kollegin Selbstmord. Sie war gerade einmal einundvierzig Jahre alt. Doris war eine der Corona-Toten, über die keiner spricht.

Qamishli

Eines Nachmittags sitzen wir mal wieder zu Dritt im Zimmer der Assistenten und den ganzen Tag ist wenig los. Die Bewohner im Heim scheinen Winterschlaf zu halten. Shafiq spielt an seinem Handy, Azad nippt an seinem koffeinfreien Kaffee und mir ist langweilig. Irgendwann breche ich das Schweigen, indem ich sage: „Azad, du hast mir schon lang nichts mehr von deiner Geschichte erzählt.“ Mein Kollege nippt noch einmal an seiner Tasse, er scheint nachzudenken.

„Hm, wo waren wir denn das letzte Mal stehen geblieben?“ Auch ich überlege kurz.
„Ihr seid über die syrische Grenze gekommen und wurdet von den Grenzpolizisten verfolgt. Wo hat euch der Fluchthelfer dann hingebracht?“ Azad holt kurz Luft, bevor er spricht.
„Die Stadt hieß Qamishli. Der Pickup hat direkt vor dem Hauptgebäude der Kommunistischen Partei Irak gehalten und uns dort abgeliefert.
Ich weiß es noch, als ob es gestern gewesen wäre, wie wir in diesem Hauptgebäude damals kreisförmig im Schneidersitz auf einem Perserteppich gesessen sind. Der Teppich hat genauso ausgesehen wie der, den der Fluchthelfer kurz zuvor als Treppe für den Stacheldrahtzaun umfunktioniert hatte. Wir sind ganz still dagesessen und haben uns angeschaut. Keiner hat auch nur ein Wort gesagt. Der kahle Besprechungssaal hat das nach außen gespiegelt, was ich tief in meinem Inneren gefühlt habe: eine große Leere. Vielleicht sind wir so ein paar Minuten zusammengesessen, vielleicht waren es aber auch ein paar Stunden. Ich kann es nicht mehr genau sagen, denn ich habe in diesem Saal jegliches Zeitgefühl verloren. Keiner hat sich auch nur einen Millimeter bewegt. Wir waren alle wie erstarrt. Nur unsere Augen haben vom einen zum anderen geschaut. Ich weiß noch, wie ich zuerst zu Agir geschaut habe. Er hat meinen Blick erwidert. Dann zu Mustafa, Dilo, Evin, Miraz, Rohat, Zaman, Sivan und Serhat. Sie waren alle voller Blut. Dilo, Evin und Zaman sind nur noch in ihren Unterhosen vor mir gesessen. Die Klamotten der anderen Jungen waren komplett zerfetzt. Dann habe ich an mir selber hinuntergeschaut. Mein dünnes T-Shirt und meine Hose waren zerschlitzt, der Stacheldrahtzaun hatte tief in mein Fleisch geschnitten. Und erst da habe ich den Schmerz gefühlt, der sich in meinem ganzen Körper ausgebreitet hat. Ich habe gemerkt, wie ich versucht habe zu schreien, aber meine Lippen haben sich nicht bewegt. Das Adrenalin war gewichen und hat Platz für meine Angst gemacht. Noch heute habe ich Narben von diesem Stacheldrahtzaun.“ Azad zeigt uns ein paar davon an seinen Händen und Füßen.

„Ich glaube, in dieser Stunde, in diesem Raum haben wir alle das Gleiche gefühlt, aber keiner wollte darüber sprechen. Wir haben nie wieder ein Wort über unseren Grenzübertritt nach Syrien verloren. Ich glaube, alle wollten diese schrecklichen Bilder aus ihren Köpfen verbannen und die Mitglieder der Partei haben uns auch die Zeit gegeben, die wir gebraucht haben, bevor sie uns auf unsere Quartiere, in denen wir dann die darauffolgenden Monate verbringen sollten, verteilt haben.

Ich weiß nicht mehr genau, wie lang wir in Qamishli geblieben sind. Vielleicht waren es vier, vielleicht aber auch sechs Monate. Dilo, Evin, Zaman und ich wurden zusammen in einer Wohnung im Zentrum der Stadt untergebracht und eigentlich haben wir nur gewartet, bis unsere Ausweise fertig gestellt waren. Wir sollten jemenitische Ausweise bekommen, wisst ihr?"
„Warum das?", fragt Shafiq.
„Der Südjemen oder auch die Demokratische Volksrepublik Jemen war zu dieser Zeit ein kommunistisches Land und mit diesen Pässen war es für uns einfacher in die Sowjetunion einzureisen", lautet die Erklärung meines Kollegen.
„Oh, hatte ich dort in Qamishli eine schöne Zeit", beginnt Azad nun richtig zu schwärmen.
„Das war vielleicht die schönste Zeit überhaupt, wenn ich das mit den vorherigen sechs oder sieben Jahren im Irak vergleiche. Wir haben dort in Syrien gelebt wie Gott in Frankreich.
Am ersten Tag unserer Ankunft haben uns die Parteimitglieder jedem einen Zweihundert-Dollar-Schein in die Hand gedrückt. Das war damals unglaublich viel Geld, ich hatte noch nie zuvor so viel Geld auf einmal in meiner Hand gehabt, könnt ihr euch das vorstellen? Glaubt mir, ich habe davor bestimmt fünf Jahre keine Süßigkeiten mehr gegessen. Von dem Geld haben wir uns dann gleich in der Innenstadt von Qamishli einen Eisbecher gekauft. Das ist richtig zu einem Ritual geworden. Jeden Nachmittag haben wir in dieser Zeit, in der wir dort gelebt haben, in unserer Lieblingseisdiele einen großen Eisbecher mit Sahne bestellt. Das war das Beste, was man bei fünfundvierzig Grad

im Schatten machen konnte. Puh, war das eine Hitze. Und wir konnten uns neue Klamotten kaufen. Ich hatte davor noch nie in meinem Leben neue Anziehsachen getragen! Früher musste ich immer die alten Hosen und Hemden von meinen Onkeln tragen. Außerdem habe ich mir noch eine digitale Armbanduhr von dem Geld kaufen können. Ihr müsst euch das so vorstellen, so eine Armbanduhr hatte damals so viel Prestige, wie heute in etwa ein Mercedes G-Klasse oder das neueste iPhone. Ich habe die Uhr immer so getragen, dass jeder sie sehen konnte.“ Er lächelt schelmisch, während er davon erzählt. Auch ich muss lachen, als Azad versucht, uns zu demonstrieren, wie er damit in Qamishli herumgelaufen ist.

„Was hast du denn den ganzen Tag dort gemacht, während du auf deinen Ausweis gewartet hast?“, frage ich ihn.

„Ach, wir haben Fußball gespielt und wir waren viel spazieren. Ich war das erste Mal in meinem Leben in einem Kino und ich habe meinen Onkel oft besucht. Er ist selbst, als er sechzehn Jahre alt war – das war lang bevor ich geboren wurde – aus dem Irak dorthin geflohen. Bevor ich nach Quamishli gekommen bin, kannte ich ihn noch gar nicht. Wir haben uns in dieser Stadt zum ersten Mal getroffen. Aber leider konnte er mich nicht zu sich nehmen, weil seine Hütte sehr klein war und der Platz gerade einmal für ihn selber, seine Frau und die zwei Töchter gereicht hat. Außerdem hatten wir bei uns in der Unterkunft einen Hauslehrer, der uns jeden Tag für ein paar Stunden das lateinische Alphabet beigebracht hat. Eigentlich sollten wir die kyrillischen Buchstaben lernen, damit wir für Russland vorbereitet waren.“

„Und warum haben sie euch dann das lateinische Alphabet beigebracht?“, unterbreche ich Azad.

„Hm, ich weiß auch nicht mehr, warum wir die lateinische Schrift gelernt haben“, lacht er.

„Aber Latein war auch wichtig.“

„Erzähl weiter, was war eure nächste Station?“, fordere ich Azad auf.

„Ende September 1989, nach diesen vier, fünf oder vielleicht sogar sechs Monaten in Qamishli, hat uns dann eines Morgens der Leiter des Hauptquartiers der kommunistischen Partei besucht. ‚Packt eure

Koffer, Jungs, eure Ausweise sind fertig! Jetzt müssen wir nur noch nach Damaskus, um sie abzuholen!', hat er uns mitgeteilt." Azad lacht. „Es war letztendlich nur ein einziges Stück Papier, auf dem unsere vierzehn Fotos draufgeklebt waren. Wir hatten also nur einen Gemeinschaftsausweis zu vierzehnt.
Am nächsten Tag sind wir dann mit dem Bus nach Damaskus gefahren, zur jemenitischen Botschaft gegangen und haben dort den Ausweis abgeholt. Dann hatten wir noch ein paar Tage Zeit, um uns Damaskus anzuschauen. Damaskus ist so eine schöne Stadt." Ich merke, wie mein Kollege zu schwärmen beginnt.
„Es hatte so eine reiche Geschichte und Kultur, so viele Schätze und jetzt ist alles kaputt", seufzt er.
„Nach diesen zwei Tagen in Damaskus sind wir dann zuerst in den Jemen geflogen. Das war das erste Mal überhaupt in meinem Leben, dass ich in einem Flugzeug gesessen bin. Die Maschine war riesengroß, ich glaube, es war eine Boeing." Mein Freund strahlt und steckt Shafiq und mich damit an.
„Wie war es für dich das erste Mal zu fliegen?", fragt Shafiq lächelnd.
„Wunderschön!" Azads Augen blitzen.
„Wir haben gelacht und uns so gefreut. Wir konnten gar nicht stillsitzen, so spannend war es. Ich hatte keinen Fensterplatz, deswegen bin ich die ganze Zeit hin- und hergelaufen und habe meine Nase an der Scheibe plattgedrückt. Das Flugzeug hat einen Zwischenstopp im Jemen gemacht. Ich weiß gar nicht mehr, ob es nur ein Transitaufenthalt war, oder ob wir eine Zeit dortgeblieben sind. Irgendwie habe ich solche Details total vergessen."
Mein Freund lacht.
„Dann ging es auf jeden Fall weiter nach Moskau, das weiß ich wiederum noch ganz genau."

Und dann kam der Krieg

Im Sommer 2021 konnte Shafiq endlich seine Hochzeit feiern, die wegen der Coronapandemie ständig verschoben werden musste und er war im Anschluss den ganzen August auf Hochzeitsreise. Aber er konnte seine freie Zeit nicht so genießen, wie er es sich gewünscht hätte. Zwei Wochen nach Shafiqs Hochzeit ergriffen die Taliban die Macht in Afghanistan.

Ich nutzte den August und verwirklichte mich selbst mit kleinen Projekten für die Kinder im Asylheim. Jeden Tag organisierte ich Angebote für die kleinen Bewohner. Ich machte Experimente mit Nilaja und Dada, unseren mental auffälligeren Kindern, um zu schauen, inwieweit die beiden schon motorisch entwickelt waren, bot Bastelaktionen an und malte mit den Kindern, nahm meine Gitarre mit und sang an den Wochenenden Lieder mit ihnen. Ich plante eine Schatzsuche im Garten und zusammen mit Heinrich, einem engagierten Ehrenamtlichen, unternahmen wir Ausflüge auf nahe gelegene Spielplätze und in den Zoo. Diese Sommertage waren abwechslungsreich und eigentlich hätten sie mir allen Grund geben können, zufrieden und hochmotiviert zu sein, aber irgendwie fehlte mir trotzdem der Antrieb. Es herrschte ein Motivationsloch in unserem gesamten Team. Dieses Tief war nicht nur das Sommerloch, es war das Loch, das Doris hinterlassen hatte. In dieser Zeit fehlte uns allen der Antrieb.
Ich versuchte neue Impulse bei einem Mitarbeitergespräch mit unserer ranghöchsten Abteilungsleiterin Barbara zu erhalten, denn ich brauchte dringend neue Ziele und hoffte von ihr in dieser Hinsicht Unterstützung zu erhalten. Also saß ich ein paar Wochen nach Shafiqs Hochzeit in Barbaras Büro. Sie sagte an dem Tag etwas zu mir, das mich noch lange beschäftigte: „Frau Will, die Integration funktioniert nicht."

Russland

Ein paar Tage nach meinem Mitarbeitergespräch sitzen wir wieder im Büro der Assistenten. Azad und ich sind nur zu zweit, denn Shafiq hat immer noch Urlaub. Draußen herrscht eine sommerliche Hitze und so sind wir froh, dass die Mauern des Gebäudes wenigstens für ein bisschen kühlere Temperaturen sorgen. Den Bewohnern scheint es auch zu heiß zu sein. Bis jetzt haben sich nur wenige blicken lassen. Da nicht viel zu tun ist und Azad mir wirklich seit Monaten nicht mehr viel von seinen Geschichten erzählt hat, frage ich meinen Freund wieder einmal: „Willst du mir weitererzählten, wie ihr in Russland angekommen seid? Wie war das für dich damals?" Und Azad fängt nach einer kurzen Denkpause an zu berichten.

„Ich hätte genauso gut auf dem Mars landen können, so habe ich mich bei unserer Ankunft in Moskau gefühlt." Ich lache und frage ihn: „Warum? Was war so anders in Moskau?"

„Nun ja", entgegnet Azad, „es waren andere Menschen und eine komplett andere Kultur. Die Menschen waren anders gekleidet, sie waren halb nackt, und das obwohl es so kalt war! Die Frauen sind im Minirock herumgelaufen! Das war wirklich ein sehr merkwürdiger Anblick für mich damals. Wir haben zum ersten Mal gesehen, dass sich ein Mann und eine Frau geküsst haben. Auf den Mund! Kannst du dir das vorstellen? Es war ein junges, sehr hübsches Paar. Und so weiß, so hell waren die beiden! Ich hatte davor noch nie in meinem Leben so helle Haut gesehen. Wir hatten ja keinen Fernseher damals im Irak. Dilo ist auch noch so nah an die beiden herangegangen und hat sie mit großen Augen angeschaut, nein, eher angegafft, muss man schon fast sagen. Die Zwei müssen sich wie Zootiere vorgekommen sein." Azad kichert bei der Vorstellung.

„Dilo hat mich ganz irritiert gefragt: ‚Was machen die da?'" Bei dieser Vorstellung fange ich an zu lachen.

„Gleich nach unserer Ankunft wurden wir dann mit einem Chauffeur zum Kreml gefahren. Wir wurden dort direkt in den Hauptsaal gebracht, genau dorthin, wo sich die größten und wichtigsten Politiker des Landes versammeln." Wieder lache ich und sage an Azad gewandt: „Ihr wart berühmt!"

„Du musst dir vorstellen, wir waren nicht – wie kann man das sagen – irgendwelche Kinder. Unsere Familien haben für den Kommunismus gelebt. Sie waren bereit alles für die Philosophie des Kommunismus aufzugeben. Mein Vater hat den Kommunismus über seine eigene Familie gestellt. Er hat einmal zu mir gesagt: ‚Euch alle werde ich

begraben, aber dem Kommunismus werde ich treu bleiben.'" Ich schlucke bei diesen Worten.
„Aber er hat dich doch nach Russland geschickt, weil er dich vor dem Krieg retten wollte!" entgegne ich.
„Ja, aber das hat er für seine Ideologie gemacht. Er hätte mich auch nach Deutschland schicken können, das wäre billiger gewesen. Die Flucht nach Russland war sehr teuer, aber das hat mein Vater natürlich nicht bezahlt, sondern die Partei." Ich bin etwas irritiert.
„Azad, warum haben sie dann nur einen von euch hingeschickt und nicht auch deine anderen Geschwister?" Mein Kollege wird stutzig.
„Das habe ich mich dann später auch gefragt und als ich meinen Vater darauf angesprochen habe, hat er es mir erklärt. ‚Jede Familie durfte nur ein Kind schicken,' war seine Antwort.
Im Kreml haben wir dann ein Hotel für eine Nacht bekommen. Wir haben geschlafen wie Könige. Es war etwas Außerirdisches." Ich sehe, wie sich Lachfältchen in Azads Gesicht bilden, und seine Augen strahlen, wie er so dasitzt und an diese Zeit im Kreml zurückdenkt. Ich versuche mir vorzustellen, wie es wohl sein mag, so im Kreml empfangen zu werden, aber es fällt mir schwer.
„Bist du dann direkt ins Internat weiter?" will ich wissen.
„Ja, nach dieser Nacht ging es dann weiter nach Ivanovo. In dieser Stadt war das Internat, auf dem ich und die anderen Jungs unsere nächsten vier Jahre verbringen sollten. Wir sind mit einem Nachtzug siebenhundert Kilometer in nordöstliche Richtung gefahren." Azad tritt neben mich vor den großen Bildschirm unseres Computers.
„Schau mal auf Google Maps, wo Ivanovo liegt", fordert er mich auf und genau das mache ich.
„Wow, das ist echt schon mitten in Sibirien!" ist meine Reaktion.
„Ja, wir sind wirklich lange mit dem Zug gefahren. Insgesamt waren wir dreizehn Stunden unterwegs. Das war so ein alter Nachtzug, der in jedem kleinsten Kaff gehalten hat." Ich kann mir die Lok bildhaft vorstellen.
„Auf unserer Reise wurden wir von einer arabischsprachigen Frau, unserer Betreuerin, begleitet. Ich konnte zu diesem Zeitpunkt damals nur ein paar Brocken Arabisch." Das wundert mich nun, da ich davon

ausgegangen bin, die Menschen im Irak würden zweisprachig aufwachsen.
„Wo hast du dann so gut Arabisch gelernt?“, will ich wissen, und wie selbstverständlich antwortet mein Kollege: „Na hier in der Asylunterkunft, frag Karim.“ Ich fange an zu lachen, denn mit dieser Antwort habe ich nun wirklich nicht gerechnet.
„Wir Jungs haben alle Kurdisch miteinander gesprochen.“

Gefahr

Auch der nächste Tag ist ausgesprochen heiß und schwül. Unser Assistentenbüro gleicht einer Sauna und wir liegen mehr auf den Tischen als dass wir sitzen. Die Sonne lässt uns zerfließen wie eine Kugel Vanilleeis. Gegen elf Uhr vormittags teilt mir Azad mit: „Ich komme gleich wieder. Ich begleite nur schnell Hewad zur Sparkasse.“ Hewad, unser schwieriger Bewohner, der das meiste Deutsch in der Psychiatrie gelernt hat, darf nicht einmal selbst sein Geld verwalten. Die wirtschaftliche Flüchtlingshilfe zahlt ihm jeden Monat einen gewissen Betrag auf sein Konto, den er nur mit uns abheben kann, weil seine Sparkassenkarte eingesperrt im Schrank der Sozialpädagogen verstaut ist. Diesen Monat sollte also Azad sein Begleiter sein und ich halte die Stellung im Büro. Als er nach zehn Minuten zurückkommt, hat mein Kollege eine ernste Miene aufgesetzt und um seine Stirn herum hatte sich eine Sorgenfalte gebildet.
„Geht schnell in die Küche“, sagt er zu Aileen und mir.
„Macht schnell, ich komme gleich nach und erkläre euch dann alles.“ Wir sind verwirrt und verstehen nicht so recht, was das Ganze bedeuten soll. Aber Azad wirkt sehr ernst und ich habe das Gefühl, es sei besser seinen Anweisungen zu folgen. Also tun wir genau das, was er uns befohlen hat. Nach zwei Minuten kommt er in die Küche nach.
„Als wir zurückgegangen sind, hat Hewad zu mir gesagt: ‚Ich nehme ein Messer und bring Aileen um.‘“ Ich erstarre, als ich diese Worte höre.
„Bleibt hier, ich kümmere mich um alles“, sagt mein Kollege. Es kommt mir vor wie Stunden, als wir so in der Küche um den großen

runden Tisch herumsitzen und warten. Wir warten und warten und auf einmal klopft jemand von außen an die Tür. Aileen und ich schauen uns an und versuchen, uns nicht zu bewegen. Es klopf lauter und lauter. Die Person scheint sehr ungeduldig zu sein.
„Aileen!“ Es ist Hewads Stimme. Ich zucke zusammen und auch Aileen wird ein bisschen weiß um die Nasenspitze herum. Nun erhebe ich mich doch, aber nur, um die dicke Zwischentür, die den Eingangsbereich vom Küchenraum abtrennt, zuzuziehen. So sitzen wir da und warten. Nach einer weiteren gefühlten Ewigkeit beobachten Aileen und ich von der Küchentür aus, wie ein Streifenwagen in unseren Hof einbiegt. Hewad wird polizeilich entfernt. Er ist nun weg und hat Hausverbot. Aber dieser Tag veränderte etwas in mir. Hewad war Paschtune. Neunzig Prozent der Paschtunen sind Talibananhänger. Als die Taliban vor ein paar Wochen in Afghanistan die Macht ergriffen haben, hat Hewad am lautesten gejubelt. Ein Talibananhänger hatte uns mit Mord gedroht. Ein Talibananhänger lebte in unserer Flüchtlingsunterkunft und unschuldige Menschen in Afghanistan können das Land nicht verlassen. Auch ein anderer Bewohner unserer Unterkunft hat Shafiq erst neulich erzählt, dass sein Vater nun ein oberer Befehlshaber der Taliban sei.
Ich frage mich, welche Menschen in diesen Heimen leben. Erst vor ein paar Wochen wurde ein Asylbewerber in einer anderen Unterkunft der Stadt von seinem Mitbewohner enthauptet. Und auch eine Mitarbeiterin in einer weiteren Asylunterkunft wurde von einem Asylbewerber erstochen. Ich hatte nicht wirklich Angst, als ich in der Küche saß und wartete. Ich war nicht in Gefahr, zu keinem Zeitpunkt. Ich saß da und wartete, bis die Polizei kam. Aber von diesem Zeitpunkt an war ich mir nicht mehr sicher, ob Barbara, unsere oberste Abteilungsleiterin, nicht doch mit ihrer Aussage: „Frau Will, die Integration funktioniert nicht“, recht hatte.

Das Internat

Morgens um zehn treffe ich gleichzeitig mit Shafiq in der Unterkunft ein. Vor der Eingangstür begrüßen wir uns.

„Wow, du bist heute pünktlich“, versuche ich ihn ein bisschen scherzhaft zu provozieren. Shafiq lacht und wirkt dabei, obwohl er sich nichts aus Pünktlichkeit macht, trotzdem ein bisschen beschämt. Wir gehen zusammen den langen Korridor entlang und unterhalten uns. Azad, der heute Frühschicht hat, sitzt schon auf dem schwarzen Drehstuhl hinter der Plexiglasscheibe. Seine Füße hat er wie so oft lässig auf den Tisch hochgelagert.

„Guten Morgen, liebe Kollegen!“ sagt Azad enthusiastisch und schwungvoll, wie eigentlich jeden Morgen und hellt damit meine Stimmung wieder einmal ungemein auf.

„Guten Morgen!“ antworten Shafiq und ich im Chor. Während ich meinen Rucksack abstelle, unterhalten wir uns über belanglose Dinge des täglichen Lebens. Noch steht keiner von unseren Bewohnern im Gang, also dränge ich Azad: „Erzähl weiter, da, wo wir gestern aufgehört haben!“ Und ich merke, wie mein Arbeitskollege jetzt erst so richtig in Fahrt kommt, die Begeisterung meines Freundes schwappt auf mich über und so hänge ich an seinen Lippen, während Azad spricht.

„Als wir damals in Moskau in den Zug eingestiegen sind, wussten wir nur, dass wir in Ivanovo in eine Schule gehen sollten, aber wir wussten sonst rein gar nichts über diese Institution. Wir wussten nicht, dass es ein Internat war, wir wussten nicht, wie es aussah, wir wussten nicht, dass wir dort schlafen sollten und wir wussten auch nicht, was das überhaupt für eine besondere Schule war“, erzählt er und ich werde neugierig.

„Warum? Was war an dem Internat denn so besonders?“ will Shafiq wissen.

„Schon Mao Zedong und Ho Chi Minh sind auf diese Schule gegangen,” klärt uns Azad auf und ich habe das Gefühl, es macht ihn stolz, auf das gleiche Internat wie diese Prominenten gegangen zu sein. „Außerdem noch viele Kinder von den obersten Politikern aus Kuba, Venezuela, Chile, Argentinien und ganz Mittelafrika, Asien, China, der Mongolei und auch von einigen Deutschen aus der damaligen DDR.“ Meine Kinnlade kippt nach unten, wie so oft, wenn mir Azad etwas erzählt. Langsam sollte mich nichts mehr überraschen.

„Zur gleichen Zeit mit mir ist dort auch der Sohn des Präsidenten von Guinea zur Schule gegangen. Er war allerdings eine Klasse über mir. Und eine Stufe unter mir war da noch der Sohn des Außenministers von Angola. Die Väter waren natürlich stinkreich, wie ihr euch vorstellen könnt. Angola ist das reichste Land in ganz Afrika. Sie haben dort Bodenschätze wie Öl, Gold und Diamanten. Fast alle Diamanten kommen aus Angola, wusstet ihr das?“ Ich schüttele den Kopf.
„Aber im Internat durfte er natürlich nichts von seinem Reichtum zeigen, wir waren alle nach dem Grundgedanken des Kommunismus gleich. Natürlich wusste damals auch keiner über seine Herkunft Bescheid. Erst nach dem Abschluss haben wir von seiner wahren Identität erfahren.“ Azad macht eine kurze Sprechpause, er scheint nachzudenken.
„Zu dem Sohn des Außenministers von Angola habe ich keinen Kontakt mehr. Aber ich bin mir sicher, jetzt sitzt er irgendwo ganz oben im Parlament von Angola. Oh Mann, wie ich diesen Jungen gehasst habe.“ Als Azad das so sagt, merke ich richtig den Zorn in ihm aufflammen, ein Gefühl, das ich selten bei ihm wahrnehme.
„Er war so arrogant und er hat so getan, als sei er etwas Besseres als wir. Ich habe mich so oft mit ihm gestritten“, zischt Azad.
„Aber nach dem Schulabschluss habe ich dann auch noch eine andere Seite von ihm kennenlernen dürfen.“
„Welche Seite war das?“ unterbreche ich ihn.
„Er hat viele Kinder aus dem Internat finanziell unterstützt, sie oft eingeladen und versucht, ihnen ein schöneres Leben zu ermöglichen“, berichtet mein Kollege nun.
„Zu dem Anderen, dem Sohn des Präsidenten aus Guinea, habe ich allerdings immer noch Kontakt. Der Junge war sehr nett“, fährt mein Freund in Gedanken versunken fort.
„Du hast mir jetzt aber immer noch nicht meine Frage beantwortet: Was ist das Besondere an diesem Internat? Warum sind dort so berühmte Leute zur Schule gegangen?“ versuche ich, die Aufmerksamkeit von Azad wieder auf dieses Thema zu lenken.

„Das Interdom wurde 1933 gegründet, aber der ursprüngliche Gedanke war nicht, den Kommunismus in die Welt zu tragen, sondern Kinder aus Kriegsgebieten, die ihre Eltern verloren haben, zu unterstützen, zu unterrichten und ihnen eine neue Familie und Heimat zu geben. Auch nach dem Atomunglück in Tschernobyl hat das Interdom siebzig Kinder aufgenommen. Bald nach der Gründung, im zweiten Weltkrieg, haben sich aber die Ziele des Internats stark verändert. Von da an wurden wir internationalen Kinder dort tatsächlich mit dem Hintergedanken geschult, dass wir nach unserem Abschluss zurück in unsere Herkunftsländer gehen sollten, um dort den Kommunismus zu verbreiten und für die Sowjetunion zu arbeiten. Dieses Konzept hat sich bis heute nicht verändert, auch aktuell zieht die Schule noch Generationen heran, die dann als Erwachsene für die russischen Interessen im Ausland arbeiten sollen. Ich glaube, so eine Schule gibt es sonst nirgendwo auf der Welt."

Quarantäne

Wir haben mittlerweile schon Ende September. Der Herbst ist fortgeschritten, was sich an den kahlen Bäumen und den vielen bunten Laubhaufen, die zusammengerecht neben den Bäumen liegen, bemerkbar macht. Aileen und ich hatten die letzten beiden Wochen wegen Corona zu Hause in Quarantäne verbracht und so habe ich Shafiq und Azad schon eine ganze Weile nicht mehr gesehen. Ich freute mich irgendwie, wieder in die Arbeit zu kommen.
„Du hast mir immer noch nicht erzählt, wie ihr damals im Internat angekommen seid", sage ich an diesem Tag zu meinem Freund. Azad lächelt, holt tief Luft und setzt an, mit seiner Geschichte fortzufahren.
„Ein Bus hat uns damals vom Bahnhof in Ivanovo abgeholt und zum Interdom gebracht. Aber zuallererst, bevor wir in Kontakt mit den anderen Schülern kommen konnten oder in die Schule gehen durften, sind wir erst einmal geradewegs zwei Wochen in Quarantäne geschickt worden und ein Ärzteteam hat uns von oben bis unten durchgecheckt." Selbst gerade diese Erfahrung gemacht zu haben, zwei Wochen komplett isoliert gewesen zu sein, konnte ich gut

nachvollziehen, wie das damals für Azad und seine Freunde gewesen sein musste.

„Damals, als wir dort angekommen sind, waren diese Untersuchungen die Hölle für uns.

Die Tests, die dort mit uns gemacht worden sind, kann man nicht mit ärztlichen Untersuchungen in Deutschland heutzutage vergleichen, wisst ihr. Es war so beschämend. Wir haben uns wie Versuchskaninchen gefühlt. Den Jungs und mir wurde Blut abgenommen, dann haben die Ärzte uns geröntgt, auf Tuberkulose getestet und ich weiß nicht, was noch alles. Mir war zuvor nicht klar, dass man so viele Tests an einem Menschen durchführen kann. Es wurde auch getestet, ob wir Würmer im Darm haben. Dazu wollten sie uns einen Draht in den Hintern reinstecken. Ich erinnere mich noch genau an die komischen Gesten, mit der eine Dolmetscherin versucht hat, begreifbar zu machen, was auf uns zukommen sollte. Als ich dann endlich verstanden habe, was genau ich da machen sollte, habe ich Panik bekommen. Glaubt mir, ich habe mich so sehr geschämt, ich konnte den Ärzten gar nicht in die Augen schauen. Meinen Kumpels ging es nicht anders. Wir kamen uns so schmutzig vor, es hat sich fast wie eine Vergewaltigung angefühlt. Wir haben zwei Tage nur geweint, uns versteckt und geweigert, diese Untersuchung mit uns machen zu lassen. Jedes Mal, wenn sich uns die Ärzte auch nur ein Stück weit genähert haben, haben wir geschrien, denn wir wollten unsere Hosen nicht herunterziehen. Aber irgendwann wurde uns klar, dass wir keine andere Wahl hatten. Ich war so erleichtert, als ich meine Ergebnisse bekommen habe, denn ich war komplett gesund und durfte nach diesen zwei Wochen raus aus der Quarantäne. Zaman hatte weniger Glück, er musste noch einen Monat ganz allein in Quarantäne, denn er hatte Würmer im Darm.

Heute, wenn ich meine Freunde vom Internat anrufe und wir über die guten alten Zeiten dort plaudern, lachen wir nur noch über diese Untersuchungen. Es war schon irgendwie komisch, wie der Dolmetscher alles übersetzt hat. Er ist selber ganz rot damals geworden, so peinlich berührt war er, und es war so lustig, wie er seine Worte mit der passenden Gestik veranschaulicht hat, wie er versucht hat, uns alles

zu verdeutlichen, damit wir verstehen konnten, was die Ärzte von uns wollten." Da ich selbst drei Monate während meines einjährigen Aufenthalts in Spanien in Corona-Quarantäne verbringen musste, weiß ich, wie nervig sich das anfühlt, und ich freue mich für meinen Kollegen, dass er nach diesen zwei Wochen entlassen werden konnte.
„Und dann bist du direkt ins Internat gekommen, hast mit der Schule angefangen und deine Mitschüler kennengelernt?" will Shafiq wissen.
„So ungefähr", entgegnet Azad. Aber es ist noch einiges passiert, bis ich mich wirklich im Interdom eingelebt habe." Wir werden aus unseren Gedanken gerissen, denn es klopft mal wieder an unserer Bürotür. Eine Schlange von Bewohnern hat sich bereits im Gang gebildet.
„Na dann, an die Arbeit!", sagt Casy und macht sich auf den Weg in ihr eigenes Büro. Azad, Shafiq und ich setzen unsere FFP2-Masken auf und gehen auf unsere Bewohner zu.

Kulturschock

Um eins sitze ich wie üblich mit Azad, Casy, Aileen und Shafiq in der Küche um den großen runden Tisch herum. Azad hat mal wieder seinen Brokkoli gekocht, etwas, das ich in den letzten zwei Wochen Quarantäne zu Hause vermisst habe, denke ich mir und grinse. Casy nimmt einen Bissen von ihrem Thai-Curry und Shafiq löffelt sich ein afghanisches Gericht von seiner Tupperschüssel auf einen Teller und stellt es in die Mikrowelle.
„Was ist damals noch so passiert, bis du dich im Interdom einleben konntest?" fragt meine Kollegin nach und Azad überlegt kurz.
„Ich erinnere mich an diesen Moment so, als ob es gestern gewesen wäre, an dem ich am Fenster in meinem Zimmer im fünften Stock von unserem Wohnheim gestanden bin und das erste Mal in meinem Leben einen Afrikaner gesehen habe." Azad gibt ein kurzes Lachen von sich. „Das war der zweite Schock seit meiner Ankunft in Moskau. Dort in Russland hat es nicht nur halbnackte Menschen gegeben, die sich auf den Mund geküsst haben. Nein, dort waren die Menschen auch so schwarz wie die Nacht! Es war ein groß gewachsener, muskulöser

junger Mann, den ich dort unten im Hof gesehen habe. Seine Haare haben sich gekräuselt und sind in alle Richtungen abgestanden. Es hat mich irgendwie an einen Schafspelz erinnert. Ich weiß noch ganz genau, dass ich mich damals gefragt habe, ob diese Haarpracht wohl auch genauso flauschig weich war. Ich hätte wirklich wahnsinnig gerne hineingelangt. Robat, der neben mir gestanden ist, hat seinen Mund vor lauter Staunen gar nicht mehr zu bekommen und seine großen Augen haben noch größer als sonst gewirkt.
„Was ist das?" hat er verblüfft gemurmelt, während er gebannt aus dem Fenster gestarrt hat, unfähig den Blick von diesem andersartigen Jungen abzuwenden. Unser beider Erstaunen und die damit verbundene Fixierung auf diesen Afrikaner wurde von einem heftigen Schluchzen von Evin unterbrochen. Sein kleiner Körper hat förmlich gebebt und Tränen sind seine Wangen hinuntergelaufen. Es war herzzerreißend, wie der Kleine dort so neben mir gestanden ist und geschluchzt und geweint hat.
„Wo sind wir hier gelandet? Was ist das? Ich will zurück zu meiner Mama", hat er geschluchzt. Und in diesem Moment haben wir es alle gefühlt. Ich erinnere mich genau an diese Enge, die mir regelrecht meine Kehle zugeschnürt hat. Ich konnte kaum noch atmen. Zum ersten Mal seit wir das türkische Asylheim verlassen hatten, wollte ich zurück zu meiner Familie, ich habe mich nach meinen Eltern und meinen Geschwistern gesehnt und sie wirklich sehr vermisst. Ich hatte Heimweh. Dieses neue Land, diese neue Sprache, eine Schrift, die aussah wie Hieroglyphen, diese merkwürdig gekleideten Menschen, die merkwürdige Sachen machen und komische Hautfarben haben, das alles war ein bisschen viel, ein bisschen sehr viel. Auf einmal sind so viele Fragen in meinem Kopf herumgegeistert: Sollte das das Ende unserer Reise sein? Sollten wir hier die nächsten vier Jahre verbringen? Und dann? Was kam dann? Was wollten die Leute von uns hier? Waren wir nun endlich sicher? Was waren das für Kinder, die mit uns im Internat zusammenleben würden? Ich habe sehr unruhig die nächsten Nächte geschlafen."

„Aber dann ging der Schulalltag ganz normal bei euch los und du hast deine Mitschüler kennengelernt, oder?“ frage ich.
„Oh ja”, entgegnet mein Freund.
„Einer der ersten Schüler, den ich zu Beginn meiner Zeit auf dem Internat kennengelernt habe, hieß Payiz. Er war Iraker, genau wie ich. Payiz ist auf mich zugekommen, als ich gerade zum Mittagessen an dem langen Tisch im Speisesaal der Mensa gesessen bin und hat mich auf Kurdisch angesprochen. Der Junge war drei Klassen über mir und sollte also in diesem Jahr seinen Abschluss machen. Von ihm habe ich auch erfahren, dass in diesem Internat außer uns noch drei andere irakische Jungengruppen genau wie wir von diesem Fluchthelfer über die syrische Grenze bis hierhergebracht worden waren.”
Drei der jugendlichen Heimbewohner stehen hinter der Spuckglasscheibe.
„Azad, haben wir heute wieder Boxen?“, fragt Mohammed. Mein Kollege schaut auf die schwarze Wanduhr.
„Ja, das machen wir jetzt“, sagt er und erhebt sich. Ich verbringe den Rest des Tages damit, E-Mails zu beantworten und Shafiq spielt draußen mit den Kindern Fußball. Um sechs Uhr packen wir wie üblich unsere Rucksäcke zusammen, räumen das Büro auf, schließen alles ab und treten den Heimweg an, jeder in eine andere Richtung.

Das erste Schuljahr

Wenn ich jetzt morgens aus dem Haus gehe, dämmert es noch. Die Luft ist frisch und auf der Wiese in unserem Innenhof neben dem Fahrradschuppen liegt Raureif. Ich sperre mein Rad auf und trete in die Pedale, fahre vorbei an kahlen Bäumen und bunten Laubhaufen. An einem Kastanienbaum halte ich an und sammle ein paar der braunen Früchte. Daraus kann ich Kastanienmännchen mit den Kindern basteln, denke ich mir, als ich sie in meine Taschen stecke. Ich steige wieder auf meinen Drahtesel und pünktlich um zehn erreiche ich die Unterkunft. Azad und Shafiq, der heute Frühschicht hatte, sind schon da. Auch Casy hat es sich bereits in unserem Büro gemütlich gemacht.

„Casy, ich habe gerade eben auf dem Weg hierher Kastanien gesammelt, da basteln wir heute was mit den Kindern, okay?"
„Gute Idee!", bekräftigt sie mich in meinem Vorhaben.
„Haben wir denn einen passenden Bohrer dafür?"
„So etwas haben wir schon draußen im Schuppen", steigt Azad in das Gespräch ein.
„Ich schau gleich mal nach." Und so machen Casy, Azad und ich uns auf den Weg, um alles für das Herbstbasteln zu organisieren. Als wir über die große Wiese in Richtung der Hütte gehen frage ich meinen Freund: „Wie ging es eigentlich weiter im Internat? Habt ihr dann quasi gleich mit dem Unterricht angefangen?" Er überlegt kurz und beginnt dann mit seiner Berichterstattung.
„Ja, soweit ich mich erinnern kann, schon. Am Tag, nachdem wir unsere Vierbettzimmer bezogen hatten, wurden wir dann auch schon in unsere Klassen eingeteilt. Die Jungs, mit denen ich ins Interdom gekommen bin, und ich sind alle in die gleiche Klasse gekommen, mal abgesehen von den Jüngeren. Ich kann mich noch gut daran erinnern, dass wir das ganze erste Schuljahr nur zwei Fächer hatten, und zwar Russisch und Mathematik. Ich habe schnell die neue Sprache gelernt, das ist mir leicht gefallen. Durch den Mathematikunterricht sollte unsere Intelligenz getestet werden, damit die Lehrer uns unseren Fähigkeiten entsprechend in die richtige Klasse einstufen konnten. Mathe ist mir auch sehr leicht gefallen und so bin ich nach diesem Übergangsjahr direkt in die neunte Klasse gekommen. Manche meiner Klassenkameraden, die älter waren als ich, wurden in die siebte Klasse eingestuft. Ihr glaubt jetzt vielleicht, das Interdom wäre eine ganz normale Schule gewesen, aber dem war nicht so. Wir sind den ganzen Tag von Psychologen überwacht worden. Sie haben immer wieder irgendwelche Tests mit uns gemacht, es hat fast kein Ende genommen. Alle hatten Angst, wenn sie uns zu einem Gespräch herzitiert haben. Ich erinnere mich noch genau daran, wie ich dann immer am ganzen Körper gezittert habe, wenn ich mal wieder bei ihnen im Büro gesessen bin. Manchen Kindern wurden irgendwelche Tabletten nach solchen Sitzungen verschrieben, die sie einnehmen mussten. Andere wurden mit einem Auto abgeholt und kamen erst nach Wochen zurück. Ich

hatte schreckliche Angst, dass sie mich auch abholen und einsperren würden. Die Kinder haben uns bei ihrer Rückkehr dann immer erzählt, dass sie in irgendeinem Krankenhaus waren. Wir wussten damals natürlich nicht, was und warum die Psychologen das alles mit uns gemacht haben. Wir wussten nicht, dass manche Kinder traumatisiert waren. Keiner hat uns aufgeklärt."

Familien und Ersatzfamilien

„Was ist eigentlich aus deiner Familie während deiner Zeit im Internat geworden? Hattest du in diesen vier Jahren auch einmal Kontakt zu ihnen?" will Casy wissen.
Um auf Casys Frage einzugehen, muss Azad nicht lange nachdenken.
„Ich hatte nicht wirklich viel Kontakt zu meiner Familie während meiner Zeit dort auf dem Internat. Zwar habe ich ab und zu Briefe von ihnen bekommen, aber die Stimmen meiner Eltern habe ich erst 2001 wieder gehört. Da haben wir dann das erste Mal miteinander telefoniert. Ich erinnere mich noch genau, wie meine Mutter in Tränen ausgebrochen ist, nachdem sie mich durch das Telefon hindurch hören konnte. Aber der wenige Kontakt hat mir damals nicht wirklich viel ausgemacht. Die anderen Jungs und ich hatten schon ein paar Wochen nach unserer Ankunft unsere Familien schnell vergessen. Wir waren viel zu abgelenkt und sind auch gut untereinander klargekommen. Schon nach kurzer Zeit wurden die anderen Schüler zu meiner Ersatzfamilie.
„Wann warst du das letzte Mal im Interdom?", will Casy noch von unserem Kollegen wissen.
„Seit ich hier in Deutschland lebe, war ich nie wieder dort", ist seine Antwort und ich merke, wie mich das überrascht.
„Warum das?", fragt Shafiq und wirkt dabei ebenso erstaunt.
„Es ist gefährlich für mich in Russland." Ich schaue Azad an und habe dabei anscheinend ein großes Fragezeichen auf meiner Stirn stehen, denn er gibt mir sogleich eine klärende Antwort.
„Es hat viele Gründe. Erstens könnte ich bei der Einreise Schwierigkeiten wegen meinem deutschen Pass, den ich jetzt seit

kurzer Zeit habe, bekommen. Die russische Polizei weiß schon, dass ich aus Deutschland komme, meine Akten sind dort drüben alle gespeichert, und zweitens könnte mir mein Aussehen Schwierigkeiten machen. Russen können allgemein rassistisch sein und die Tatsache, dass ich Kurde bin, macht es noch einmal schwieriger, denn die russische Mafia besteht vorwiegend aus Kurden. Man könnte auch so sagen: Kurden sind die obersten Tiere unter den russischen Mafiosi. Und die russische Mafia hat mehr Einfluss auf den Staat und die Politik als die Polizei in Russland selbst. Sie haben schon allein bessere Regeln als der russische Staat. Ich hatte damals auch Verbindungen zur Mafia. Das war während meiner Studienzeit in Sankt Petersburg. Aber das ist eine andere Geschichte.“ Azad schaut uns verschmitzt an.
„Du schaffst es doch immer wieder aufs Neue, mich auf die Folter zu spannen“, sage ich und bin verblüfft. Da es aber schon wieder kurz vor Feierabend ist, räumen meine Kollegen und ich an diesem Tag nur noch routiniert das Büro auf, sperren die Tür zu und machen uns auf unsere jeweiligen Nachhausewege.

Dankbarkeit

Mittlerweile haben wir Dezember. Wenn ich jetzt morgens aus dem Haus gehe ist es draußen immer noch stockdunkel und wenn ich nach einer Stunde in der Arbeit ankomme ist es immer noch dämmrig. Immerhin ist dieser Winter nicht so kalt wie der letzte, aber die Straßen sind trotzdem spiegelglatt und so komme ich nur schleppend vorwärts. Trotzdem schaffe ich es pünktlich um zehn meinen Dienst anzutreten. Das ist gut, denn genau heute um diese Uhrzeit wollte ein Mann vorbeikommen, um Weihnachtsgeschenke für die Kinder vorbeizubringen. Eine Firma hat uns ein Spendenangebot gemacht und jedem Kind ein Geschenk im Wert von circa fünfzehn Euro versprochen. Ein wirklich nettes Angebot, finde ich. Azad, Shafiq, Casy und ich haben vor drei Wochen einen ganzen Nachmittag damit verbracht, Wunschzettel für unsere kleinen Bewohner vorzubereiten. An jenem Nachmittag saßen wir auf dem Boden in unserem Büro und haben aus rotem, gelbem, braunem und weißem Tonpapier Herzen,

Weihnachtssterne, Lebkuchenmänner und Schneeflocken ausgeschnitten, auf die die Kinder ihre Wünsche schreiben sollten. Vor allem die jüngeren Bewohner haben sich mit der Gestaltung sichtlich Mühe gegeben, den Wunschzettel liebevoll verziert und süße Sachen darauf gemalt. Ein Wunsch blieb mir im Besonderen in Erinnerung: der zwölfjährige Tarek wünschte sich einen Schlagstock. Als ich den Zettel gelesen hatte, klappte mir die Kinnlade herunter und ich versuchte, ihn zu überzeugen, seinen Wunsch zu ändern, konnte den Jugendlichen aber nicht davon abbringen. Vor zwei Wochen habe ich dann alle Wunschzettel in einen großen Umschlag gepackt und an die Firma verschickt. Heute sollen die Päckchen also kommen.
Um halb elf trifft der Mitarbeiter dieser Firma bei uns ein und ich helfe ihm dabei, die Geschenke aus dem Auto in unser Krisenzimmer zu tragen. Es sind wirklich riesige Pakete, schön verpackt, und sogar individuelle Weihnachtskarten stecken außen an den Geschenkbandschnüren. Ich bin gerührt, wie viel Mühe sich diese Menschen gemacht haben. Während wir die Päckchen verstauen, sagt der Mann zu mir: „Es hat richtig Spaß gemacht! Aber nächstes Jahr erhöhen wir vielleicht lieber gleich von vornherein das Budget, denn die meisten Wünsche waren teurer.“ Das kann ich mir vorstellen, wenn ich an so manche Sachen denke, die da auf den Wunschzetteln standen.
„Habt ihr denn alle Wünsche erfüllen können?“, frage ich.
„Alle, bis auf den Schlagstock“, antwortet der Herr. Ich grinse ein wenig, bedanke mich bei dem Mitarbeiter und wir verabschieden uns. Am Nachmittag verkleiden Casy und ich uns als Weihnachtsmann und Elf und bringen die Geschenke unter die Leute. So viele glückliche Kindergesichter haben wir schon lange nicht mehr gesehen. Als wir vor dem Zimmer von Bianca stehen, umarmt mich das kleine Mädchen sogar und jubelt laut.
„Hallo, ich bin die Bianca!“, ruft sie. Momente wie diese lassen alle Dreistigkeiten der anderen Bewohner vergessen.

Nach der Weihnachtsmann-Aktion stehe ich nun wieder umgezogen in unserer Mitarbeiterküche und warte, bis das Teewasser kocht, während ich an einige unserer Bewohner denke.

Wir haben seit einiger Zeit zwei neue Flüchtlinge. Sie heißen Elyes und Esat, kommen aus dem Jemen und sind zwei ausgesprochen angenehme Charaktere. Höflich und dankbar für alles, was man für sie tut, sind sie so anders als ein Großteil unserer Heimbewohner. Ich bin immer wieder erstaunt, wie schnell Elyes Deutsch gelernt hat. Er ist erst seit fünf Monaten hier und spricht fast fließend. Die beiden suchen Arbeit und sind, soweit ich das verstanden habe, auch schon fündig geworden. Ich bin gerührt über ihre Dankbarkeit uns gegenüber. Die beiden Jemeniten werden es noch weit bringen hier in Deutschland. Ich glaube, sie werden sich gut integrieren. Auch denke ich an Akar, der in uns eher Freunde sieht. Akar bringt uns fast täglich Melissentee und bleibt oft Stunden, um sich mit uns zu unterhalten. Seit wir eine Couch im Büro stehen haben, will er oft gar nicht mehr nach Hause gehen. Vielleicht liegt es aber auch an seiner schwangeren Frau, vor der er ab und zu eine kleine Auszeit braucht. Akar ist hier in Deutschland nicht im Paradies, sondern in der Hölle gelandet. Er ist nicht geflohen, weil in Syrien Krieg ist, sondern weil er dort sein krankes Kind nicht versorgen kann. Akar bemüht sich, sich zu integrieren, aber es fällt ihm schwer. Er vermisst seine Heimat. Dann gibt es da noch Zaid und seine Familie. ‚Die beste Familie, die wir haben', sagt Azad immer. In der Tat ist die ganze Familie äußerst angenehm, höflich, ruhig, alle haben gute Manieren und sie bedanken sich jedes Mal überschwänglich für alles, was wir für sie tun. Er und seine Frau sind fleißig, beide können mittlerweile sehr gut Deutsch und Zaid arbeitet schon seit geraumer Zeit als Verkäufer bei einer großen Supermarktkette. Ich würde mir für die Familie wünschen, dass sie ein Bleiberecht bekommt. Azad meint, sobald Zaid einen Aufenthaltstitel bekommt, wird er auch wieder aufhören zu arbeiten, sich zurücklehnen und vom Jobcenter leben. Ich weiß es nicht.

Der Wasserkocher macht *klick* und ich gieße das heiße Wasser über den Teebeutel. Mit meiner dampfenden Tasse gehe ich zurück ins Assistentenbüro, wo mal wieder alle versammelt sitzen. Die Bewohner scheinen unsere Hilfe gerade nicht zu brauchen, es ist ruhig und so fordere ich einmal wieder Azad dazu auf, seine Geschichte weiterzuerzählen.

Schulabschluss 1993

„Im Mai 1993 habe ich dann meinen Abschluss im Interdom gemacht. Ich erinnere mich vor allem deshalb so gut an diesen Tag, weil unser Direktor weinend vor uns am Rednerpult gestanden ist. Ich hatte ihn davor überhaupt noch nie in so einem Zustand gesehen. Das hat nicht mit seinem Charakter zusammengepasst und deswegen hat es mich und uns alle verwirrt. Wisst ihr, er war so ein Mensch, vor dem wir normalerweise alle Angst hatten. Unser Direktor hatte so eine dominante Aura, sein ganzes Auftreten und Verhalten war für uns Kinder damals sehr furchteinflößend. Wenn wir zu ihm gerufen worden sind, haben wir immer angefangen zu zittern und besonders die kleineren Jungs haben sich manchmal sogar in die Hose gemacht, wenn sie zu ihm gerufen worden sind. Am Tag unserer Zeugnisverleihung stand dann also dieser große, selbstsichere Mann wie aufgelöst vor uns und hat unter Tränen geschluchzt: ‚Ich weiß nicht, was ich mit euch machen soll, aber ich finde nirgendwo einen Platz für euch. Ihr müsst jetzt selbst für euch sorgen.' Unser Direktor hat schon gewusst, dass wir auf der Straße landen und keine Zukunft haben würden. Es waren wirklich sehr schwere Zeiten damals in Russland nach Glasnost und Perestroika. Ungefähr zwei Millionen Kinder haben in diesen Jahren auf der Straße gelebt und auch für uns gab es keinen Platz, wo wir hätten unterkommen können. Vor Glasnost und Perestroika wollte die Kommunistische Partei Irak uns nach unserem Abschluss auf die Universität schicken, damit wir dann später in unsere Länder zurückgehen und von dort aus für die Sowjetunion arbeiten sollten. Aber dann hat sich eben alles geändert und wir hatten keine Geldgeber mehr." Wir werden von Akar unterbrochen, der uns in unserem Büro besuchen kommt.
„Guten Tag meine Lieben! Ich freue mich euch zu sehen!", sagt er enthusiastisch wie so meistens und breitet dabei weit seine Arme aus.

„Braucht ihr etwas?“, fragt er höflich nach, doch wir verneinen unisono. Akar scheint auch kein Anliegen zu haben, denn nachdem er sich ein paar Minuten mit Azad auf Kurdisch unterhalten hat, verlässt uns der Syrer wieder und unser Freund nimmt erneut den roten Faden seiner Erzählungen auf.
„Am Nachmittag des 15. Mai 1993 haben wir das Gelände der Schule, das die letzten vier Jahre unser Zuhause gewesen ist, dann offiziell für immer verlassen. Wir hatten nichts außer der Kleidung, die wir getragen haben. Das war‘s. Kein Geld, keine Pässe, nichts. Nur unsere Zeugnisse haben wir fest in unseren Händen gehalten. So standen wir da vor dem großen Eingangstor vom Interdom, sechs meiner Mitschüler und ich. Vier von uns haben bis Oktober 1993 noch auf der Straße gelebt.“ Ich merke, wie ich meinen Freund unterbreche, als ich ihn frage: „Was ist eigentlich aus den sechzehn Jungs geworden, mit denen du anfangs aus der Türkei nach Russland gekommen bist?“ Azad überlegt kurz, bevor er fortfährt.
„Zwei von ihnen sind nach Holland gegangen und zwei sind wieder zurück in den Irak, aber das ist schon zwei Jahre vor dem Abschluss passiert. Zwei andere Mitschüler sind auch schon vor dem Schulabschluss nach Schweden ausgewandert, zwei sind nach Amerika gegangen, zwei in Russland geblieben, einer nach Österreich, vier inklusive mir nach Deutschland und einer ist nach Kanada ausgewandert. Der ist auch schon 1992 gegangen. Fast wäre ich mitgegangen, ich wollte so gerne, aber leider haben mir zehn Dollar für ein Ticket gefehlt. Ihr seht, wir sind zerstreut in alle Himmelsrichtungen. Und obwohl wir so weit weg voneinander sind, habe ich doch noch zu allen Kontakt.“ Das nenne ich gute Freundschaften.
„Wie konntet ihr auf der Straße überleben, so ganz ohne Geld?“, möchte ich jetzt wissen.
„Ach, wir haben schon recht bald ein paar kurdische Studenten kennengelernt und die haben uns jeden Tag ein warmes Mittagessen gegeben. Sie waren so nett zu uns, und das, obwohl sie selbst nicht viel hatten. In der Zeit hat es wenig Arbeit gegeben, auch für Russen. Es gab aber auch Tage, an denen das Essen nicht einmal für die Studenten

selbst gereicht hat, dann haben wir tagelang nichts gegessen." Ich kann nachvollziehen, wie hart die Zeiten damals in Russland gewesen sein mussten.
„Und wo habt ihr geschlafen?", will Shafiq wissen.
„In der Nacht sind wir heimlich zu unserer Schule zurückgegangen. Wir sind da durch so ein Loch im Zaun auf das Grundstück eingestiegen und haben uns zum Jungenwohnheim geschlichen. Dort sind wir dann auf den Balkon geklettert und um ins Gebäude reinzukommen, haben wir dann eine Tür eingetreten. In diesen vier Monaten haben wir jede Nacht dort auf dem Dachboden geschlafen."
„Das war immerhin eine passable Lösung", denke ich mir.
„Im September waren wir dann nur noch zu viert. Zwei von unserer Gruppe haben Geld von ihrem Onkel bekommen und konnten somit nach Holland fliehen." Azads Erzählungen werden von Casy, die heute ihr Mitarbeitergespräch mit unserer Chefin Barbara hat und gerade ins Zimmer 14 stürmt, unterbrochen.
„So, Leute, in einer Stunde kommt sie angeblich. Gibt es noch irgendetwas, das ich wissen sollte? Wie kann ich mich noch besser vorbereiten?" Ich überlege kurz und sage dann etwas ernüchternd: „Erhoff' dir nicht allzu viel. Sie wird kaum auf dich eingehen. Es gibt eine Protokollvorlage, daran wird sie die Punkte abarbeiten, zwischendurch wird ständig ihr Telefon klingeln und zuhören wird sie dir eigentlich auch kaum." Aber Casy lässt sich nicht beirren.
„Gibt es vielleicht eine Vorlage dafür?" Ich denke nach, suche dann in meinem Ordner nach dem Protokoll meines letzten Mitarbeitergesprächs und gebe es meiner Kollegin. Sie nimmt den Zettel dankend an sich und verschwindet in ihrem Büro. Keine Viertelstunde später kommt Casy wieder zu uns und erzählt enthusiastisch, was sie alles ansprechen will. Ich hoffe, Barbara weiß ihre Motivation zu schätzen und geht auf Casy ein.

Während Barbara und Aileen mit unserer Kollegin im großen Aufenthaltsraum das Gespräch führen, bleiben Azad, Shafiq und ich in unserem Büro zurück. Einen kurzen Moment denke ich noch an Casy, dann wende ich mich an Azad und frage: „Wie ging es dann weiter, als ihr in Russland auf der Straße gelebt habt?“

Erste Kontakte mit der Mafia

„Es waren, wie gesagt, vier Monate, in denen wir auf der Straße gelebt haben und nachts ins Interdom eingebrochen sind, um dort zu übernachten. Im Oktober 1993 hatte ich dann zum ersten Mal Kontakt mit der Mafia.“ Ich merke, wie ich große Augen bekomme:
„Was? Wie bist du dazu gekommen?“ Azad fährt fast ein wenig gleichgültig fort.
„Die kurdischen Studenten, von denen wir einmal am Tag etwas zu essen bekommen haben, haben den Kontakt zwischen uns und einem kurdischen Verein hergestellt. Dieser Verein, die Mafia, hat uns auf eine Datscha, das ist ein russisches Ferienhaus, eingeladen. Wir wurden dort mit einem Festessen empfangen. Ihr könnt euch nicht vorstellen, was das für ein Anblick für uns war, nachdem wir vier Monate lang wie die Hunde gelebt hatten! An diesem Tag haben wir uns auf jeden Fall gefühlt wie die Könige im Schlaraffenland. Diese Mafiosi hatten Einfluss in ganz Russland. Sie hatten alle großen Politiker in der Hand. Aber natürlich wurden wir nicht aus reinster Nächstenliebe von der Mafia eingeladen, das versteht sich von selbst. Sie wussten schon, wie wir ihnen nützlich sein konnten, und zwar wollten sie von uns, dass wir in ihre Geschäfte mit einsteigen. Einer der ranghöchsten Mafiosi wollte mich sogar adoptieren. Ich weiß bis heute nicht, ob es ein Zufall war, ob sie vielleicht Wind von dieser Sache bekommen haben, aber genau kurz bevor es zur Adoption gekommen ist, hat sich die Kommunistische Partei Irak wie durch Geisterhand wieder eingeschaltet und dazwischengefunkt. Vielleicht hat die Partei auch bis dahin nach Lösungen gesucht, wie sie an Geld kommen kann, aber dann hatten wir tatsächlich auf einmal Studienplätze in St. Petersburg.“
Wir werden von Casy unterbrochen, die wutgeladen in unser Büro stürmt.
„Wie lief das Gespräch?“, fragt Shafiq.

„Scheiße", sagt sie und Enttäuschung schwingt in ihrer Stimme mit. „Sie hat mich gar nicht zum Zug kommen lassen! Und dauernd hat ihr Telefon geklingelt! Und sie hat mir keinen Moment zugehört, weil sie die ganze Zeit WhatsApp- Nachrichten währenddessen geschrieben hat." Casy wirkt sichtlich aufgewühlt. Ich kann es nur zu gut nachvollziehen
„Siehst du, ich habe dich gewarnt", sage ich, aber bin eher traurig darüber, dass es wirklich immer das gleiche ist.
„Und dann hat sie zum Schluss noch gesagt: ‚Die Gelder können sinnvoller genutzt werden als für Corona-Tests!'" Ich bin baff. Mit so etwas habe selbst ich nicht gerechnet. Es zeigt, wie wenig wir dem Träger und der obersten Leitung wert sind. Diese Tatsache macht mich wütend und traurig zugleich. Gegen fünf Uhr verabschieden sich Casy, Shafiq und Azad, da beide heute im Frühdienst waren und Casy für gewöhnlich um diese Uhrzeit Feierabend hat. Also bleibe ich allein im Assistentenbüro zurück. Viele Dinge gehen mir durch den Kopf. Ich denke an das Gespräch und die damit verbundene Enttäuschung, aber auch an unsere Bewohner.

Studentenleben in St. Petersburg

Mitte Dezember ist Karin zu unserem Team dazu gestoßen. Ich hatte sie schon ein paar Wochen zuvor kennen gelernt, als sie zum Probearbeiten in der Unterkunft war. An diesem Tag hatte Karin Casy und mir dabei geholfen, das Adventsprogramm für die Kinder zusammenzustellen und dabei sind wir ein bisschen ins Gespräch gekommen. Karin hat einen sehr offenen, einfühlsamen und sensiblen Eindruck vermittelt. So hat Karin uns auch gleich erzählt, dass sie im Rahmen einer Wiedereingliederungsmaßnahme zu uns gekommen ist. Ich bewundere und schätze ihre Offenheit sehr. Karin gab mir ein Gefühl, dass man ihr vertrauen konnte. So jemand passt wunderbar in unser Team und wir haben uns alle gefreut, dass sie sich nach diesem Probetag dafür entschieden hat, bei uns anzufangen – insbesondere Aileen, die nun eine Kollegin an ihrer Seite hat und sich dadurch viel Entlastung erhofft.

Am 16. Dezember tritt Karin ihren Dienst an und füllt nun endlich das Loch, das Doris eineinhalb Jahre lang hinterlassen hatte.
„Wisst ihr, was heute für ein Tag ist?“, fragt Aileen uns alle am Morgen. Ich überlege kurz, dann fällt es mir ein. Am 16. Dezember wäre Doris‘ Geburtstag gewesen. Ich denke an Karin und ihre Wiedereingliederungsmaßnahme und an Doris. Beide leiden unter derselben Krankheit: Depression. Aber Karin ist nicht wie Doris, sie ist stärker. Doris hat nie offen über ihre Krankheit gesprochen, sie war immer sehr in sich gekehrt. Karins Offenheit, so mit ihrer Erkrankung umzugehen, zeugt bereits von einer großen Stärke. Ich hoffe, unser Team wird ihr Halt geben, so wie es mir oft Halt gibt.

Azad hat uns schon ein paar Tage nichts mehr von seiner Zeit in Russland erzählt und da wir gerade einen kleinen Leerlauf haben, fängt mein Freund mal wieder an, Geschichten aus seinem Leben auszupacken.
„Ich glaube, es war Ende Oktober 1993, als wir vier Jungs dann schließlich in St. Petersburg angekommen sind, der Stadt, wo wir die nächsten sechs Jahre studieren sollten. Es war schon Abend, als wir endlich im Hauptbahnhof der Stadt eingetroffen sind. Nach der zehnstündigen Fahrt in diesem unbequemen Bummelzug haben meine steif gewordenen Glieder ganz schön weh getan und deswegen war ich froh, endlich aus dem alten, zischenden Zug aussteigen zu können. Wir standen wohl ein bisschen verloren neben dem Gleis, denn keine fünf Minuten später hat uns auch schon ein junger Mann angesprochen: ‚Ihr müsst wohl die vier Kurden vom Interdom sein.‘, hat er gesagt. ‚Ich bin Nika und soll euch abholen und alles zeigen.‘ Also sind wir mit dem Mann mitgegangen. Er hat uns auf den Bahnhofsplatz geführt und von dort aus sind wir in eine uralte Trambahn eingestiegen, mit der wir ungefähr eine halbe Stunde unterwegs gewesen sind. Ich erinnere mich noch an diese vielen großen Gebäude, die Sehenswürdigkeiten und Parks, an denen wir vorbeigefahren sind. Während der Fahrt habe ich aus dem Fenster geschaut und die Stadt und alles, was an mir vorbeigezogen ist, genossen. St. Petersburg ist so wunderschön, so

ganz anders als Ivanovo. Ich habe noch nie davor so eine beeindruckende Architektur gesehen. Aber Nika hat mich schnell aus meinem Bann entrissen, als er jedem von uns ein Bündel Geldscheine in die Hand gedrückt hat. Es waren siebenunddreißig Rubel, die wir bekommen haben. Das war nicht sonderlich viel Geld, aber es hat gereicht, um sich davon täglich eine kleine Mahlzeit kaufen zu können. ‚Das ist euer Stipendium', hat uns Nika erklärt. ‚Passt gut auf das Geld auf. Die Zeiten sind hart.'
‚Als ob ich das nicht schon selber gemerkt hätte in den letzten Monaten', habe ich mir in diesem Moment gedacht, bin aber lieber still geblieben. An der Endstation sind wir dann ausgestiegen. ‚Ich bringe euch jetzt zu eurem Wohnheim', hat Nika uns dann noch erklärt. Also sind wir ihm, vorbei an einem Park mit einem See, gefolgt. Die Blätter der Bäume haben sich langsam in allen erdenklichen Farben gefärbt. Ich habe das Fauchen der Schwäne und das Quaken der Enten gehört. ‚Dort, in dieser Stadt, würde es mir gefallen', habe ich mir in jenem Moment gedacht. Vor einem großen, etwas schäbig wirkenden Gebäude sind wir dann stehen geblieben. ‚So, da sind wir. Hier werdet ihr die nächsten Jahre wohnen. Ihr werdet in Doppelzimmern untergebracht', hat uns Nika erklärt und Dilo und ich haben sofort beschlossen, uns ein Zimmer zu teilen. Wir sind Nika in den dritten Stock des Wohnheims gefolgt, die beiden anderen haben das Zimmer neben uns bekommen. Die Räume waren klein. Mit Mühe haben dort zwei Betten, zwei Schränke und zwei Schreibtische reingepasst, dann war das Zimmer auch schon komplett ausgefüllt. Aber ich war glücklich. Ich weiß noch, wie ich wie ein kleiner Schuljunge auf mein neues Bett gehüpft bin, sobald Nika weg war. Es war so weich! So watteweich! Ich hatte das Gefühl, auf einer Wolke zu schweben! Es war unglaublich, nach so vielen Monaten auf dem harten Holz des Dachbodens in unserem alten Internat nun auf einer Matratze schlafen zu können! Ich kann mich so gut daran erinnern, dass ich in dieser ersten Nacht wie ein Baby geschlafen habe. Aber schon um sechs Uhr bin ich dann von einem schrillen Wecker wachgerüttelt worden. Dilo hatte ihn am Abend zuvor gestellt. ‚Guten Morgen, du Schlafmütze!', waren seine ersten Worte an diesem neuen Tag. Ich stand noch ganz

benommen neben mir, als ich mich aus meiner Bettdecke gewickelt habe. ‚Zeit zum Aufstehen, sonst verpassen wir noch unsere erste Vorlesung!', hat Dilo mich animiert und da bin ich auf einmal hellwach geworden. ‚Stimmt', ist es mir da plötzlich gekommen. An jenem Tag haben gleich schon unsere ersten Kurse an der Uni begonnen. Ich weiß noch, wie gespannt ich darauf war. Also haben wir schnell unsere Zähne geputzt, die Gesichter gewaschen und unsere schicksten Klamotten angezogen. Dann ging es auch schon los in den Hörsaal. Wir hatten es nicht weit, die Universität war ungefähr dreihundert Meter fußläufig neben unserem Wohnheim. Um dorthin zu gelangen mussten wir den Park durchqueren. Der Hörsaal war gigantisch, ich glaube ich hatte noch nie zuvor in so einem großen Raum gesessen. ‚Ob sich die dreihundert Studenten, die mit mir in diesem Saal saßen, die gleiche Frage gestellt haben?' habe ich mir in diesem Moment damals gedacht.

Nach der Vorlesung sind Dilo, die anderen Studenten und ich in die Mensa neben dem Unigebäude gegangen. Auch dieser Raum war so riesig, dass ich mir so klein vorgekommen bin. Die Mensa war um ein Vielfaches größer als der Speisesaal im Internat. Nur die Auswahl in der Unikantine war ähnlich wie damals im Internat nach Glasnost und Perestroika. Ich weiß noch, wie ich meine Kommilitonen beobachtet habe, denn ich war unsicher, wie dort alles mit der Essensausgabe ablief. Jeder der Studenten hat sich ein graues Tablett, Besteck und einen Teller genommen und ist zielsicher auf die Essensausgabe zugesteuert. Als ich an der Reihe war, hat mir die dicke Frau hinter dem Tresen einen kleinen Krautkuchen auf meinen Teller geklatscht. Mit meinem Tablett habe ich mich zu Dilo, Zaman und Evin an den Tisch gesetzt und in das Küchlein gebissen. Ich habe noch heute manchmal den würzigen Geschmack vom Sauerkraut und von dem leicht süßlichen Mürbeteig auf der Zunge. In diesem Moment damals habe ich nur gedacht: ‚Der Kuchen ist das Beste, was ich jemals gegessen habe!' Zwei Jahre später konnte ich das dann allerdings nicht mehr behaupten. Bis 1995 war es dieser Krautkuchen, der mir an jedem einzelnen Tag auf mein Tablett an der Essensausgabe der Mensa geklatscht wurde. Nie wieder habe ich nach diesen zwei Jahren

Krautkuchen sehen können." Azad beendet seinen Bericht gerade noch rechtzeitig, denn nun hat sich eine kleine Schlange von Bewohnern vor unserer Plexiglasscheibe gebildet.

„Na dann, an die Arbeit", sagt Shafiq und wir setzen unsere FFP-2 Masken auf. Den ganzen restlichen Tag sind wir damit beschäftigt, unseren Bewohnern Hilfestellung zu geben und E-Mails zu beantworten. Die Zeit vergeht wie im Flug und pünktlich um achtzehn Uhr packen Shafiq, Azad und ich unsere Rucksäcke zusammen und räumen hinter uns auf. Wie jeden Tag verabschieden wir uns im Eingangsbereich und ich biege links zum Fahrradständer ab, während meine zwei Kollegen die Eingangstür rechts ansteuern, um mit ihren Autos den Heimweg anzutreten.

Die verrückten Neunziger

Es ist Neujahr und relativ warm für diese Jahreszeit, die Temperaturen sind schon fast frühlingshaft. Im Asylheim ist es ruhig, alle scheinen noch zu schlafen. Die Hälfte der hier Wohnenden hat heute Geburtstag, denke ich und schmunzle über diesen Fakt. Sie werden wohl gestern ordentlich reingefeiert haben. Obwohl die meisten der hier Lebenden keinen Alkohol trinken, verstehen diese Kulturen es doch, ausgiebig und bis spät in die Nacht zu feiern. Gegen Mittag hat sich der erste Bewohner dann anscheinend doch überwinden können aus dem Bett zu kriechen, denn Karim steht in seinem Schlafanzug vor mir.

„Und? Hast du gestern schön gefeiert?" frage ich unseren Bewohner, der mehr wie ein Freund für uns ist.

„Joaah" sagt er und lächelt dabei spitzbübisch.

„Ich war ein bisschen im Stadtzentrum. Da war viel los." Wir plaudern noch eine ganze Weile, worüber ich sehr froh bin, denn ansonsten schläft anscheinend immer noch das ganze Heim. Nachdem sich Karim von mir verabschiedet hat, beschließe ich Azad anzurufen und ihm ein frohes neues Jahr zu wünschen. Mein Freund ist anscheinend auch gerade erst aufgestanden, denn er wirkt sehr verschlafen.

„Oh, ich hoffe, ich habe dich nicht geweckt!" sage ich und bin ein bisschen beschämt.

„Nein nein, ich bin schon vor einer halben Stunde aufgestanden und war gerade draußen mit Brownie spazieren, aber wir haben gestern doch sehr ausgiebig gefeiert." Im Hintergrund höre ich das Bellen des Hundes.
„Das freut mich, dass du einen schönen Silvesterabend hattest", sage ich. Weil es noch immer so ruhig im Asylheim und mir so allein im Dienst langweilig ist, frage ich Azad:
„Willst du mir noch ein bisschen weiter von deinem Studentenleben in St. Petersburg erzählen?"
„Sehr gerne", höre ich die Stimme am anderen Ende der Leitung sagen.

„Wir nannten sie auch die verrückten Neunziger. Es waren harte Zeiten damals in Russland. Die Menschen sind auf der Straße verhungert und die Mafia hat die Gesetze geschrieben. Die russische Polizei musste mitansehen, wie die Banden die Regeln bestimmt haben. Sie war machtlos, auch nur irgendetwas dagegen zu unternehmen. Wer überleben wollte, musste sich der Mafia anschließen. Auch ich habe das gemacht." Das zu hören hat mich nicht sonderlich überrascht, denn Azad hat mir schon öfter erzählt, dass er einmal ein Mafioso damals in Russland gewesen ist.
„Die Menschen sind auf der Straße verhungert", betont Azad noch einmal.
„Ich werde diese Bilder nie vergessen, dieser Anblick, der sich mir auf meinem täglichen Weg zur Universität geboten hat. Oder einmal, ich weiß noch, wie ich die Treppe zur U-Bahnhaltestelle hinuntergegangen bin. Als der Zug in die Station eingefahren ist, habe ich die beiden Hebel der Eingangstür hinuntergedrückt und bin eingestiegen. Ich bin links den Gang entlanggegangen, vorbei an vielen Holzsitzplätzen. Irgendwie konnte ich mich nicht entscheiden, wo ich mich hinsetzen wollte und es war wackelig, als die U-Bahn angefahren ist. Trotzdem bin ich noch ein bisschen weiter den Gang entlanggegangen und habe mich an den Haltestangen entlanggehangelt, um nicht das Gleichgewicht zu verlieren. Da habe ich sie auf einmal gesehen. Ungefähr einen Meter vor mir ist ein Mädchen gelegen. Sie hat sich nicht bewegt. Fast wäre ich über sie drüber gefallen. Ich bin

zusammengezuckt, als mir klar wurde, dass die Kleine tot war und konnte nicht anders, als den leblosen Körper anzustarren. Das Kind war vielleicht fünf Jahre alt. Als der U-Bahnfahrer auf die Bremse getreten ist, bin ich wieder aus meiner Bewegungslosigkeit aufgeweckt worden. Wir sind in die nächste Haltestelle eingefahren und ein junger Mann ist aufgestanden, weil er dort aussteigen musste. Wie selbstverständlich ist er über die Leiche des Mädchens hinweg gestiegen. Weil mir wirklich nichts anderes übriggeblieben ist, bin auch ich bei meiner Haltestelle über diese Leiche gestiegen. Es war ein sehr merkwürdiges Gefühl. Aber irgendwann haben Situationen wie diese zum Alltag gehört. Als ich noch am selben Tag abends dann nach Hause zurückgefahren bin, ist die Leiche des Mädchens unverändert an der gleichen Stelle gelegen. Niemand hat sich für das Kind interessiert. Irgendwann habe ich von einem Nachbarn erfahren, dass die Kleine an Hunger gestorben ist.

Ein paar Tage später habe ich nochmal ein Déjà-Vu erlebt. Ich weiß noch, wie ich an jenem Tag die Treppen von meinem Wohnheim hinunter zur Bushaltestelle gerannt bin, weil ich schon ein bisschen spät dran war. Als ich dann schließlich die Haltestelle ganz außer Puste erreicht habe, bin ich wieder zusammengezuckt. Diesmal war es ein älterer Mann, der dort gelegen ist und sich nicht bewegt hat. Er war blass und steif. Ich war aufgewühlt, als ich in den Bus eingestiegen bin. Das Bild ist mir die ganze Fahrt über nicht mehr aus dem Kopf gegangen. Als ich dann abends wieder an der gleichen Haltestelle ausgestiegen bin, ist dieser Mann noch immer unverändert dort gelegen, wo ich ihn am Morgen zuvor gesehen hatte. Auch er war an Hunger gestorben. Es hat viel zu viele Tote in dieser Zeit gegeben. Irgendwann waren solche Vorfälle normal. Es hat zu unserem Alltag dazu gehört, Kinderleichen, Frauenleichen, Männerleichen, egal ob alt oder jung, auf der Straße liegen zu sehen. Wir sind abgestumpft und haben nur gehofft, dass es uns nicht selber treffen würde.

Die Menschen haben in dieser Zeit alles für eine Scheibe Brot getan, weißt du? Ich erinnere mich an eine Studentin im Besonderen. Sie war jung und bildhübsch. An einem Abend ist diese junge Frau vor unserer Tür gestanden und wollte uns ihren Körper für etwas zu essen anbieten.

Ich habe mich geweigert, auf ihr Angebot einzugehen, aber meine Mitstudenten haben keine Skrupel gekannt. Das Mädchen wurde herumgereicht wie eine Ware. Zehn meiner Kommilitonen haben sich regelrecht an ihr vergangen, sie weitergereicht, bis sie keinen Spaß mehr an der ganzen Sache hatten. Für ihren Körper hat das Mädchen vier Kartoffeln bekommen. Sie hat sich wahnsinnig darüber gefreut, denn die Kleine wirkte überglücklich, obwohl diese Kartoffeln schon leicht runzelig waren. Aber es gibt leider viele solcher Geschichten.
„So, Anna, jetzt bin ich gerade zuhause angekommen“, und ich höre das Klimpern eines Wohnungsschlüssels, gefolgt vom Knarzen einer Haustür, die sich öffnet.
„Ich muss jetzt erst einmal Mittagessen für meine Familie kochen.“ Also verabschieden wir uns, legen auf und ich sitze wieder allein im Büro. Das Licht vom Bewegungsmelder im Gang geht an, anscheinend stehen selbst unsere Leute langsam auf. Jonis läuft an meiner Tür vorbei. Als er mich sieht, bleibt er kurz stehen und wir unterhalten uns ein bisschen, bevor er sich auf den Weg nach draußen macht, um das gute Wetter bei einem Spaziergang zu genießen. Pünktlich um sechs Uhr räume ich dann das Büro auf, packe alles zusammen, ziehe mich wetterfest an, denn draußen hat der Regen eingesetzt, und fahre mit meinem Fahrrad nach Hause.

Ein Geheimprojekt mit Folgen

Als ich am nächsten Tag in der Arbeit ankomme, wirkt die Asylunterkunft alles andere als verschlafen. Das Licht im Gang brennt bereits und am Ende des Korridors, wo gestern noch Totenstille geherrscht hat, höre ich Anulika nun lautstark schimpfen.
„You are barking like a dog!” schreit sie Chibuike, einen unserer nigerianischen Bewohner, der sich das Zimmer mit dem Vater ihres Kindes teilt, an. Ich trete näher an die beiden heran, denn jetzt möchte ich schon wissen, um was es geht, und vor allem, wie ich die beiden Streithähne auseinander bekommen kann. Also stelle ich mich neben die zwei und lausche erst einmal dem Gespräch, um verstehen zu können, wo das Problem liegt. Nach ein paar Minuten höre ich heraus,

dass Chibuike mit der Wohnsituation nicht einverstanden ist. Nilaja kommt wegen ihrem Papa ständig in sein Zimmer.
„Es stört mich, wenn sie dauernd bei mir ein und aus geht! Das Zimmer ist schließlich genauso mein Zuhause und ich muss lernen. Ich brauche auch meinen Rückzugsort. Und sie ist schließlich nicht meine Tochter!“, schreit er Anulika auf Englisch an.
Kein Wunder, dass er so wütend ist, denke ich mir. Zu viele Menschen wohnen auf zu engem Raum dicht gedrängt zusammen. Dazu kommt oft noch ein derart hoher Testesteronspiegel bei den vielen jungen Männern, die hier leben. Viele von ihnen dürfen aufgrund ihrer Duldung nicht arbeiten, lungern nur im Heim herum und haben keine Alltagsroutine. Die fehlende Perspektivlosigkeit frustriert viele oder treibt sie gar in eine Depression. Ihre Wut oder Antriebslosigkeit ist eine ganz natürliche menschliche Schlussfolgerung aus vielen, in meinen Augen, falschen politischen Entscheidungen. Geflüchtete sollten schneller in den Arbeitsmarkt einsteigen dürfen. Besteht in Deutschland kein Arbeitskräftemangel zum Beispiel in der Gastronomie?
Anulika unterbricht meine Gedankengänge, denn sie schreit zurück: „Aha, du gibst also zu, dass du deswegen Nilaja geschlagen hast! Sie hatte schon einmal einen blauen Fleck vor ein paar Monaten, aber da habe ich nichts gesagt! Das zweite Mal lass ich es dir aber nicht durchgehen!“ schnaubt Anulika. Eine verzwickte Situation, denke ich mir. Beweise habe ich dummerweise keine. Auf meinen Versuch hin, die beiden zu unterbrechen und den Vorschlag, jeder solle in Ruhe seine Version der Geschichte erzählen, wird erst gar nicht eingegangen. Die beiden schreien immer lauter und hören kein Wort von dem, was um sie herum passiert. Kurzerhand beschließe ich, Unterstützung bei den Security-Leuten zu holen, schließlich sind sie für Streitereien, die im Haus passieren, zuständig, und gemeinsam gelingt es uns dann tatsächlich auch, die beiden Streithähne auseinander zu bekommen. Noch am selben Tag muss Chibuike aus der Unterkunft ausziehen. Er wurde kurzerhand in ein anderes Heim verlegt. Ob es eine faire Entscheidung ist, weiß ich nicht, aber seine Umverlegung ist definitiv einfacher als die Umverlegung von den drei anderen. Mit seinem

Keyboard unter dem Arm und einem Rucksack läuft der Nigerianer ein paar Stunden später an unserem Büro vorbei und verabschiedet sich. Er wirkt gleichzeitig wutgeladen und traurig. Ich mochte Chibuike gern, denn er war ausgesprochen fleißig. Fast jedes Wochenende ist er mit seinem Deutschkursbuch zu mir gekommen und wir haben stundenlang seine Hausaufgaben zusammen besprochen. Meine Kollegen haben mir einmal erzählt, Chibuike wolle so wie ein Deutscher werden. Chibuike versucht wirklich, sich zu integrieren.

Nachdem die Schritte von Chibuike im Gang verklungen sind, drehe ich mich wieder zu Azad und Shafiq um, die beide auf der blauen Couch sitzen. Die Stimmung im Büro wirkt etwas gedrückt. Auch Shafiq und Azad mochten unseren nigerianischen Bewohner. Trotzdem beschließe ich Azad noch einmal auf sein Studentenleben in Russland anzusprechen und frage deshalb an ihn gewandt: „Wie ging es in St. Petersburg mit dir weiter? Wie bist du damals über die Runden gekommen?" Er überlegt kurz, wie er am Besten dort einsteigt, wo er gestern aufgehört hat und berichtet dann weiter.
„Ich hatte Glück. Zwei Jahre nach meinem Studienstart konnte ich Arbeit auf einem Basar finden. Ich habe wirklich so alles dort verkauft, von Regenschirmen über Make-Up und Frauenunterwäsche bis hin zu Gewehren." Azad grinst schelmisch, als er nostalgisch in seinen Erinnerungen schwelgt.
„Ich habe es geliebt, Frauenunterwäsche zu verkaufen. Ein bisschen habe ich es ausgenutzt, um mit den Frauen zu flirten. Ich habe immer gesagt, ich könne ihre Größe nur wissen, wenn ich ihre Brüste anfasse." Azad kichert wie ein kleiner Schuljunge.
„Die Frauen sind meistens darauf eingegangen." Seine Augen leuchten während er spricht.
„Bis 1999 habe ich dort auf dem Basar gearbeitet."
„Einen Moment", ich unterbreche ihn, denn ich bin etwas verwirrt.
„Warum hast du Gewehre auf dem Basar verkauft? Du hast zwar gesagt, es waren damals die verrückten Neunziger in Russland, aber Gewehre verkaufen hört sich für mich schon sehr verrückt an." Azad holt tief Luft, bevor er zu erklären ansetzt.

„Das ist eine lange Geschichte. 1997 habe ich angefangen, Pistolen in mein Verkaufssortiment mit auf sich zu nehmen, oder sagen wir lieber, ich musste sie aufnehmen. Ganz freiwillig war das nämlich nicht. Alles hat damit angefangen, dass Costas, ein damaliger Kommilitone von mir, mit dem ich einige Kurse gemeinsam hatte, auf mich zugekommen ist. Bis zu dem Zeitpunkt haben wir uns nicht einmal sonderlich gut gekannt. Wir haben uns davor, glaube ich, nur ein paarmal gegrüßt, immer dann, wenn wir uns außerhalb der Kurse über den Weg gelaufen sind, aber ansonsten hatten wir nichts miteinander zu tun. Ich kannte zwar seinen Namen, wusste aber sonst rein gar nichts über ihn. Anscheinend hat das aber nicht auf Gegenseitigkeit beruht. Er wusste zumindest, dass ich Kurde war. Costas hat mich an diesem Tag, ich glaube es war ein Montag Ende April, angesprochen, um mich zu fragen: ‚Können wir unter vier Augen sprechen?‘ Ich habe zuerst ein bisschen gezögert, dann aber eingewilligt. Costas schien mit meiner Entscheidung zufrieden zu sein. ‚Wir treffen uns auf der Brücke neben dem Unihauptgebäude. Heute Nachmittag um vier,‘ hat er mir befohlen. Irgendwie kam mir das Ganze etwas sonderbar vor, aber ich war neugierig. Costas ist dann auch pünktlich um vier zu unserem Treffpunkt gekommen, allerdings war er nicht allein. Er war in Begleitung von zwei Männern. Diese beiden Männer waren ein gutes Stück älter als wir, ich habe sie auf so ungefähr Mitte fünfzig geschätzt. Alle drei Männer waren ganz normal gekleidet, schlicht aber elegant und sie haben alle drei schwarze Sonnenbrillen getragen, was mir auch wieder ein bisschen merkwürdig vorgekommen ist. Ich war wirklich ein wenig irritiert, weil Costas mit keinem Wort erwähnt hat, dass er noch irgendjemanden mitbringen würde, geschweige denn zwei. Ich habe nur noch gehört, wie einer der beiden Männer ihm zugeraunt hat: ‚Bist du dir sicher, dass man ihm trauen kann?‘ und dann standen diese drei sonderbaren Gestalten auch schon vor mir und Costas hat uns bekannt gemacht. ‚Das sind Elias und Christus, mein Vater. Sie arbeiten für den GRU.“ Jetzt muss ich Azad unterbrechen, denn ich habe keine Ahnung, was das bedeutet.
„Der GRU ist der russische Geheimdienst. Er ist zuständig für die militärische Spionage im Ausland“, klärt er mich auf. Das hört sich

irgendwie gefährlich an, denke ich mir, doch mein Kollege erzählt weiter, als ob es das Selbstverständlichste auf der Welt wäre.

„Christus schien kein Mann der vielen Worte zu sein, denn ohne lang um den heißen Brei herumzureden ist er gleich zum Punkt gekommen und hat direkt nach dem gefragt, was der Grund für unser Treffen war: ‚Hast du Verbindungen zur PKK?‘, waren seine Worte und mir ist die Kinnlade nach unten geklappt. Ich habe mit vielem, aber nicht mit dieser Frage in jenem Moment damals gerechnet. Wahrscheinlich muss ich dumm aus der Wäsche geschaut haben, als ich nach Worten gesucht habe. Ich wusste auch wirklich nicht, was ich hätte antworten sollen. Ich hatte keine Ahnung, ob ich ihnen trauen konnte, auf was ich mich da einlassen würde. Schließlich habe ich mich aber dann dazu entschlossen, die Wahrheit zu sagen: ‚Nein‘, war meine Reaktion. ‚Aber ich weiß, dass der Hauptsitz der Partei in Moskau ist. Ich kann euch dorthin bringen.‘ Ich sollte aber diese Entscheidung, mich auf den Deal mit diesen Männern eingelassen zu haben, noch bitter bereuen.“

„Warum?“, falle ich meinem Kollegen ins Wort.

„Es war ein Geheimprojekt, das die Männer da geplant hatten. Und um dieses Geheimprojekt durchführen zu können, haben sie mich gebraucht. Meine Aufgabe sollte sein, zwischen der PKK, das ist die verbotene kurdische Arbeiterpartei, die Erdoğan heute noch bekämpft, und dem russischen Geheimdienst zu dolmetschen.“ Ich merke, wie sich mein Körper anspannt, während Azad mit seiner Geschichte fortfährt. Die Lebensgeschichte meines Kollegen, seine ungezügelte Abenteuerlust, seine Naivität in mancherlei Hinsicht und seine Furchtlosigkeit ist faszinierend und schockierend zugleich.

„Am nächsten Tag sind wir also morgens mit dem Zug von St. Petersburg bis nach Moskau gefahren. Weil wir uns nur Tickets für so einen langsamen Bummelzug, der an jedem Kaff angehalten hat, leisten konnten, hat die Fahrt den halben Tag gedauert. Am späten Nachmittag sind wir dann endlich am Bahnhof von Moskau angekommen und ich habe die drei Herren auf direktem Weg bis zum Hauptquartier der Partei geführt.“

„Ich will euch ja nicht unterbrechen“, meldet sich nun Shafiq zu Wort, „aber wir haben dreizehn Uhr. So, Mittagspause“, sagt mein Kollege und wir machen uns alle auf den Weg in die Küche.
Als Shafiq, Azad und ich eintreffen, sitzt Casy schon am großen runden Tisch. Sie wirkt ernst. Ich bleibe stehen und schau ihr in die Augen.
„Was ist los?“, frage ich meine Freundin.
„Leute, ich habe gekündigt.“ Ich erstarre, während ihre Worte auf mich einwirken.
„Was? Warum das?“, rufe ich und merke, dass mich Panik überkommt.
„Ich kann mit Barbara nicht zusammenarbeiten“, argumentiert sie. Das kann ich wiederum sehr gut nachvollziehen, aber trotzdem macht mich dieser Entschluss traurig und ich versuche zu argumentieren: „Aber sie ist doch kaum hier!“ Ich merke, wie Casy zögert, bevor sie antwortet.
„Aber sie ist meine direkte Vorgesetzte. Ich muss alles, was ich mache, mit ihr besprechen und das kann ich nicht.“ Es ist also beschlossene Sache. Casy würde gehen. Ich merke, wie mir die Tränen kommen. Casy und ich waren ein tolles Team. Ein halbes Jahr hat sie mich mit ihrem Elan und ihren vielen Ideen motiviert und zusammen haben wir ein tolles Kinderprogramm auf die Beine gestellt. Auch Shafiq und Azad wirken mitgenommen und ich merke, dass Casy diese Entscheidung nicht leichtgefallen ist.
„Es ist schade“, sagt Azad, „aber du bist unsere Freundin und wir wollen, dass du glücklich bist.“ Ein wenig traurig fahre ich an diesem Abend nach Hause, aber auch mit Zuversicht.
„Wir bleiben in Kontakt“, haben wir beschlossen und für kommende Woche gleich ein gemeinsames Treffen verabredet.

Ein paar Tage später ist die Stimmung im Team gekippt. Casys Schwung fehlt uns allen. Nun sitzen wir nur noch zu viert im Büro der Assistenten: Azad, Shafiq, Karin und ich, während Aileen in ihrem Büro mit dem Beantworten von E-Mails beschäftigt ist. Ich versuche, mich abzulenken, und deshalb bitte ich Azad, seine Geschichte weiterzuerzählen.

„Ich glaube wir waren beim letzten Mal dort stehen geblieben, dass ich die Männer zur PKK geführt habe, richtig?“ Ich nicke, denn gerade erinnere ich mich wieder daran.

„Ich habe also an die Eingangstür vom Hauptgebäude der Partei geklopft und Isar, das war der Vorsitzende der kurdischen Partei, hat gleich auf Anhieb geöffnet. Wir haben uns mit einem lockeren Handschlag begrüßt. Genau wie Christus am Tag zuvor bin auch ich gleich mit der Tür ins Haus gefallen und habe Isar sofort den Grund für mein Kommen genannt. Obwohl wir Kurdisch miteinander gesprochen haben, hat uns Christus auf Russisch mit einem Angebot, das er für Isar hatte, unterbrochen: ‚Ich kann dir Waffen liefern, wir haben die neuesten Modelle‘, hat der Grieche dem Parteivorsitzenden vorgeschlagen. Isar hat mit keinem Wort auf das Angebot von Christus reagiert, aber ich habe schon gemerkt, wie sich jede einzelne Muskelzelle von ihm angespannt hat. Ich konnte regelrecht beobachten, wie er seine Stirn gerunzelt hat und wie sich Sorgenfalten in seinem Gesicht abzeichneten. Nach außen hin hat Isar allerdings keine Miene verzogen und auch sein Tonfall wirkte selbstsicher und bestimmt, als er zu den beiden Männern auf Russisch gesprochen hat. ‚Kommt bitte mit in mein Büro, seid meine Gäste,‘ hat er die drei Gestalten aufgefordert. Mich wiederum hat der Parteivorsitzende mit so einem Blick angeschaut, dass ich das Gefühl hatte, er würde mich auf der Stelle auffressen. Ich konnte seinen Blick nicht so wirklich deuten, es war irgendeine Mischung aus Wut und Sorge, die da mitschwang. Auf Kurdisch hat Isar klar und deutlich an mich gewandt gesagt: ‚Wir brauchen deine Dienste nicht. Warte hier draußen auf uns, bis wir fertig sind.‘ Ich weiß noch, wie verunsichert ich in diesem Moment war. ‚Was sollte das nun schon wieder bedeuten? Warum sollte ich draußen warten? Habe ich irgendetwas falsch gemacht? Ist es ein Fehler gewesen, die Männer hierhin zu bringen?‘ Mir sind tausende Gedanken durch den Kopf geschossen, als ich dort draußen vor dem Hauptgebäude gestanden und gewartet habe. Ich weiß nicht mehr, wie lang ich dort vor der Tür herumgestanden bin, vielleicht waren es zwei Stunden, vielleicht auch nur zehn Minuten. Ich hatte komplett

jegliches Zeitgefühl verloren. Für mich hat es sich wie eine Ewigkeit angefühlt.
Dann sind die drei Männer irgendwann doch endlich aus dem Hauptquartier herausgekommen und Isar ist direkt auf mich zugegangen. Er hat mich am Arm gepackt, gröber, als ich es von ihm erwartet hätte, mich zur Seite genommen, so damit uns die anderen beiden nicht hören konnten und dann kam was kommen musste. Eine Flut von Schimpftiraden ist auf mich herabgeprasselt. ‚Du Idiot!', hat der Vorsitzende gebrüllt. ‚Weißt du eigentlich, wer diese Männer sind?! Wegen dir war ich mit den beiden die letzten Stunden in meinem Büro, wegen dir habe ich sie hereingebeten, wegen dir habe ich die ganze Zeit geredet, damit sie dich am Leben lassen! Unsere Waffen kriegen wir von der türkischen Regierung. Wir wollen nicht mit der GRU zusammenarbeiten! Du glaubst doch nicht ernsthaft, dass ich mich auf einen Deal mit dem russischen Geheimdienst einlassen würde?! Halte dich fern von diesem Geheimdienst, ein für alle Mal! Ansonsten werden sie dich umbringen! Ich habe dich nur aus einem einzigen Grund hier draußen warten lassen und zwar damit du weniger weißt! So ist es ungefährlicher für dich. Ich habe den Männern eingebläut, sie sollen dich am Leben lassen, sonst werden sie mit Konsequenzen rechnen müssen.'
Ich bin zusammengezuckt. Nicht, weil Isar mich angeschrien und wie ein Rohrspatz geschimpft hat, sondern weil mir jetzt erst langsam klar wurde, was ich da eigentlich angerichtet hatte, wen ich da überhaupt verraten hatte und was sie mit mir machen konnten. Mir ist schlagartig bewusst geworden, was für einer Gefahr ich mich ausgesetzt hatte. Da habe ich es mit der Angst zu tun bekommen. Ich war weder fähig, mich zu bewegen, noch überhaupt irgendetwas zu sagen. Ich habe mich wie in einem falschen Film gefühlt. Die Stimme von Isar war auf einmal so weit weg und auch vor meinen Augen habe ich auf einmal alles so verschwommen gesehen. In meinem Kopf haben sich die Gedanken überschlagen. Die GRU wollte mich umbringen! Zwar hat mich Isar gerettet, indem er sie durch seine Gespräche auf wundersame Weise davon abbringen konnte, aber die GRU wollte mich umbringen. Und ich musste mit diesen Männern zurück nach Sankt Petersburg fahren.

Und wer weiß, ob ich in der Stadt sicher vor ihnen war. Ich erinnere mich nicht mehr daran, wie lang Isar und ich so vor dem Hauptgebäude gestanden sind, wie wir uns verabschiedet haben oder wie ich mit Christus und den anderen zum Bahnhof zurückgegangen bin. Das Nächste, an das ich mich erinnern kann, war erst wieder unsere Zugfahrt zurück nach Hause.
Ich hatte ein flaues Gefühl im Magen, als ich in die zischende Eisenbahn eingestiegen bin."
„Hattest du Angst?", frage ich meinen Kollegen.
„Ich hatte Angst, ja, aber ich habe ihnen auch irgendwie vertraut", ist seine Antwort. Ich runzle die Stirn.
„Sie waren sehr offen zu mir, ich hatte das Gefühl, sie wollten mich nicht umbringen."
„Waren immerhin noch andere Leute mit im Zug?", will ich wissen und kann es mir nicht so richtig vorstellen, wie man solchen Leuten vertrauen kann.
„Ja, es waren noch einige Leute mit uns im Zug, aber ich war alleine mit ihnen in einem Abteil. Wir haben einen Nachtzug zurückgenommen." Ich schaue Azad in die Augen, seine Erzählungen lösen bei mir gleichermaßen Interesse und Besorgnis aus.
„Konntest du denn da schlafen?", möchte ich von ihm wissen und wie selbstverständlich versichert mir mein Arbeitskollege: „Ich konnte schlafen, ja. Vielleicht war ich wirklich etwas naiv. Oder ich hatte einfach keine Angst zu sterben." Azad lacht. Ich wundere mich doch immer wieder über diese Abenteuerlust oder vielleicht sogar ein wenig über die Lebensmüdigkeit meines Kollegen. Irgendwie schafft mein Freund es immer, zur falschen Zeit am falschen Ort zu sein und trotzdem mit viel Glück lebend aus der Zwickmühle zu kommen. Er hat einen verdammt wachsamen Schutzengel.
„Als wir dann wieder in St. Petersburg waren, habe ich eine Woche nichts mehr von der GRU gehört. Ich habe mich sogar manchmal gefragt, ob ich das alles nur geträumt habe. Irgendwie ist es mir so unwirklich vorgekommen, je mehr Zeit vergangen ist. In der Woche nach diesem merkwürdigen Zwischenfall habe ich einfach weitergelebt, wie davor auch. Ich bin zur Uni gegangen und habe

gelernt, habe mich in meiner Freizeit mit Freunden getroffen und Sport gemacht und dann habe ich natürlich noch meine Waren auf dem Basar verkauft. Man könnte fast sagen, ich war ein ganz normaler Student. Und so ist dieser Vorfall dort vor dem Hauptgebäude der Partei immer weiter in meinen Hinterkopf geraten. Bis dann eines Tages jemand an meine Zimmertür geklopft hat. Ich kann mich noch gut daran erinnern, wie ich an meinem Schreibtisch gesessen bin und gerade dabei war, ein paar Vorlesungen nachzubereiten, als mich das Klopfen hochschrecken ließ. Mein Körper hat sich angespannt, ich bin nervös geworden, weil ich keinen Besuch erwartet hatte und auch wusste, dass es nicht mein Zimmergenosse sein konnte. Ich kann mich noch genau daran erinnern, wie meine Gedanken im Kopf gerast sind, als ich mich gefragt hab, wer da um Himmels Willen wohl vor meiner Tür stehen mochte. Dann hat es noch einmal geklopft. Also bin ich von meinem Stuhl aufgesprungen und zur Tür gegangen. Vor mir sind die drei Männer gestanden. Wie beim letzten Mal haben sie Sonnenbrillen getragen, obwohl es an jenem Tag geregnet hat. Wieder bin ich wie zu einer Salzsäule erstarrt vor ihnen gestanden, denn die Männer haben mir eine Heidenangst eingejagt. Was wollten sie bloß von mir? Waren sie gekommen, um mich umzubringen? Ich weiß noch, wie meine Augen angefangen haben, ihre Jacken und Hosen abzuscannen. Ich wollte sichergehen, dass sie kein Gewehr unter ihren Klamotten versteckt hatten. Meine Scanneraugen sind auf dem Boden vor den Füßen der drei Gestalten hängengeblieben. Dort hat nämlich eine große Holzkiste gestanden. Und natürlich habe ich mich gefragt, was wohl darin sein mochte. Aber ich musste mir nicht lange den Kopf darüber zerbrechen, denn sobald die Tür hinter ihnen ins Schloss gefallen war und die Männer in meinem kleinen Studentenzimmer standen, haben sie die Holzkiste geöffnet und zum Vorschein kamen Pistolen. Fünfzehn Stück lagen dort vor mir in der Kiste. Christus, der der Anführer zu sein schien, hat mir befohlen: ‚Du sollst diese Pistolen für uns verkaufen. Tust du das nicht, bringen wir dich um.'" Ich schlucke bei diesen Worten. Das war eine klare Ansage. Azad schaut auf unsere Wanduhr.

„Oh, es ist ja schon kurz vor sechs. Ich muss mich langsam beeilen, ich muss meine Tochter in ein Restaurant fahren. Da trifft sie sich heute mit Freunden." Ich lächele und sage: „Schick, schick. Die Jugend von heute lässt es sich gut gehen." Seine Tochter war gerade vierzehn geworden. Ich freue mich, dass sie sich wieder mit Freunden trifft, denn auch sie hatte sehr an der Corona Isolation gelitten und sich in der Zeit des Lockdowns zurückgezogen.

„Dann muss die Weiterführung deiner Geschichte wohl bis morgen warten." Nun ist es Azad, der grinst.

„Ja, ich habe dir noch gar nicht erzählt, dass ich meine erste Frau entführt habe." Jetzt bin ich irritiert, was anscheinend nicht unbemerkt bleibt, denn er fährt fort: „Ich habe sie kennengelernt und entführt." Ich bin verwirrt.

„Das ist doch nicht dein Ernst?!", ist meine Reaktion und um Azads Augen herum bilden sich Lachfältchen.

„Doch, genauso ist es passiert." Langsam sollte mich wirklich gar nichts mehr wundern. Trotzdem schließe ich an diesem Tag ein bisschen erstaunt unsere Bürotür zu und wir gehen gemeinsam den langen Gang der Asylunterkunft entlang Richtung Ausgang. Kurz vor der Eingangstür verabschiede ich mich, denn ich biege links ab zum Fahrradständer und Azad nimmt den Ausgang rechts. Ich fahre heute mit vielen verschiedenen Gefühlen nach Hause. Es ist eine Mischung aus Anspannung, Vorfreude, Verwunderung, aber auch Angst, und Unsicherheit. Denn gerade ist Russland in den Medien so präsent wie lange nicht mehr. Putin hat der Ukraine den Krieg erklärt. Ich denke an die Ukrainer, die nun, wenn sie Glück haben, die Flucht auf sich nehmen können und zu uns kommen werden. Ich denke an die männlichen Ukrainer zwischen achtzehn und sechzig, die das Land nicht mehr verlassen dürfen. Ich denke an Azads Frau und seine Tochter, die russische Namen haben und deswegen jetzt hier in Deutschland gemobbt werden. Sie werden gemobbt, weil sie Russen sind. Sie können nichts für die russische Regierung. Wirkliche Wahlen gibt es in Russland schon lange nicht mehr. Gleiches spielte sich vor über siebzig Jahren in unserem Land ab. Auch wir hatten keine Wahl. Wir durften irgendwann nicht mehr bestimmen, wer in unserem Land das Sagen hat. Die Mehrheit der Deutschen haben die Nazis nicht unterstützt. So ist es jetzt mit den Russen. Ich denke, gerade wir Deutschen sollten uns gut in diese Menschen hineinversetzen können. Die meisten Russen sind müde und wollen keinen Krieg. Wir sollten nicht auch noch gegen sie hetzen, sondern sie, genau wie die Ukrainer, in dieser schwierigen Situation so gut wir können unterstützen. In unserer Verfassung heißt es, keiner soll diskriminiert werden aufgrund seiner Rasse, seiner Religion oder seinen sexuellen Neigungen. Gerade jetzt sollten wir uns das alle zu Herzen nehmen.

Krieg in Europa

Am 24. Februar 2022 griff Russland die Ukraine an und der ukrainische Präsident Selenskyj rief den Kriegszustand aus. Seitdem sind mehr als zehn Millionen Menschen auf der Flucht. Bis jetzt sind mehr als siebentausend Ukrainer in München angekommen. Notdürftig wurden ein paar Erstaufnahmelager in Form von Containersiedlungen errichtet. Da die Unterbringungsmöglichkeiten aber nicht mit dem zunehmenden Flüchtlingsstrom Schritt halten können, habe ich von Plänen der Stadt gehört, Zeltcamps etwas außerhalb zu errichten. Der Krieg sorgt nicht nur in der Ukraine und Russland, sondern auch hierzulande für Angst in der Bevölkerung. Schon lange hat kein Krieg mehr so nah, direkt vor der Haustür stattgefunden. Die Unsicherheit wächst, denn keiner weiß, was die Zukunft bringen wird. Die Menschen haben Angst, dass auch bald Bomben auf München fallen könnten. Die EU kann die Ukraine nur indirekt durch Waffenlieferungen unterstützen. Ein aktives Eingreifen bedeutet den Krieg mit Russland. Keiner will den Krieg, auch die russische Bevölkerung wehrt sich gegen Putins Aufmarsch.

Vor zwei Wochen nahm Aileen Azad und mich zur Seite und fragte uns, ob wir in einer Erstaufnahmestelle, einer Containerunterbringung, die die Stadt für ukrainische Geflüchtete im Norden von München aus dem Boden gestampft hat, arbeiten wollen.

Am Montag der darauffolgenden Woche sollte die Containerstadt bezugsbereit sein. Noch herrscht Chaos. Keiner weiß, wie die weiteren

Schritte ablaufen werden, wie die Ukrainer im Arbeitsmarkt eingegliedert oder die Kinder in den Schulen verteilt werden sollen. Firmen und Privatleute treten mit uns in Kontakt und bieten ihre Hilfe an, wollen spenden, Menschen bei sich aufnehmen oder sich ehrenamtlich engagieren. Ich bin beeindruckt von dieser beinahe grenzenlos scheinenden Solidarität der Gesellschaft. Unser Lager in der Containersiedlung quillt schon nach ein paar Tagen mit Klamotten über. Der große Aufenthaltsraum in unserer Asylunterkunft ebenso. Er ist bald schon so zugestellt, dass wir einen Spendenstopp machen müssen.

Am Montagabend treffen hundertachtzig Ukrainer in der Erstaufnahmestelle ein. Gerechnet hatte man mit vierzig. Wir kommen nicht hinterher, alle Ankommenden zu registrieren.

Den Sonntag darauf arbeite ich an meinem regulären Arbeitsplatz. Auch heute haben wir wieder viele Spenden von Privatpersonen bekommen. Ich denke, mich trifft der Schlag, als ich am Morgen meinen Dienst antrete und beschließe, die ganzen Spenden ein bisschen zu sortieren. Genau in diesem Moment kommt Akono zur Tür herein. Ich kann gar nicht so schnell schauen, wie unser einbeiniger Nigerianer mit einer vollgefüllten Tüte davonhumpelt.

„Halt!“, schreie ich ihm nach.

„Das sind Spenden für die Ukrainer, nicht für dich!“ Mürrisch und auch ein wenig wütend schnaubt er mir entgegen: „Das ist für meine Kinder! Ich habe schon ewig keine Spenden mehr bekommen!“ Mir bleibt der Mund offen stehen. So eine Dreistigkeit hatte ich nicht erwartet. Ich kann ihm nichts entgegensetzen und so macht er sich mit seiner vollgepackten Tüte aus dem Staub. Ich frage mich, wie das Zusammenleben zwischen den ukrainischen Geflüchteten und den Asylsuchenden, die schon jahrelang hier sind, funktionieren soll. Zurzeit beobachte ich vor allem Neid, der von den Geflüchteten ausgeht, die schon seit Jahren in unserer Unterkunft leben. Wahrscheinlich sind sie neidisch, weil sie keine Perspektiven für sich sehen. Der Neid ist aus ihrem Frust heraus entstanden. Ich kann mir vorstellen, dass auch das Thema Rassismus wieder neue Dimensionen

annehmen wird. Und auch das Thema Integration. Jetzt muss erst einmal Integration innerhalb des Camps hergestellt werden. Ich hoffe, dass die Bewohner es schaffen friedlich miteinander zu leben. Meine Frage, ob und wie Integration funktionieren kann, führt mich zu einem anderen Thema. Die Frage: Gibt es einen Unterschied zwischen politischen und wirtschaftlichen Flüchtlingen? Gibt es überhaupt so etwas wie wirtschaftliche Flüchtlinge? Meine Gedanken schweifen vom einen zum anderen Bewohner unseres Heims. Es ist eine kleine Unterkunft, ich kenne jeden Asylsuchenden beim Namen. Shafiq betreut die Afghanen, Azad die Araber und ich bin in erster Linie für die Nigerianer zuständig, denn diese Gruppe spricht meist nur Englisch. Warum sollten sie auch Deutsch lernen? Für Nigerianer ist es schwierig einen Aufenthaltstitel zu bekommen. Die meisten haben nur eine Duldung, obwohl Nigeria als nicht sicheres Herkunftsland eingestuft wird. Ich denke an die Terrororganisation Boko Haram.
Mit der derzeitigen ukrainischen Flüchtlingswelle kommen auch wieder viele Nigerianer, Marokkaner oder andere Nationalitäten, die nach eigenen Aussagen in der Ukraine studiert oder lange gelebt haben, nach Deutschland. Merkwürdigerweise haben zumindest die Nigerianer alle ihren Reisepass in der Ukraine verloren. Ist das ihre Aussage, fordern wir sie auf, einen Asylantrag zu stellen. Ich kenne eine andere Geschichte, in der sich das Gerücht unter den nigerianischen Geflüchteten herumgesprochen hat, man müsse sich als Mörder ausgeben, um Asyl zu bekommen, denn bei Mord droht in vielen Ländern die Todesstrafe. Dass Mord auch in Deutschland strafbar ist, wurde von den Nigerianern allerdings nicht bedacht. Als die Polizei kurz darauf vor den Türen der Asylunterkünfte stand, wurde die Aussage aller, Mörder zu sein, wieder zurückgenommen.
Auch viele Marokkaner, die in der Ukraine studiert haben, sind nach Deutschland gekommen, wollen hier einen Asylantrag stellen und hierzulande weiter studieren. Marokko ist allerdings ein sicheres Herkunftsland, die Familien, die ihre Kinder in die Ukraine zum Studieren schicken, sind oftmals nicht arm. Die Studierenden haben andere Wege und Möglichkeiten ihr Studium im Ausland fortzusetzen, der Weg des Asylrechts ist in meinen Augen der falsche.

Ich denke aber auch an ein paar andere Fälle und Geschichten von Menschen, die dringend Asyl gebraucht hätten. Emmanuel, der Nigerianer, der zehn Jahre lang auf der Flucht war und sich letztendlich getötet hat, als er zurückgebracht werden sollte, taucht vor meinem inneren Auge auf. Gleiches habe ich von einem Nigerianer gehört, der vier Jahre unterwegs war. Die Beispiele verdeutlichen, welche Perspektivlosigkeit diese Menschen in ihren Herkunftsländern haben. Sie sterben lieber, als dorthin zurückzugehen. Diese Leute suchen sich nicht aus zu fliehen. Es ist etwas menschliches und letztendlich sind die industrialisierten Länder nicht ganz unschuldig an dieser verheerenden Situation dort unten. Die Ressourcen sind schon lang sehr ungerecht verteilt. Gehen wir in der Geschichte ein bisschen zurück, waren es die weißen Europäer, die die Bodenschätze in Afrika an sich gerissen haben. Das Wort *Blutdiamanten* kommt mir in den Sinn. Natürlich sind wir als Nation nicht an all dem Elend südlich der Sahara schuld. Genauso wie hierzulande gibt es auch dort Kriminalität und Armut aus anderen Gründen.

Ob die Asylsuchenden in unserer Unterkunft nun nach Aussagen des BAMF einen berechtigten Grund haben zu bleiben oder nicht spielt letztendlich keine Rolle. Im Grunde genommen sind all diese Leute, die seit sechs Jahren in diesem Heim leben und es nicht schaffen in Deutschland Fuß zu fassen, arme Hunde. Warum schaffen sie es nicht, sich in unserer Gesellschaft zu verankern? In meinen Augen wird die Hilfe von unserer Politik auf falschem Wege bereitgestellt. Sie bekommen passive Hilfe in Form von Finanzspritzen, aber keine tiefergreifende Unterstützung in puncto Hilfe zur Selbsthilfe. Die Geflüchteten werden nicht ordnungsgemäß an die Hand genommen, ihnen werden keine Richtlinien gegeben. Es gibt kein Masterplan, der ihnen irgendwann helfen könnte, ihr Leben selbstbestimmt und in Würde führen zu können.

Zusätzlich zu ihrer traumatisierenden Vergangenheit und ihrer perspektivlosen Zukunft müssen diese Leute auch oft noch mit anderen Schwierigkeiten und Schicksalsschlägen des täglichen Lebens zurechtkommen. Ich denke an eine nigerianische Familie im Besonderen. Die Eltern hatten zwei Kinder, zwei Mädchen. Chinara,

die ältere der beiden, war mit gerade einmal zwei Jahren an Leukämie erkrankt. Da diese Krankheit in Afrika als Fluch gilt und die Betroffenen wegen ihrer Erkrankung stigmatisiert werden, musste die Familie die Krankheit des kleinen Mädchens geheim halten. Die Mutter erfand Ausreden für die langen Krankenhausaufenthalte der Kleinen. Neun Monate kämpfte das Kind, bis es schließlich der Krankheit erlag.
Kein Mensch ist illegal stand damals 2015 im Rahmen einer Kampagne immer auf den Plakaten. Ich finde, diese Aussage stimmt. Kein Mensch ist illegal, aber jeder einzelne muss seinen Platz früher oder später in der Gesellschaft, in der er jetzt lebt, finden, damit diese weiterhin für alle Beteiligten funktionieren kann.

Mit den Gedanken an Chinara mache ich mich Anfang März auf meinen täglichen Weg zur Arbeit. Heute ist ein besonderer Tag aus zwei Gründen: Wir feiern Fasching und Daniel, unser neuer Erzieher-Kollege und Casys Nachfolger, sollte heute bei uns anfangen.
„Seid nett zu ihm", hatte uns Casy noch an ihrem letzten Arbeitstag eingeschärft", und ich habe ihr versichert: „Das werden wir, aber er kann dich nicht ersetzen." Sie klang sehr einfühlsam, als Casy mir daraufhin antwortete: „Das muss er ja auch nicht" und ich war schon wieder traurig, weil sie unser Team verlassen würde. Bevor Daniel seinen Dienst antrat, ließen Shafiq, Azad und ich es uns aber nicht nehmen, unsere blaue Couch mit Daniels noch gemütlicheren Sofa aus dem KinderJugendFamilie (KiJuFa)-Büro zu tauschen. Als Daniel den Tausch dann Wochen später herausgefunden hat, war sein Kommentar dazu nur: ‚Ihr Ärsche'. Aber er sagte es auf eine liebevolle Art und Weise. Letztlich verbringt er die meiste Zeit sowieso bei uns im Büro auf der KiJuFa-Couch – und das, obwohl wir später extra die neuere Krisenzimmercouch in sein Büro geschleppt haben – sehr zu Shafiqs Leid, denn insbesondere in Ramadan-Zeiten macht Shafiq gerne seinen Mittagsschlaf darauf.
Auf genau dieser KiJuFa-Couch sitzen wir nun auch gerade, als Daniel zum ersten Mal das Büro betritt – in Jogginghose gekleidet und mit einer Mütze auf dem Kopf.

Lässig, denke ich mir und nehme mir vor, zumindest an den Wochenenden auch nur noch in Jogginghosen zu kommen.
„Guten Morgen“, sagt er und stellt sich vor. Vom ersten Moment an stimmt die Chemie zwischen Daniel und dem Rest des Teams. Sein ruhiger, aber bestimmter Tonfall hat etwas Angenehmes.
Daniel kann Casy zwar nicht ersetzen, aber er bereichert unser Team mal wieder auf eine neue, andere Art und Weise.
Ich bin froh, dass sich so ein toller Nachfolger gefunden hat. Auch Daniel macht alles mit und bringt viele neue Ideen ein. Heute, an seinem ersten Arbeitstag, wird er gleich einmal auf die Probe gestellt. Für unsere Faschingsfeier darf sich jeder ein Kostüm aus der großen Kiste in unserem Lager aussuchen. Daniel entscheidet sich für eine kunterbunte Hose und eine Glitzerperücke.
Eine gute Wahl, denke ich mir und ziehe selbst mein Leprechaun-Kostüm an, das ich mir einst am St. Patrick’s Day in Irland gekauft hatte. Am Nachmittag feiern wir dann Kinderfasching im großen Aufenthaltsraum. Wir lassen die Kinder für die *Reise-nach-Jerusalem* zu Faschingsschlagern um die Stühle rennen, machen ein Schaumkuss-Wettessen und einen Luftschlangenstaffellauf. Am frühen Abend lassen wir die Feier mit einem Lagerfeuer im Hof ausklingen. Es war unser gespendeter Christbaum, den sich Akar zwischenzeitlich ins Wohnzimmer gestellt und dann, als er nur noch braun und trocken war, ebenfalls zum Müll vorne am Eingang der Unterkunft gebracht hat. Kurz vor Feierabend lassen wir das Feuer herunterbrennen. Als es ganz erloschen ist, gehen alle ihrer Wege – die Bewohner in die Unterkunft zurück, ich zu meinem Fahrrad und meine Kollegen zu ihren Autos.

Waffengeschäfte auf einem russischen Basar

Am nächsten Tag habe ich Frühschicht. Es ist noch alles ruhig, als ich den langen Gang entlanggehe und die Tür zum Büro aufschließe. Selbst Aileen ist noch nicht da. Ich setze mich vor den großen Computer und lese erst einmal die Übergabe von gestern.
Viel ist nicht passiert, denke ich mir und checke ein paar E-Mails. Ich war wohl in meine Gedanken versunken, denn ich schrecke hoch, als

sich Azad wie jeden Morgen mit viel Elan und einem freundlichen „guten Morgen“ an der Plexiglasscheibe vorbeischiebt und ins Büro eintritt. Wie meistens ist er zehn Minuten zu früh. Wenig später treffen auch schon Shafiq und Daniel ein.

Wir sitzen zu viert im Assistentenbüro und halten unsere Tassen in den Händen, als es aus mir herausplatzt:

„Azad, ich bin schon ganz gespannt, wie ging es weiter mit dir, den Generälen und den fünfzehn Pistolen?“ Mein Kollege überlegt kurz und nimmt dann den roten Faden wieder auf.

„Die Generäle haben die Pistolen geklaut, denn sie haben dringend Geld gebraucht. Russland war zu diesen Zeiten höchst korrupt und jeder hat alles geklaut, was nicht niet- und nagelfest war. Wenn ich die Pistolen auf dem Markt verkaufen würde, so versprachen mir die Generäle, hätte ich einen Teil des Erlöses selber behalten dürfen. Aber ich habe diesen Vorschlag abgelehnt, denn ich hatte andere Pläne: Ich wollte nach Kanada. Und um das zu verwirklichen, habe ich Grenzschutz gebraucht. Ich wusste, diese Generäle hatten viel Macht und sie konnten mir helfen, nach Kanada zu kommen. Die Männer haben sich sogar auf meinen Vorschlag eingelassen, aber ich habe ihnen auch gleich von Anfang an gesagt, dass ich die Waffen nicht so ohne Weiteres verkaufen kann. Ich wusste, dass man dafür unter einem Dach sein muss.“ Wir alle schauen Azad mit großen Augen an und ich merke, wie es in meinem Kopf rattert, denn ich habe keine Ahnung, von was er da gerade spricht.

„Das bedeutet, mit der Mafia zusammenzuarbeiten. Unter einem Dach zu sein bedeutet, einen Mafiaschutz zu haben. Als ich das erwähnt habe, hat mir Christus nur frech ins Gesicht gelacht und entgegnet: ‚Wir haben das beste Dach in Russland, was willst du noch?!‘“ Ich bin etwas skeptisch und frage Azad: „Stimmt das denn?“, und er versichert mir: „Natürlich hatten sie Schutz, sie waren ja die Regierung. Als mir das dann klar geworden ist, konnte ich die Waffen, ohne weiter darüber nachdenken zu müssen, verkaufen. Keiner konnte mir etwas sagen. Diese Position hat mir ein Gefühl von Dominanz, Macht und Stärke gegeben und ich muss sagen, es hat sich gut angefühlt.

Also bin ich am nächsten Morgen gleich in der Früh zu einer Druckerei gegangen und habe ein riesiges Plakat ausdrucken lassen, auf dem das Logo der Pistolenmarke, ein Foto von den Waffen und der Preis geschrieben stand. Mit diesem Schild bin ich dann gleich weiter zum Basar gegangen. Am Eingang habe ich mir dieses riesige Bild um den Hals gehängt, damit es jeder, der auf den Basar gekommen ist, gut sehen konnte. Aber dummerweise hatten anscheinend mehrere Leute den gleichen Gedanken, denn ich war bei weitem nicht der Einzige dort. Es gab Waffendealer wie Sand am Meer und kaum habe ich meine Produkte angepriesen, sind auch schon meine Mitstreiter auf mich zugekommen und haben mich ausgehorcht. ‚Wer bist du überhaupt? Warum bietest du deine Pistolen so billig an?‘, wollten sie wissen und ich habe ihnen bereitwillig erklärt, unter welchem Dach ich den Schutz habe und die anderen Dealer haben es akzeptiert.
Eine Woche lang bin ich dort so auf dem Basar mit meinem Schild um den Hals gestanden, egal ob es geregnet, geschneit oder die Sonne geschienen hat, und das jeden Tag zehn Stunden lang. Trotzdem habe ich nicht eine einzige Pistole verkauft.“ Das erstaunt mich, vor allem, wegen dem günstigen Preis.
„Warum?“, will ich wissen.
„Keine Ahnung“, entgegnet er achselzuckend.
„Dann ist mir irgendwann langweilig geworden und ich habe den Generälen gesagt, dass keiner die Waffen kaufen will und kurz nachdem ich den Geheimdienstmitarbeitern diese Rückmeldung gegeben habe, hat sich letztendlich dann doch noch ein Interessent gemeldet. Mein Käufer war ein Tschetschene, der mir schon seit geraumer Zeit aufgefallen war, denn er ist die letzten Tage die ganze Zeit neben mir gestanden und hat genau wie ich Waffen verkauft. Der Tschetschene hat mir auch echt ein gutes Angebot gemacht. Er wollte alle fünfzehn Pistolen für hundert Dollar haben. Also bin ich auf sein Angebot eingegangen und auch die Generäle vom GRU waren damit zufrieden und wollten sogar, dass ich noch mehr verkaufe. Aber ich wollte nicht mehr mitmachen. Glücklicherweise habe ich es auch geschafft, mich ohne Folgen auszuklinken, indem ich die GRU mit

dem Tschetschenen ‚verkuppelt' habe. Somit war ich aus der Nummer raus."

„Warum hast du nicht weitergemacht?", unterbricht Shafiq Azad.

„Ach, das war nicht meins. Mir war langweilig und ich wollte nur noch in Ruhe gelassen werden. Irgendwann habe ich nämlich kapiert, dass die GRU lügt. Mir war klar, dass sie mich niemals nach Kanada schicken werden. Ich würde eher im Grab als in Kanada landen", sagt Azad und sein Tonfall klingt dabei sehr nüchtern. Nun ist Daniel derjenige, der Azad unterbricht.

„Warum? Was hatten sie davon?"

„Sie wollten keine Zeugen. Das waren sehr mächtige Leute, müsst ihr wissen. Sie wollten, dass keiner mitbekommt, was sie machen. Sie wollten keinen am Leben lassen. Ich hatte in dieser Zeit panische Angst, dass sie mich umbringen würden. Meine Freunde, meine Bekannten, die selbst bei der Mafia waren, alle, die das mitbekommen haben, haben mich gewarnt: ‚Du solltest dich fernhalten von diesen Menschen'. Diese Aussage habe ich in jenen Wochen immer und immer wieder gehört. Das Geschäft mit dem Tschetschenen hat mich letztendlich gerettet. Ich war wahnsinnig froh, dass ich aus dem Schneider war und die GRU hat mich nach dieser sogenannten ‚Verkuppelung' tatsächlich auch in Ruhe gelassen. Ich war anscheinend nicht mehr interessant für sie." Ein bisschen skeptisch bin ich trotzdem, als ich das höre.

„Hast du jemals daran gedacht, die Stadt zu verlassen?" Mein Freund denkt nach.

„Nein, ich habe ehrlich gesagt nie daran gedacht, wegen denen zu fliehen. Sie haben mich ja in Ruhe gelassen. Eine Weile haben sie mich zumindest in Ruhe gelassen."

„Was willst du damit genau sagen?", unterbricht ihn Shafiq.

„Nach ungefähr sechs oder sieben Monaten sind sie dann wieder aufgetaucht. Das war 1999, zu dem Zeitpunkt, als Krieg in Tschetschenien war. Ich habe noch mitbekommen, dass der Tschetschene verschwunden ist. Manche haben erzählt, er sei zum Kämpfen nach Tschetschenien gegangen. Von anderen habe ich aber auch gehört, dass ihn die Mafia umgebracht haben soll. Nachdem der

Tschetschene verschwunden ist, sind die GRU auf jeden Fall wieder auf mich zugekommen. Diesmal mit einem anderen Thema. Die Generäle wollten, dass ich für sie als Fluchthelfer arbeite. Ich sollte Asylbewerber in den Westen, nach Europa bringen. Anscheinend haben sie sich an meine Worte erinnert, als ich mit ihnen ausgehandelt hatte, dass sie mir bei meiner Flucht nach Kanada helfen. Damals habe ich ihnen nämlich erzählt, dass das Interesse vieler Menschen groß ist zu fliehen. Obwohl ich Angst hatte, ihr Angebot auszuschlagen, weil ich nicht mit ihnen zusammenarbeiten wollte, ist es mir wieder gelungen, mich aus der Nummer herauszuziehen. Ich habe die Generäle wieder ‚verkuppelt', diesmal mit einem Afghanen, der die Geschäfte mit ihnen machen wollte. So haben die vom GRU viele Menschen nach Holland und Schweden mit gefälschten russischen Pässen gebracht und mich wieder in Ruhe gelassen. Ein Jahr später habe ich erfahren, dass der Afghane auch verschwunden ist. Ich bin mir sicher, dass die GRU ihn auch auf dem Gewissen hat. Bald nach diesen Erlebnissen musste ich dann nach Moskau fliehen, aber das war nicht wegen dem russischen Geheimdienst, sondern aufgrund von einer anderen Schlägerei, aber das ist wieder eine andere Geschichte." Azad lächelt. Genau in diesem Moment klopft es an unser Büro und Niklaas steht vor der Tür. Er will mich sprechen, also ziehe ich meine FFP2-Maske auf und gehe zu ihm.

Eine Entführung, ein Einbruch und andere Geschichten aus Azads Alltag

In den letzten Wochen ging es bei uns in der Arbeit drunter und drüber. Sämtliche Unterkünfte in der ganzen Stadt füllten sich mit ukrainischen Flüchtlingen. Es herrschte das Chaos! Dazu kamen noch die steigenden Corona-Zahlen, die auch vor meinem Team nicht Halt zu machen schienen. Innerhalb eines Tages schrumpften wir auf die Hälfte und die gesunden Teammitglieder sprangen im Dreieck. Auch Azad hatte es diesmal erwischt und somit hatte ich noch immer nicht erfahren, wie und warum mein Kollege seine erste Frau damals entführt hat.

Ich war froh, mein Team nach einer Woche wieder vollständig und gesund zu sehen.

Wie so oft sitzen Azad, Shafiq, Daniel und ich am Freitagmorgen Mitte März im Büro der Assistenten. Draußen scheint die Sonne, aber für diese Jahreszeit ist es immer noch bitterkalt und so hat Shafiq eine große Kanne heißen Tee gekocht. Die Tassen in unseren Händen dampfen. Ich klammere mich an dem Gefäß fest, denn nur so können meine Eiszapfenfinger auftauen, und nippe ein paarmal am würzig schmeckenden Ingwertee. Langsam merke ich, dass die Wärme auch in meinem Körper ankommt. Es ist ein Gefühl von Geborgenheit. Wie wir vier so dasitzen, denke ich, dieses Gefühl hier sehr oft zu haben. Vielleicht denken meine Kollegen auch gerade das gleiche. Ich beschließe das wohlige Schweigen zu durchbrechen und spreche Azad auf die Entführung an.

„Nun ja, wie gesagt, habe ich viel Zeit bei der PKK in Moskau verbracht und dort habe ich Nathalie, so hieß das Mädchen, kennen gelernt. Nathalie hat sich sofort in mich verliebt, das hat sie mir später erzählt. Aber ich habe es auch schon irgendwie gleich von Anfang an gemerkt, fand sie wiederum aber am Anfang weder sonderlich hübsch noch interessant. Ihre Annäherungsversuche haben mich eher zurückschrecken lassen. Ich habe mich anfangs überhaupt nicht in Nathalie verliebt, es hat sehr lange gedauert, bis ich die Gefühle für sie entwickelt habe.“

„Warum das?“, hake ich nach.

„Erstens war sie damals mit ihren gerade einmal sechzehn Jahren noch ein halbes Kind und zweitens hat Nathalie sowohl rein charakterlich als auch vom Aussehen her eher einem Mann geglichen. Sie hatte so kurz geschnittene Harre, hat Männerklamotten getragen und ihre ganze Figur hatte nichts Weibliches an sich. Nathalie war, wie soll ich sagen, sogar noch mutiger als viele Männer. Diese Kleine hatte keine Angst vor nichts und niemandem. Sie war eine Draufgängerin.“

Irgendwie, denke ich mir, haben die beiden rein objektiv betrachtet dann doch in diesem Punkt eine Gemeinsamkeit.

„Dadurch, dass ich ihr gefallen habe, wollte sie natürlich auch mein Interesse wecken. Das hat sie versucht, indem sie mir viel von sich erzählt hat. So habe ich erfahren, dass Nathalies Bruder ein bekannter Mafiaboss in Krasnodar, das ist eine Stadt nicht weit weg von Sotschi, gewesen ist. Natürlich habe ich ihr zuerst nicht geglaubt. Es hat überhaupt nicht zusammengepasst! Ich habe mich gefragt: ‚Was hat sie hier in dem Hauptquartier bei der PKK gemacht? Warum hat sie in Armut gelebt und hatte nur Brot und Zwiebeln zu essen, wenn ihr Bruder ein Mafiaboss war?' Aber dann hat mir Nathalie ihren Kontostand gezeigt und da habe ich meinen Augen kaum trauen können, als ich die Zahl gelesen habe: hundertzwanzigtausend Dollar! So eine Summe hatte ich überhaupt noch nie zuvor auf irgendeinem Konto gesehen. Ihr könnt euch nicht vorstellen, wie viel Geld das damals war! Bald habe ich auch das Motiv für ihr selbstbestimmtes Leben und den damit einhergehenden Luxusverzicht erkannt: Nathalie war eine Patriotin durch und durch. Sie wollte das ganze Geld an die PKK spenden und ihr Bruder hat sie mit hunderttausend Dollar monatlich unterstützt."
„Zu welcher Mafia hat denn der Bruder gehört? Womit hat er sein Geld verdient?", fragt Daniel Azad.
„Dieser Bruder war wirklich eines der höchsten Tiere. Er hat direkt mit der Regierung im Kreml zusammengearbeitet. Zusammen haben sie diese Mafia gegründet, um heimlich Waffen nach Armenien zu schmuggeln, denn es war nicht erlaubt, Waffen offen zu verkaufen damals als Krieg zwischen Armenien und Aserbaidschan war. Habt ihr schon einmal etwas vom Bergkarabach-Konflikt gehört?"
Wir nicken einstimmig.
„Das, was Nathalies Bruder und die Regierung im Kreml da gemacht haben, ist heutzutage so wie Waffenlieferung an einen Drittstaat", erklärt Azad.
„Die Regierung im Kreml hat heimlich Armenien unterstützt und Nathalies Bruder wurde beauftragt, die Waffen nach Armenien zu liefern", fasst Azad noch einmal kurz unsere kleine Abschweifung zusammen, bevor er wieder in das Ursprungsthema einsteigt: Das

Kennenlernen im Hauptgebäude der PKK und die spätere Entführung von Nathalie, seiner ersten Frau.

„In dem Hauptquartier waren aber noch viele andere Mädchen außer Nathalie, die meisten waren sogar noch jünger als sie. Die jüngsten vielleicht gerade einmal zehn Jahre alt. Diese Mädchen sind von überall hergekommen – aus Russland, Weißrussland und so weiter. Es waren Kurden aller Nationalitäten."

„Was haben diese Mädchen dort gemacht?", höre ich Shafiq fragen.

„Ihr müsst euch das so vorstellen wie das heutige Rekrutieren des IS. Die PKK hat diese Mädchen damals genauso rekrutiert, wie der IS heute. Viele Frauen, die jetzt in Syrien kämpfen, sind damals angeworben worden. Als ich das Hauptquartier entdeckt habe, waren schon einige Freundinnen von Nathalie in diesem Krieg ums Leben gekommen. Bei ihr hat es nicht sofort geklappt, im Krieg zu kämpfen."

Da hat sie Glück gehabt, denke ich mir.

„Aber trotzdem wurde ihr sehr viel Respekt seitens der Partei entgegengebracht. Viele hatten auch schlichtweg Angst vor ihr."

„Warum hatten die anderen Angst vor ihr?", will Daniel wissen.

„Sowohl aufgrund ihrer Rolle als Schwester eines Geldgebers als auch, weil sie selbst eine Eisenfrau war. Wie gesagt, sie hatte vor nichts und niemandem Angst. Ich habe selbst mit eigenen Augen gesehen, wie sie sich mit Männern, ja sogar mit Polizisten geschlagen hat." Ich versuche mir ein Bild von dieser maskulinen Eisenfrau mit den kurzen Haaren und den Männerklamotten zu machen.

Irgendwie passt sie nicht so wirklich zu der sanften Art meines Kollegen, denke ich mir. Zumindest nicht zum heutigen Azad. Vielleicht erfahre ich ja noch, wie es zu seiner Verwandlung vom Schlägertypen zum selbstlosesten Menschen, den ich kenne, kam.

„Aber warum musstest du sie entführen?", frage ich wieder.

„Hattest du Angst, dass sie in den Krieg ziehen würde?" Und so fährt Azad fort.

„Sie hat mir leidgetan, denn einige sind im Krieg gefallen. Ich habe Nathalie immer gefragt: ‚Warum gehst du in den Krieg?' Die Kleine hatte neun Brüder und sechs Schwestern. Es war eine sehr reiche

Familie, der Vater Chirurg, die Brüder Mafiosi. Sie hatten ein Haus in Monaco. Eines Tages ist das Mädchen dann zu mir gekommen. Sie war in Tränen aufgelöst vom stundenlangen Weinen. Natürlich habe ich sie gefragt, was los sei und da hat Nathalie angefangen zu erzählen: Sie sei enttäuscht von der Partei, weil sie erfahren habe, dass die PKK nicht für ihre Ideale, ein freies Kurdistan, kämpfe, sondern in Wahrheit eine Terrororganisation sei und eng mit der Türkei zusammenarbeite. Offiziell sind die PKK und der türkische Staat Feinde, aber das ist so nicht richtig. Der türkische Staat hat diese Partei quasi als türkischen Geheimdienst gegründet. Die Behauptung der Türkei, dass die PKK eine kurdische Terrororganisation sein soll, das ist alles eine Lüge. Als sie das herausgefunden hat, wollte sie fliehen, aber Nathalie konnte nicht mehr zurück zu ihrer Familie. Sie wollten nichts mehr von ihr wissen. Die Kleine war hilflos, was konnte sie machen? Die Familie wollte sie nicht haben und aus der PKK konnte sie nicht so leicht austreten. Wenn du einmal dort Mitglied bist, gehörst du ihnen für immer. Es ist wie eine Sekte. Nathalies Geld war weg und sie wusste nicht, wo sie hingehen sollte. Sie tat mir wirklich leid, als sie so vor mir gekauert ist, wie ein Häufchen Elend in sich zusammengesunken und wie sie wie ein Schlosshund geschluchzt hat. Ich wusste nicht, wie ich sie trösten konnte. Also habe ich versucht, eine pragmatische Lösung zu finden und hab ihr ein bisschen Geld und meine Adresse in St. Petersburg gegeben und mich von Nathalie verabschiedet. Mehr konnte ich nicht für sie tun.
Nach ungefähr einer Woche hat es dann an meine Studentenzimmertür geklopft. Es war noch früh am Morgen, kann ich mich erinnern, und ich lag noch in meinem Bett. Das Klopfen hat mich aufgeweckt und ich bin hochschreckt. Ich erinnere mich sehr gut daran, wie es in meinem Kopf zu rattern begonnen hat. ‚Wer kann das nur sein?', habe ich mich gefragt und richtig Panik dabei bekommen, denn ich hatte ein ungutes Gefühl und Angst, es wären die Männer vom GRU. Also habe ich laut gerufen: ‚Wer ist da?', und versucht meine Unsicherheit zu verstecken. Aber als ich dann Nathalies Stimme gehört habe, konnte ich mich sofort beruhigen. Also bin ich aus dem Bett aufgestanden, habe mir einen Morgenmantel übergeworfen und bin zur Tür gegangen.

Mein Zimmergenosse war in dieser Nacht nicht zuhause. Vor mir stand nicht nur Nathalie, sondern auch ein circa elfjähriges Mädchen. Nathalie hat anscheinend meine Überraschung beim Anblick des Kindes gemerkt und mir deshalb erklärt: ‚Das ist Elsa, sie hat keine Eltern mehr und lebt auf der Straße.‘ Das Kind hat mir leidgetan, ich hätte ein schlechtes Gewissen gehabt, wenn ich sie zurück auf die Straße geschickt hätte.“ Jetzt unterbreche ich Azad noch einmal, denn ich will wissen: „Und so hast du Nathalie dann quasi entführt?“
„Kann man so sagen“, überlegt mein Kollege,
„denn ich habe mitgeholfen. Man könnte es Entführung nennen, denn ich habe Nathalie geholfen zu fliehen. Ich habe ihr Geld gegeben und sie konnte sich bei mir aufhalten. Wisst ihr, zu dem Zeitpunkt wusste ich immer noch nicht, dass sie in mich verliebt war. Ich selber hatte auch immer noch keine Gefühle für sie und damals hatte ich sogar noch eine Freundin. Aber trotzdem haben wir so in dieser Konstellation zu viert dann tatsächlich ungefähr sechs Monate zusammen in meinem kleinen Studentenzimmer gehaust. Es war wirklich sehr eng, aber es ging schon irgendwie. Die Zeiten in Russland waren hart, ihr wisst ja, viele haben damals auf der Straße gelebt. Da waren die Verhältnisse, die wir hatten, noch Luxus. Wir sind halt ein bisschen zusammengerückt.“ Es erinnert mich an die engen Wohnverhältnisse in chinesischen Großstädten, von denen man immer hört, und bin auf einmal froh um meine kleine Wohnung, die mir auf einmal so riesengroß erscheint.

„Ungefähr ein halbes Jahr später haben Nathalie und ich uns einmal in einer Bar verabredet. Es war Freitagabend und ich hatte einen langen, anstrengenden Arbeitstag auf dem Basar hinter mir. Den ganzen Tag hatte es geregnet – immerhin konnte ich dadurch viele Regenschirme verkaufen. Ich hätte meine Kleidung auswringen können, so aufgeweicht bin ich in der Bar angekommen und deswegen erst einmal auf direktem Weg zu den Toiletten gegangen, um mich umzuziehen, bevor ich dann zu Nathalie, die schon an einem Zweiertisch links in der Ecke neben dem Eingang gesessen ist, gegangen bin. Ich weiß noch, wie die Baumwolle von meiner trockenen Wechselkleidung das

kalte Nass vom Regen aus meinen Knochen aufgesogen hat. Es hat sich so schön wohlig warm angefühlt. Meine Stimmung hat sich schlagartig aufgehellt und so bin ich zu Nathalie, um sie zu begrüßen. Sie hat mir schon von Weitem zugewinkt, um auf sich aufmerksam zu machen, und ich habe mich zu ihr an den Tisch gesetzt.
Ich habe mich an diesem Abend wirklich gefreut, sie zu sehen und auch auf dem Basar hatte ich mich schon den ganzen Tag auf das Treffen gefreut. Als der Kellner kam, um die Bestellung aufzunehmen, haben wir zwei Bier bestellt und uns zugeprostet. ‚Auf uns und auf dass dich keiner bei mir findet!‘, habe ich gesagt. Aus einem Bier wurden vier und es ist immer später und später geworden. Nathalie und ich haben geredet und uns unsere beiden Leben anvertraut. Ich habe ihr von meiner Familie erzählt, vom Irak, meiner Flucht über Syrien nach Russland und vom Interdom. Nathalie hat mir von ihrer Familie, von den Verwicklungen ihrer Brüder und den Konflikten, die innerhalb der Familie geherrscht haben, berichtet. Ich weiß nicht, ob es an den vielen Bieren gelegen hat, aber auf einmal hat sich dieses maskuline Mannweib mit den kurzen Haaren schlagartig vor meinen Augen in die hübscheste Frau, die ich je in meinem Leben gesehen habe, verwandelt. Ich habe ihre dunkelbraunen Haselnussaugen mit den langen dicken schwarzen Wimpern noch vor meinen Augen, als ob es gestern gewesen wäre. Als ich Nathalie so angeschaut habe, ist mir auf einmal aufgefallen, dass ihre tiefschwarzen, perfekt geschwungenen Augenbrauen und ihre hohen Wangenknochen durchaus feminine Züge hatten. Das Gesicht war feiner geschnitten, als ich es zuvor wahrgenommen hatte. Die kleine Stupsnase, die großen Augen und die vollen Lippen hatten etwas Kindliches an sich. Auf einmal wirkte sie überhaupt nicht mehr wie eine Eisenfrau, so wie ich sie zuvor wahrgenommen hatte. Sie hatte etwas Verletzliches, Zerbrechliches an sich, wie eine Rose, die man pflegen muss, um sie am Leben erhalten zu können. Vielleicht war diese verletzliche Seite, die jetzt zum Vorschein kam, der Grund, warum ich angefangen habe, Gefühle für sie zu entwickeln, wer weiß. In dieser Nacht haben wir das erste Mal miteinander geschlafen. Für Nathalie war es das erste Mal in ihrem

Leben. Ich weiß nicht, wann ich mich in sie verliebt habe, aber ich war mir sicher, Nathalie war es wert, meine Freundin zu verlassen.
Am nächsten Tag habe ich auf jeden Fall die jahrelange Beziehung mit meiner damaligen Freundin beendet und Nathalie und ich haben von da an nicht nur zusammengelebt, sondern auch gemeinsam auf dem Basar gearbeitet. Nathalie hat schnell gelernt, sie war eine ausgesprochen gute Händlerin und so konnten wir unseren Umsatz schnell steigern. Mit ihr an meiner Seite ist die Zeit dort nur so verflogen, nie war mir langweilig. Es hat Spaß gemacht, sie als meine Kollegin zu haben. Wir hatten uns ständig etwas zu erzählen und sie hat mich immer zum Lachen gebracht. Ich habe Nathalies Humor geliebt.
Aber es gab immer noch diese Schattenseite in ihrem Leben, die Verwicklungen ihrer Vergangenheit, die unsere Liebesbeziehung belastet und irgendwann wie eine Lawine überrollt hat. Ihr Bruder, der Mafiaboss, und die Partei haben Nathalie russlandweit gesucht, wisst ihr?
Gott sei Dank sind sie nicht auf mich gekommen. Zumindest nicht sofort. Ein Jahr später sollte sich jedoch alles ändern. Ich kann mich noch gut an diesen Sommertag erinnern, als Nathalie und ich wie immer morgens auf den Markt gegangen sind, um die Unterwäsche, die Regenschirme und das Make-Up zu verkaufen. Es war noch kühl draußen, als wir uns auf den Weg gemacht haben. Ich habe diese dämmrigen, frischen Morgenstunden immer genossen, denn vor der Hitze des Tages, in der wir schwitzend auf dem Basar gestanden sind und unsere Klamotten nass an unseren Körpern geklebt haben, hat mir immer gegraut.
Zu dem Zeitpunkt wussten wir noch nicht, was bei uns zuhause ein paar Stunden später passieren würde. Ich kann mich noch sehr gut daran erinnern, als wir am Abend vom Basar nach Hause gekommen sind und Dilo sitzend mit einem Beruhigungstee an seinem kleinen Schreibtisch vorgefunden haben. Ich habe sofort gemerkt, dass etwas mit ihm nicht gestimmt hat. Er war völlig aufgelöst. Seine Worte haben sich überschlagen, als er uns berichtet hat, was vorgefallen war. An jenem Tag war Nathalies Bruder, der Mafiaboss, bei uns aufgetaucht.

Dilo hatte ihn sofort erkannt, weil er Nathalie, so hat er mir zumindest erzählt, sehr ähnlich gesehen hat. Der Mafiaboss hat meinen Freund mit einer Pistole bedroht, als er Nathalie und mich nicht in der Wohnung vorfinden konnte, aber Dilo hat uns nicht verraten. Er ist ein schlauer Kerl, müsst ihr wissen. ‚Die sind schon längst in Kanada,' hat mein Kumpel dem Mafiaboss verklickern und ihn davon anscheinend auch überzeugen können.

Nathalie und ich haben in dieser Nacht lange nachgedacht. Sollten wir die Stadt verlassen? Wir haben uns dazu entschieden zu bleiben. Aber wir haben einen Entschluss gefasst: Wir wollten Geld sparen und unseren Traum verwirklichen. Wir wollten nach Kanada. Aber unser Ziel war nicht so leicht umzusetzen. Die Flucht würde für uns beide zweiundzwanzigtausend Dollar kosten. In dieser Nacht haben wir uns einen Überblick über unsere Finanzen verschafft. Insgesamt hatten wir zehntausend Dollar in bar bei uns zuhause versteckt. Das waren unsere gesamten Ersparnisse und zusätzlich hatten wir uns noch Etwas von Freunden geliehen. Aber es fehlten immer noch zwölftausend.

Schon am nächsten Tag sind wir wieder unserem geregelten Alltag nachgegangen, morgens aufgestanden, haben gemeinsam gefrühstückt und uns auf den Weg zum Basar gemacht, um unsere Ware dort zu verkaufen. Ich habe mir fest vorgenommen, noch mehr und noch härter zu arbeiten, damit wir unser Leben in Russland ein für alle Mal hinter uns lassen konnten, damit wir frei sein konnten, frei von dem Gedanken, in ständiger Angst leben zu müssen, frei von der Verfolgung und den Drohungen von Nathalies Bruder.
Zumindest ein paar Monate lang haben wir ein sorgenfreies Leben geführt und ich habe langsam begonnen, mich wieder sicher zu fühlen.

An einem Montagabend, das weiß ich noch, sind Nathalie und ich früh ins Bett gegangen, weil wir wussten, dass am nächsten Tag viel Arbeit auf dem Basar anstehen würde. Doch da geschah es. In dieser Nacht wurde unser Schlaf schlagartig unterbrochen. Diesmal klopfte es nicht an die Tür, sie wurde regelrecht eingetreten und zwei Polizisten standen auf einmal vor uns, ihre Waffen auf Nathalie und mich gerichtet. Wir wussten nicht, wie uns geschah. Splitterfasernackt saßen wir in unserem Bett, als wir hochschreckten. Es ging alles so schnell. Die Beamten stürzten sich auf uns, schubsten uns und fixierten Nathalie und mich auf der Matratze, indem sie uns beide mit den Füßen auf den Hals traten. Ich schnappte nach Luft. Ein Polizist zückte seine Handschellen und legte sie zuerst Nathalie um ihre Handgelenke, dann war ich an der Reihe. ‚Du Hurensohn', hat mich der Beamte beschimpft und mir ins Gesicht gespuckt. ‚Wo ist das Geld? Sag es mir! Sofort! Oder wir vergewaltigen deine Frau hier auf der Stelle vor deinen Augen!'

„Warum waren die Polizisten hinter dem Geld her?", unterbreche ich Azad.

„Die Polizei in diesen Ländern ist korrupt und kennt keine Skrupel, irgendwie an Geld zu kommen, das ist da so," erklärt mein Kollege und fährt dann fort:

„Meine Lippen bewegten sich und ich setzte an zu sprechen. Ich wollte sie anflehen Nathalie zu verschonen, ich wollte ihnen sagen, wo das Versteck ist. Doch da habe ich schon eine Stimme hinter mir sagen hören: ‚Ich habe das Geld gefunden!' Die Männer mussten uns schon eine ganze Weile bespitzelt haben. Woher hätten sie sonst von dem Geld wissen können? Woher wussten sie von unseren Plänen? Und warum hätten sie das Geld sonst so schnell gefunden? Ich atmete tief aus, als die Polizisten gegangen waren. Auch von Nathalie hörte ich einen Seufzer aus dem Dunkeln neben mir. Sie zitterte noch immer am ganzen Körper. Wir schwiegen, aber ich bin mir sicher, wir haben beide das Gleiche gefühlt. An jenem Tag sind wir mit dem Leben davongekommen, aber sie würden uns nicht für immer in Ruhe lassen. Es war uns klar, dass wir hier nicht bleiben konnten.

Am nächsten Tag haben Nathalie und ich einen Plan geschmiedet: Wir würden so lang in St. Petersburg bleiben, bis wir genug Geld zusammen hatten, um erst einmal nach Europa zu kommen. Unser Traum, nach Kanada auszuwandern, war so unrealistisch geworden. Europa war näher und billiger. Und von Europa aus wollten wir

weiterreisen. Jetzt mussten wir wieder komplett von vorne anfangen zu sparen. Ein Schimmer der Hoffnungslosigkeit machte sich in mir breit, aber ich unterdrückte ihn. Jetzt durften wir nicht aufgeben! Ich musste stark sein! Stark für Nathalie und stark für mich.
In den nächsten Monaten haben wir wie bisher unsere Waren auf dem Basar verkauft und im Juli wurde Nathalie volljährig. Ich glaube, dieser Tag war für sie unvergesslich, denn genau an ihrem Geburtstag habe ich ihr einen Heiratsantrag gemacht und bald darauf haben wir auch schon geheiratet. Nathalie und ich wollten Kinder, wir haben uns nichts sehnlicher gewünscht. Aber nicht unter diesen Umständen. Unsere Kinder sollten nicht in Russland unter diesen Bedingungen, in dieser Armut und in der ständigen Angst, verfolgt zu werden, leben. Wir wollten unseren Kindern Sicherheit und Geborgenheit geben. Wir wollten Kinder in Europa bekommen. So oft haben wir diese Pläne geschmiedet. Wir haben uns schon in einem Straßencafé in Paris sitzen sehen, unsere Kinder haben vor unserem inneren Auge vergnügt mit unserem treuen Labrador gespielt.
Im wirklichen Leben aber haben Nathalie und ich von dem Tag an, als uns alles genommen wurde, täglich zwölf Stunden auf dem Basar gearbeitet, egal, ob es geregnet hat oder ob wir bei Minusgraden im zweistelligen Bereich fast erfroren. Trotz allen Bemühungen wurde das Geld nur sehr schleichend mehr. In dieser Zeit wurde Nathalie zweimal schwanger. Zweimal haben wir uns beide für eine Abtreibung entschieden. Ich habe mir immer wieder gesagt, es sei das Beste. Unsere Kinder sollen eine gute Zukunft haben. Ich habe es mir eingeredet, um die Schuldgefühle, die mit den Abtreibungen einhergegangen sind, zu rationalisieren. Aber es ging nicht anders. Wir hatten kein Geld! 1998 hatten wir dann immerhin schon fünftausend Dollar zusammengekratzt.

Eines Abends Ende Oktober sind Nathalie und ich an meinem kleinen Schreibtisch gesessen und haben das Geld gezählt. ‚Es reicht nur für einen von uns‘, habe ich zu Nathalie gesagt, nachdem ich die Münzen zusammengerechnet hatte. ‚Du gehst zuerst nach Europa. Ich komme nach, sobald ich das Geld beisammenhabe‘, habe ich beschlossen.

Nathalie hat nichts darauf geantwortet, denn sie wusste, dass es zwecklos gewesen wäre, mir zu widersprechen. Aber ich sah Angst, Unsicherheit, aber auch Freude in ihren Augen. Unser Plan, Russland zu verlassen, in Sicherheit zu leben und eine Zukunft aufzubauen, ist plötzlich zum Greifen nahe gerückt. Ein neues, besseres Leben schien auf einmal Wirklichkeit zu werden. Also hat sie nur genickt.
Ich kannte noch einen Fluchthelfer, der Nathalie nach München bringen sollte.
Am nächsten Tag habe ich mich mit ihm in Verbindung gesetzt. Drei Tage später stand Nathalie mit einem gepackten Koffer vor unserer Wohnungstür. Einige Minuten später hielt ein Sprinter nur wenige Meter vor uns und Siyar stieg aus. Er grüßte mich kurz, schnappte ihren Koffer und lud ihn auf die Ladefläche, auf der bereits zehn andere Frauen saßen. Wir küssten uns zum Abschied, dann stieg auch Nathalie ein. Siyar startete den Motor und wir winkten so lange, bis der Sprinter nicht mehr zu sehen war. Ich kann mich noch daran erinnern, wie ich die Tränen unterdrücken musste. ‚Du siehst sie wieder. Wir werden uns in München treffen', habe ich zu mir selbst gesagt, um mich zu beruhigen.

Von diesem Tag an habe ich meine Ware wieder allein auf dem Basar verkauft. Ein Jahr lang habe ich eisern jeden Rubel gespart."
„Hast du es dann geschafft und konntest ihr nach München folgen nach diesem Jahr?", frage ich Azad.
„Nein, danach ist dieser Vorfall passiert, von dem ich dir schon mal ein bisschen erzählt habe. Diese Schlägerei, du weißt schon. Und dann musste ich nach Moskau fliehen."

Der Wilde Osten und Azad mittendrin

Es klopft an unsere Bürotür und Farzin steht im Gang.
„Entschuldigung, eine Frage", sagt der etwa vierzigjährige Iraner höflich.
„Ich habe ein Wort im Lautsprecher bei der Deutschen Bahn gehört, aber was bedeutet es?" Ich setze mal wieder meine FFP2-Maske auf

und trete näher an ihn heran, denn aus Erfahrung weiß ich, dass der Gute eher ein bisschen schwerhörig ist.
„Was für ein Wort hast du denn gehört?“, frage ich ihn auffordernd und gleichzeitig wohl wissend, dass er sich immer die schwierigsten Begriffe aussucht, an denen er dann hängen bleibt. Sein Fleiß ist beeindruckend, aber manchmal fragt Farzin mich so detailliert über die deutsche Grammatik oder den Gebrauch von Wörtern, dass ich selbst oft nachdenken muss und ich mich frage, inwiefern seine Fragen überhaupt für sein Deutschlernen relevant sind.
„Technische Störung“, antwortet Farzin.
Uff, dieses Wort ist relevant, wenn man mit der Deutschen Bahn fährt, denke ich mir, und so setze ich an, ihm das Wort zu erklären, während Azad nach draußen in den Garten geht, um eine Zigarette zu rauchen. Nach der Raucherpause greift mein Freund wieder seinen roten Faden auf.
„Es war genau zwischen den Jahren, um die Jahrtausendwende, als ich wegen dieser besagten Schlägerei dann fliehen musste.“ Ich erschrecke und schaue Azad an, denn plötzlich erinnere ich mich an eine Geschichte, von der er mir schon einmal erzählt hat.
„War das da, wo du fast aus dem Zug raus gestoßen worden wärst?“
„Nein, da war die russische Polizei hinter mir her. Das mit dem Zwischenfall im Zug ist eine andere Geschichte, das war ein paar Monate vor der Schlägerei, wegen der ich letztendlich fliehen musste“, und er schweift ab, wie so manchmal, hin zu seiner Auseinandersetzung mit der russischen Polizei im Zug.
„Damals, als ich fast aus dem Zug rausgestoßen wurde, war ich auf dem Weg in die Nachbarstadt, um neue Ware für den Markt zu kaufen. Die Polizei wusste anscheinend davon, dass ich viel Bargeld bei mir hatte. Deswegen wollten sie mich umbringen. Sie waren hinter meinem Geld her. Ich wusste schon, dass das eine sehr gefährliche Strecke ist, denn Freunde von mir sind dort oft überfallen worden. Aber es war billiger, in Moskau alles zu kaufen, da haben wir Mengenrabatt bekommen. Sonst hätte sich das ganze Geschäft auf dem Basar nicht gelohnt.

Eines freitags Nachts habe ich mich also auf den Weg nach Moskau gemacht und als ich in den Zug gestiegen bin und auf der Suche nach meinem Abteil war, sind mir auf dem Weg dorthin schon zwei Polizisten begegnet."
„Waren sie auf der Suche nach jemandem?", frage ich.
„Nein, das ist in russischen Zügen ganz normal, es fahren immer Polizisten mit, weil es gefährlich ist und für deine Sicherheit musst du den Beamten etwas Geld bezahlen. Das ist zumindest der offizielle Grund. Inoffiziell sucht die Polizei aber gezielt nach kleinen Geschäftsleuten, um das Geld von ihnen einzutreiben, die russische Polizei ist wahnsinnig korrupt und sie finden immer eine Begründung für eine Strafzahlung, zum Beispiel könnten sie dir vorwerfen du seist ein Drogenschmuggler und wie willst du Gegenteiliges dann beweisen? Also bezahlst du lieber. Sie nehmen dich aus, wie eine Weihnachtsgans. Egal, wie gut du das Geld versteckst, sie finden immer was und jeder zahlt, weil keiner ins Gefängnis gehen oder aus dem Geschäft aussteigen will. Normalerweise musst du in etwa hundert Dollar Schmiergeld bezahlen, um die Beamten zufrieden zu stellen. Tust du das nicht, kann es schon manchmal auch passieren, dass Menschen verschwinden, das war uns bekannt. Deswegen haben wir immer hundert Dollar separat in einem Geldbeutel mit uns dabeigehabt und den Rest meistens unter dem Gürtel oder unter Strumpfbändern gut versteckt. Ich hatte an jenem Freitag insgesamt hunderttausend Dollar unter meinem Gürtel und bin mir eigentlich sicher, dass sie nicht wussten, wie viel Geld ich bei mir hatte.
„Woher hattest du so viel Geld? Und warum bist du dann nicht damit geflohen?", werfe ich ein.
„Nun, das Geld war von meinen Nachbarn auf dem Basar, wir haben uns immer mit den Wareneinkäufen abgewechselt. Ich habe schon von anderen gehört, dass manche damit abgehauen sind und gelogen haben, das Geld sei angeblich von der Polizei abgenommen worden, aber nein, meine Freunde und ich waren ehrlich. Wir waren eine Gruppe von fünf oder sieben Leuten und haben je nachdem für so viele eingekauft. Jeder war spezialisiert auf etwas, z. B. auf Make-Up oder Frauenunterwäsche. Der eine war auf Schuhe spezialisiert, der andere

auf Pelze und dann hat er immer zum jeweiligen Einkäufer, der freitags dran war gesagt: 'kauf mir so viel davon und soviel davon …'", erläutert Azad und erzählt weiter:

„Ich wusste, dass ich ein bisschen Bestechungsgeld für sie vorbereiten musste, aber manchmal bin ich stur. Ich hatte nur fünfzig Dollar in meinem Geldbeutel. Keine halbe Stunde war ich unterwegs, als mich die beiden Polizisten kontrolliert, meine fünfzig Dollar entdeckt und an sich genommen haben. Dann hat mich einer der beiden angefaucht: ‚Und jetzt verpiss dich.' Ein Dickkopf wie ich war habe ich mein Glück herausgefordert und versucht mit den beiden Beamten zu verhandeln: ‚Ich brauch noch ein bisschen Geld für meine Rückfahrt. Machen wir fifty-fifty.' habe ich zu den beiden Polizisten gesagt und da waren die beiden Männer dann beleidigt.

Als sie mich kontrolliert haben, war es gegen Mitternacht. Alle anderen in meinem Abteil haben zu diesem Zeitpunkt schon geschlafen und es war mucksmäuschenstill. Das war das große Glück der Polizisten. Es würde keine Zeugen geben. Das war wohl auch der Gedanke des Beamten, als er mich an meinem T-Shirt gepackt, und aus dem Abteil herausgezogen hat. Ich wusste, dass ich mich nicht wehren oder schreien durfte, das hätte gleich meinen sicheren Tod bedeutet. Der eine Muskelprotz hat mich weiter zur Tür gezerrt, die den einen vom anderen Waggon getrennt hat. In russischen Zügen gibt es diese Zwischenabteile für Raucher. Der andere Polizist hat währenddessen die Zwischentür aufgemacht. Angst überkam mich, als mir klar wurde, was ihre Absicht war. Sie wollten mich aus dem fahrenden Zug werfen! Ich habe meinen Mund aufgemacht und versucht zu schreien, aber der Arsch hat ihn mir mit seiner dicken Hand zugehalten. Ich weiß noch, wie ich mich versteift und versucht habe, mich aus dem Schwitzkasten des Polizisten zu befreien. Wirklich mit allen Tricks habe ich versucht, ihn abzuschütteln, das wollte ich nicht mit mir machen lassen! Heute sollte nicht mein Todestag sein. Ich war so panisch. Tief in mir drin wusste ich auch, sie würden mich nicht aus diesem Zug werfen können. Ich habe wirklich sehr hart gekämpft. Nur um mich geschlagen habe ich kein einziges Mal, denn ich wusste, würde ich den Beamten eine Ohrfeige geben, wäre es vorbei." Ich bin ein wenig irritiert und Azad scheint das große Fragezeichen auf meiner Stirn richtig zu interpretieren, denn sogleich fährt mein Kollege ohne große Unterbrechung fort.

„Du darfst die Polizei nicht schlagen, das ist ein unausgesprochenes Gesetz. Schlägst du sie, ist das früher oder später dein sicherer Tod. Sie werden dich finden, egal, wo du dich versteckst, und dann bringen sie dich ins Gefängnis. Da kommst du dann vor fünfzehn Jahren nicht mehr raus. Und glaube mir, es ist besser, tot zu sein, als in Russland in einem Gefängnis zu landen."

„Warum? Wie schaut ein russisches Gefängnis von innen aus?" will ich wissen.

„Damals waren in einer Gefängniszelle bis zu vierzig Menschen, aber nur zehn Betten."

„Wie soll denn das funktionieren?" frage ich Azad und er erklärt.

„Du hattest ein Bett frei für sagen wir vier Stunden und dann musstest du schlafen, egal, ob es früh oder spät war." Ich merke, wie ich baff werde und meine Kinnlade nach unten klappt.

„Das ist menschenunwürdig", entgegne ich. Aber Azad zuckt nur mit den Schultern.

„Eine Million Männer saßen zu dieser Zeit in Russland im Gefängnis. Für mich stand immer fest: Sollte ich eines Tages im Knast landen, werde ich mich umbringen. Tatsächlich haben sich auch viele dort umgebracht. Und die, die wieder rausgekommen sind, hatten danach dann Lungen- oder Magenprobleme. Egal, wer überlebt hat, die Gesundheit jedes einzelnen Häftlings war danach im Arsch.

Naja, wo war ich stehen geblieben? Ah, ja, der Polizist hat versucht, mich aus dem Zug zu stoßen. Er hat sein ganzes Gewicht gegen mich gestemmt, aber ich konnte mich noch immer am Türrahmen festhalten, obwohl mir schon alles weh getan hat, weil ich mich so verkrampfen musste. Ich habe nur gehofft und gebangt, dass alles gut ausgehen würde. In dieser Position bin ich da bestimmt zehn Minuten gehangen und obwohl es draußen minus vierzig Grad hatte, war mir so heiß, dass mir der Schweiß in Bächen heruntergelaufen ist. Bald habe ich auch gemerkt, wie mich langsam meine Kräfte verlassen haben. ‚Wenn jetzt nicht bald ein Wunder passiert, war's das,' habe ich mir damals gedacht. Ich hatte irgendwie immer Glück in meinem Leben. Das Wunder kam zufällig des Weges in Form eines älteren Herren, der in dieser Nacht noch wach war. Natürlich war es für die Polizei ungünstig einen Zeugen zu haben. Das war meine Rettung und so ließen sie von mir los. Ich hatte wirklich ein Riesenglück. Es stellte sich heraus, dass dieser Mann selber einmal Polizist war und genau wusste, was seine Kollegen dort getrieben haben. Anscheinend hatte er Mitleid mit mir, denn er hat sich auf meine Seite geschlagen und die beiden Beamten beschimpft. Er war wirklich ein guter Mensch und mein Schutzengel in dieser Nacht. Die beiden anderen Polizisten hatten noch meinen Pass bei sich. Mein Schutzengel hat mir meinen Ausweis zurückgegeben, mir noch eine gute Nacht gewünscht und sich verabschiedet.

Ich erinnere mich noch gut daran, dass ich ein paar Wochen nach diesem Zwischenfall zufällig mit einem Aserbaidschaner bei einem Glas Wodka in einer Bar zusammengesessen bin. Dem habe ich meine Geschichte erzählt und auch er konnte mir einen identischen Vorfall berichten. Auch er war mit seinem Freund in dem Nachtzug nach Moskau unterwegs und auch sie hatten einen kleinen Rucksack mit einem Geldbeutel und den bekannten hundert Dollar Bestechungsgeld darin dabei. An einem Bahnhof hat der Zug angehalten, zwei Polizisten sind in den Waggon eingestiegen und haben angefangen, die Pässe aller Passagiere zu kontrollieren. Irgendetwas hat den Polizisten anscheinend nicht gepasst, als der Aserbaidschaner und sein Freund ihre Pässe vorgezeigt haben, also mussten sie aussteigen und mit den Beamten mitkommen. Aber das war natürlich nur ein Vorwand. Sicher wusste die Polizei, dass die beiden viel Geld bei sich hatten. Kaum waren die zwei Männer ausgestiegen, hat einer der Polizisten den Freund des Aserbaidschaners erschossen und alles Geld, das sie bei ihm finden konnten an sich genommen.
Der Freund des Aserbaidschaners hatte in dieser Nacht nicht so viel Glück wie ich“, sagt Azad.
„Ich glaube ihm seine Geschichte, denn sehr viele sind in diesen Zügen verschwunden.“

„Auch welche von deinen Kollegen?“, will nun Daniel wissen, der eine ganze Weile schweigend neben uns gesessen hat.
„Nein, umgebracht haben sie von uns nie jemanden. Nur ausgeraubt wurden zwei meiner Kollegen einmal“, ist Azads Antwort darauf, während er einen flüchtigen Blick auf unsere Wanduhr wirft. Der Zeiger steht wieder einmal auf sechs. Das bedeutet Feierabend für uns alle. Also machen wir uns daran, unser Zeug zusammen zu packen.
Die Zeit ist heute richtig schnell vergangen, denke ich, während Shafiq die Bürotür absperrt.
Ich höre gerne zu, wenn Azad von seinem früheren Leben berichtet. Mein Kollege hat so eine fesselnde Art, Dinge zu erzählen, es ist beeindruckend. Während ich in die Pedale meines Fahrrads trete, denke ich noch lange über russische Polizisten, Korruption und Kriminalität nach.

Am nächsten Tag treffe ich gegen zehn in der Unterkunft ein. Shafiq, der Frühschicht hat, ist schon seit geraumer Zeit dort und auch Azad, der meistens überpünktlich ist, hat es sich schon auf der Couch gemütlich gemacht.
„Azad, willst du weiter erzählen, wo wir gestern stehen geblieben sind?“, frage ich meinen Kollegen, nachdem ich mich im Büro eingerichtet habe.
„Ja, das Leben als Basarverkäufer war nicht immer ganz ungefährlich. Riskant, aber man konnte sehr schnell reich werden“, beginnt mein Freund seine Geschichte.
Ein bisschen so wie der heutige Aktienmarkt, denke ich.
„Ich habe sehr viel Geld verdient, aber auch sehr viel wieder verloren.“ Ich bin zuerst ein bisschen irritiert, denn mir kommt es so vor, als hätte ich eine Informationslücke, erinnere mich dann aber an die Geschichte von der Nacht, in der die Mafiosi Azad und seine Frau ausgeraubt haben.
„Sehr viele wurden aber auch auf dem Basar direkt ausgeraubt oder umgebracht“, berichtet Azad weiter.
„Von wem?“, unterbricht Shafiq den Redefluss.

„Meistens von der Mafia oder der Polizei. Fast jede Woche ist jemand aus meinem unmittelbaren Umfeld verschwunden. So waren halt die verrückten Neunziger“, versucht Azad eine Erklärung für diese Geschehnisse zu finden. Bilder von verhungerten Menschen, die tagelang auf den Straßen Moskaus oder St. Petersburgs gelegen haben, tauchen vor meinem inneren Auge auf.
„Hattest du jemals Angst, dass du auch verschwinden würdest?“, frage ich und Azad überlegt kurz, sagt dann aber: „Nein, ich hatte nie Angst zu sterben.“ Er lacht.
„Vielleicht war ich wirklich ein bisschen verrückt, oder vielleicht gewöhnt man sich daran. Ich habe euch doch immer gesagt, ich hatte vor nichts und niemandem Angst. Nur vor der Polizei, denn da bist du wirklich machtlos.“ Das kann ich nachvollziehen und denke an Azads Erzählung von den russischen Gefängnissen.
„Mit wem hast du dich denn nun geprügelt, dass du gleich bis nach Moskau fliehen musstest?“, lenke ich wieder auf meine ursprüngliche Frage zurück.
„Mit einem Mitglied der Mafia“, beantwortet mir Azad meine Frage wie selbstverständlich.
„Ich habe mich ein Jahr lang in Moskau verstecken müssen wegen dieser Schlägerei. Ein Fluchthelfer hat mich mit dem Auto nach Moskau gebracht, wo ich mich wie gesagt ein Jahr lang versteckt habe. Von da an war mein Ziel Deutschland, es hat mir nur noch das Geld für meine Reise gefehlt. Obwohl ich mich nicht sonderlich frei bewegen konnte, habe ich beschlossen, noch am selben Tag, als ich in Moskau angekommen bin, nach Arbeit zu suchen.“

Moskau

„Erzähl, wie war es, als du in Moskau angekommen bist?“, fordere ich Azad auf.
Mein Freund muss nicht lange überlegen und fängt an zu sprechen: „Ich bin aus dem hellblauen Saporoshez ausgestiegen und habe die Autotür hinter mir zugeschlagen. Der Fluchthelfer hat aufs Gaspedal gedrückt und ist um die Ecke gebogen. Kaum war das

Motorengeräusch verschwunden, trat Stille um mich herum ein. Die Straße wurde nur von wenigen mickrigen Laternen beleuchtet, so dass ich gerade einmal die Konturen von Rohats Haus erkennen konnte. Ihr erinnert euch, das war einer von meinen Freunden aus dem Interdom. Der Fluchthelfer hatte mich genau vor Rohats Tür abgesetzt und es war so gegen zehn Uhr abends, als ich angeklopft habe. Ich musste auch wirklich nicht lange warten, bis sich die Holztür einen Spalt weit öffnete und ich in das überraschte Gesicht meines Freundes schaute. Er wusste ja nichts von meiner Flucht, damals hat es noch keine Handys gegeben und Nachrichten haben sich nicht so schnell wie heutzutage verbreitet. Das waren noch ganz andere Zeiten." Azad schmunzelt ein wenig, als er so an früher zurückdenkt.
„Mit Rohats Hilfe konnte ich auch schnell Arbeit finden, und zwar als Lagerist." Daniel unterbricht den Redefluss meines Kollegen.
„Hattest du keine Angst, dass dich die Mafia erwischt, wenn du dich nicht versteckst?" Aber Azad erwidert daraufhin nur mit einem Ausdruck der Selbstverständlichkeit: „Ich konnte mich doch nicht die ganze Zeit verstecken, ich musste schließlich arbeiten! Die Mafia war nicht so mächtig wie ihr euch das jetzt vielleicht vorstellt. Sie hatten keine Kapazitäten, nach mir, einem kleinen unbedeutenden Mann, zu suchen. Ich war nicht so begehrt, sag ich jetzt mal. Nach zwei Wochen hätte ich genauso gut zurück nach St. Petersburg gehen können." Wir sitzen alle ein bisschen nachdenklich im Büro.
„Was hat dich dann in Moskau gehalten?", unterbricht Shafiq nach kurzer Zeit die Stille.
„Nun, ich hatte ja noch mein großes Ziel: Geld sparen, um zu Nathalie nach Deutschland zu können." Das ist wiederum eine Erklärung, die uns allen einleuchtet.
„Und wie hast du es letztendlich geschafft nach Deutschland zu kommen? Hast du deine Frau sehr vermisst in der Zeit?", frage ich.

Ein weißrussisches Gefängnis

„Der Weg bis nach Deutschland war wirklich nicht einfach. Ich habe insgesamt zwei Versuche gebraucht.“ Nun ist es Shafiq, der seine Ohren spitzt.
„Das glaub ich dir sofort“, stößt er aus.
„Das ging mir auch zweimal so. Einmal haben sie mich gleich am Anfang an der iranischen Grenze nach Afghanistan zurückgeschickt und in Griechenland ist mir das Gleiche nochmal passiert.“ Ich erinnere mich an Ausschnitte aus Berichten von Shafiqs Fluchtgeschichte. Mein Freund hatte mir vor einiger Zeit erzählt, wie er in Afghanistan, als er zurückgeschickt wurde, eine Nacht in einem gefängnisartigen Zimmer dicht gedrängt mit zwanzig anderen Menschen festgehalten worden war, bis ihn die Fluchthelfer weitergebracht hatten. Shafiq hat mir damals erzählt, wie er sich als Volljähriger ausgegeben hatte, und das, obwohl er zu diesem Zeitpunkt gerade einmal dreizehn Jahre alt war. Hätte er die Wahrheit gesagt, hätten ihn die Schleuser vermutlich nicht mitgenommen. Aber er war nicht der Einzige in diesem Alter – auch viele junge Mädchen sind mitgekommen. Das hatte mich erstaunt und Shafiq, der meine Verwunderung zu bemerken schien, hatte mich daraufhin aufgeklärt.
„Aber viele schaffen es nicht bis ans Ziel. Oft bleiben sie bei den Fluchthelfern, heiraten sie oder schaffen die Flucht nicht“, waren seine Worte gewesen und er hatte dabei einen sehr nüchternen Tonfall.
Auch Shafiq hatte mir von einigen gefährlichen Situationen, die auf dem Weg passiert sind, erzählt. Insbesondere der Grenzübertritt in die Türkei ist mir in Erinnerung geblieben.
„Wir sind über die Berge durch meterhohen Schnee gewatet“, hatte mir mein Arbeitskollege berichtet.
„Wir haben die Schüsse von den Grenzpolizisten gehört, die versucht haben, uns umzubringen. Es war so kalt, Anna, so kalt. Und ich hatte solche Angst.“ Oft will und kann ich mir gar nicht vorstellen, welchen Gefahren sich die Menschen, die mit Fluchthelfern hierherkommen, aussetzen.

Ich werde aus meinen Gedanken gerissen und Azad bringt mich wieder zurück in das Hier und Jetzt, als er nun ausholt, um von seinem ersten Fluchtversuch zu erzählen.

„Mein erster Versuch war ungefähr sechs oder sieben Monate, nachdem ich angefangen hatte, als Lagerist dort in Moskau zu arbeiten. Ich hatte schon ein bisschen Geld angespart und mich selber darum gekümmert, einen Fluchthelfer aufzutreiben. Möglichkeiten, über die Grenzen zu kommen, hat es damals viele gegeben, und diese Wege waren an sich auch recht sicher. Allerdings aber sehr teuer. Für eine Person musste man da schon um die sechstausend Dollar bezahlen. Das Problem war nur, dass ich so viel Geld zu dem Zeitpunkt meines ersten Fluchtversuchs noch nicht angespart hatte. Es waren, glaub ich, gerade erst einmal viertausend-fünfhundert Dollar, aber der Fluchthelfer, den ich ausfindig gemacht hatte, schien damit einverstanden zu sein. Im Nachhinein betrachtet hätte ich vielleicht doch besser auf die Qualität schauen sollen. Dieser Trottel hat mir ungefähr zehn Minuten vor meiner Abreise keinen gefälschten Pass, sondern einen Pass von einem anderen Iraker gegeben. Das Problem dabei war hier nur, dass dieser Iraker fünfundvierzig Jahre alt war, ich zu diesem Zeitpunkt allerdings gerade erst einmal fünfundzwanzig. Das Alter im Ausweis hat mir natürlich an der Grenze zu Weißrussland keiner geglaubt. Ich selbst habe das dummerweise auch nicht mehr vorher kontrolliert.

An meinem Fluchttag bin ich also abends in Moskau in den Zug gestiegen und habe die weißrussische Grenze in Brest gegen drei Uhr nachts dann erreicht. Dort sind die Grenzpolizisten in den Zug eingestiegen und haben mich mit einem lauten ‚Polizeikontrolle! Bitte zeigen Sie Ihre Pässe!‘ unsanft aus dem Schlaf gerissen. Ich war ganz benommen vor Müdigkeit, als ich nach meinem Pass und meinem Visum in der Dunkelheit gefischt habe. ‚Na? Wohin geht die Reise?‘, hat mich der eine Beamte gefragt. Und wie auf Knopfdruck habe ich die Geschichte heruntergeleiert, die mir der Fluchthelfer kurz zuvor aufgetischt hatte. ‚Ich will nach Berlin und mir dort ein Auto kaufen‘, war meine Antwort.“

„Warum ist das eine gute Geschichte?“, will Daniel wissen und Azad entgegnet, während er dabei mit den Achseln zuckt:

„Das haben damals viele gemacht. Naja, auf jeden Fall hat der Grenzpolizist dann meinen Pass genommen und ihn ein paar Sekunden angeschaut. Ihr könnt euch vorstellen, wie nervös ich geworden bin, als ich gemerkt habe, dass er ein wenig gezögert und mich dann sehr lang angeschaut hat. Es lag eine ernste Miene in seinem Gesichtsausdruck. ‚Nehmen Sie ihre Koffer, sie werden heute nirgendwo mehr hinfahren‘, war seine Reaktion nach einer gefühlten Ewigkeit. ‚Steigen Sie aus‘, waren seine Worte. Oh Gott, ist da mein Herz in die Hose gerutscht. Meine Beine waren schwer wie Blei und trotzdem ist es mir irgendwie gelungen, aufzustehen und dem Beamten zu folgen. Er hat mich in das Büro eines älteren Herrn gebracht, der vermutlich sein Chef war, und obwohl ich Angst hatte, was nun weiter mit mir passieren würde, habe ich mich in der Gegenwart dieses Polizeichefs auch irgendwie wohl gefühlt, denn dieser Mann hat etwas Freundliches, Gutmütiges ausgestrahlt. Lange, viel zu lange, hat dieser Chef zuerst den Pass angeschaut, dann mir direkt in die Augen. Ihr könnt euch vorstellen, was für Herzklopfen ich hatte, als er dann den Mund aufgemacht und zu sprechen angefangen hat. ‚Sag mir die Wahrheit, mein Junge, und du wirst in einer Woche zuhause sein. Das da auf dem Ausweis bist doch nicht du. Der Pass gehört dir nicht‘, hat er versucht, auf mich einzureden und ich konnte etwas Verständnisvolles und Beschwichtigendes aus seiner Stimme heraushören, aber in meiner Panik habe ich nur trotzig, wie so ein pubertierender Teenager reagiert und ihm widersprochen. ‚Doch! Der gehört mir, wo liegt das Problem?!‘ Ich habe richtig gemerkt, wie ich dabei meine Stimme kontrollieren musste. Doch den alten Mann schien mein aufbrausendes Verhalten kein Stückchen aus der Ruhe zu bringen. ‚Es kann nicht sein, dass du fünfundvierzig Jahre alt bist‘, hat der Alte nur gesagt und in seiner Stimme ist etwas Fürsorgliches mitgeschwungen. Ich konnte regelrecht spüren, wie meine Kinnlade daraufhin nach unten geklappt ist. Meine ursprüngliche Angst hat sich nach dieser Aussage in Verwirrtheit und Zorn umgewandelt. Ich habe mich über den Fluchthelfer und über mich selbst so sehr geärgert.

‚Verdammt! Warum hatte ich das Geburtsdatum nicht überprüft bevor ich in den Zug gestiegen bin?!‘ Immer noch ruhig und mit sanfter Stimme hat der Chef weiter auf mich wie auf einen störrischen Esel eingeredet. ‚Sag mir die Wahrheit und ich verspreche dir, du wirst nicht einmal zwei Wochen im Knast bleiben. Normalerweise bekommt jemand für so eine Straftat acht Jahre Gefängnisaufenthalt.‘ Als diese Worte bis zu mir vorgedrungen sind, bin ich ganz schön zusammengezuckt. Ich habe richtig Panik bekommen, denn ich habe so viel von weißrussischen Gefängnissen gehört. Lieber stirbt man, als dort acht Jahre abzusitzen. Also habe ich alle Karten offen auf den Tisch gelegt und meine ganze Geschichte erzählt: vom Internat, meine Flucht aus dem Irak und dass ich ins Ausland gehen wollte. Ich bin immer mehr in einen Redefluss gekommen, aber dann auf einmal, wie auf einen Schlag, hat mich der alte Mann unterbrochen. ‚Stopp!‘ hat er geschrien und mich nicht weiterreden lassen. ‚Ok, ich habe dir versprochen, dir zu helfen, wenn du mir die Wahrheit sagst und jetzt sag ich dir, was gut für dich ist. Erzähl mir nicht mehr, ich will nicht mehr wissen, denn das was du getan hast, ist strafbar.‘ Nach diesen Worten habe ich den Atem angehalten und nur beobachtet, wie der Mann etwas auf einen Notizzettel geschrieben und mir diesen dann überreicht hat. Dann hat er mit dem Finger auf eine leere Stelle rechts unten auf dem Zettel gezeigt und gesagte: ‚Hier, unterschreib da unten.‘ Erstmal habe ich natürlich gelesen, was da geschrieben stand: ‚Hiermit bestätige ich, dass ich den Reisepass auf einem Basar in Moskau bei Unbekannten gekauft habe vor dem Hintergrund aus Russland zu fliehen‘, war da schwarz auf weiß zu lesen. Ohne zu zögern habe ich den Wisch unterschrieben. Ich habe dem Mann vertraut, denn erstens hatte ich keine andere Wahl und zweitens wusste ich, dass ich in großen Schwierigkeiten gesteckt hätte, hätte ich weitergesprochen, denn ich kannte den Passverkäufer. ‚Vertrau mir, ich werde dir helfen!‘, hat mir der alte Mann versichert und mir dabei aufmunternd in die Augen geschaut. Ich lächelte ihm zu und war ihm wirklich dankbar in diesem Moment.“

Wir werden von einem Knall unterbrochen. Es ist Ihsan, der seine Schulsachen vor uns auf den Tisch pfeffert.

„Könnt ihr mir bitte bei den Hausaufgaben helfen?" fragt mich mein kleiner Liebling.
Das mache ich doch sehr gerne, denke ich mir und setze die FFP-2 Maske auf.

Nachdem Ihsan verschwunden ist erzählt Azad weiter.
„Diese Nacht damals habe ich also in einem weißrussischen Gefängnis in einer Einzelzelle verbracht. Ich bin da so in diesem Raum gestanden und habe mich zuerst nur umgeschaut. Eine Innenausstattung ist quasi nicht vorhanden gewesen. Links im Eck gab es ein metallenes Bett, aber ohne Matratze, Decke oder Kissen und die Wand war schwarz. Ich dachte mir zuerst, sie wäre so gestrichen gewesen, aber als ich näher herangetreten bin, habe ich gesehen und gehört, dass das Mücken waren. Die ganze Wand war mit diesen Viechern übersät!" Ich sehe, wie Daniel sein Gesicht verzieht bei dieser Vorstellung und auch mich ekelt es bei diesem Gedanken.
„Insgesamt habe ich zwei Nächte in diesem Drecksloch gehaust. In diesen zwei Nächten habe ich kein Auge zubekommen. Erstens, weil ich immer noch so eine Wut hatte. Wie konnte ich nur auf diesen Fluchthelfer hereinfallen? Der Gedanke an ihn hat mich nicht losgelassen. Und zweitens haben mich diese Viecher durchstochen. Dreimal am Tag sind die Gefängniswärter gekommen und haben ein bisschen Brot und Wasser gebracht. Sie waren wirklich sehr nett und sind immer eine Weile geblieben, um sich mit mir zu unterhalten. Der Kontakt mit Menschen hat mir sehr gefehlt." Das kann ich mir vorstellen bei Azad, selten habe ich so einen geselligen Menschen wie meinen Kollegen gesehen.
„Jeden Tag habe ich sie gebeten, dass sie mich in eine Gemeinschaftszelle bringen. Mir war sterbenslangweilig dort so ganz allein und ich wollte mit Menschen sprechen. In Einzelhaft würde ich eingehen, das war mir klar. Die Gefängniswärter haben mich am Anfang nur stirnrunzelnd angeschaut. Sie haben bestimmt gedacht, ich sei noch so ein Verrückter, und zu mir gesagt: ‚Du weißt schon, was da für Leute bei uns in den Zellen sitzen. Die werden dich umbringen!'"
„Was saßen da für Leute?", frage ich Azad.

„Ach, das waren Mörder, Mafiosi und so weiter", fügt er wie beiläufig hinzu und fährt dann fort zu erzählen, was die Gefängniswärter zu ihm gesagt haben.
„‚Wir haben dich hier in eine Einzelzelle zu deinem Schutz gesteckt. Du bleibst nicht lange hier, die Einzelzelle ist besser für dich', haben sie nur gesagt, aber ich habe wie ein kleiner Junge gequengelt und gebettelt: ‚Bitte, das ist mir egal, was da für Leute sind. Mir ist so langweilig hier, ich möchte mit Menschen sprechen!'" Ich schaue Azad ein bisschen skeptisch von der Seite an. Sein Sensation-Seeking grenzt schon ein wenig an Lebensmüdigkeit, aber er scheint meinen schiefen Blick nicht zu bemerken und erzählt unbeirrt weiter.
„Am dritten Tag haben sie sich dann von mir breitschlagen lassen. ‚Guten Morgen David!' – so nannte ich mich damals, haben mich die Gefängniswärter gut gelaunt begrüßt. ‚Heute ist dein Glückstag, wir bringen dich in die Gemeinschaftszelle.' Der ältere der beiden hat nur so über beide Ohren gegrinst, ich bin mir sicher, er hat meinen Wunsch immer noch nicht begreifen können, aber das war mir egal. Ich war glücklich und muss bestimmt übers ganze Gesicht wie ein Honigkuchenpferd gestrahlt haben, als ich den beiden Männern einen langen Kellergang entlang zur Gemeinschaftszelle gefolgt bin. Der jüngere der beiden ist vor einer Eisentür stehen geblieben, hat einen Schlüsselbund aus seiner Hose gefischt und die Tür aufgeschlossen. Sie ist mit einem leichten Knarren aufgegangen und da stand ich dann in einem ungefähr zwanzig Quadratmeter großen Raum. ‚Relativ groß ist das hier', habe ich mir gedacht und anscheinend waren auch nicht viele Insassen da drin, denn ich habe nur fünf Betten gezählt. Allerdings war ich umso irritierter, als ich dann in zehn Gesichter geschaut habe. Die Eisentür ist mit einem Ruck hinter mir ins Schloss gefallen und dann wurde ich kurzerhand ins Kreuzverhör genommen." Azad lacht kurz auf.
„Ich hatte immer Glück in meinem Leben und damals in dieser weißrussischen Gemeinschaftszelle dann tatsächlich auch wieder. Sie haben mich gefragt, wo ich herkomme und ich habe wahrheitsgemäß ‚aus dem Irak' geantwortet. Als das zu den anderen Insassen vorgedrungen ist, ist ein großer, dicker Mann aufgestanden und auf

mich zugegangen. Er hat seine Arme brüderlich ausgebreitet und gerufen: ‚Bist du Kurde?!' Ich habe nur genickt, denn ich wusste nicht so recht, ob das ein gutes Zeichen war. Dann hat er einem Mann, der rechts in der Ecke gesessen ist, befohlen: ‚Koch einen Tee!' und mich hat er aufgefordert: ‚Komm Bruder, setz dich neben mich' und seine Worte mit einer Geste unterstrichen, indem er mit seiner dicken Hand auf das einzige Kissen in diesem Raum geklopft hat, auf das ich mich setzen sollte. Der Mann, der das Teewasser aufgesetzt hatte, kam nun mit zwei dampfenden Zinntassen auf uns zu, dazu hat er russisches Gebäck serviert und mir eine Schachtel Zigaretten unter die Nase gehalten. Eigentlich habe ich damals noch nicht geraucht, aber ich habe sie dankend angenommen, um dem Mann meinen Respekt zu erweisen. Dass der große, dicke Mann mein Landsmann war, hat mir eine besondere Stellung unter den anderen Gefangenen gegeben. Anscheinend ist er hier der Anführer gewesen. Normalerweise müssen so neue Insassen, wie ich einer war, oder Schwächlinge die niedersten Aufgaben machen, wie Tee kochen oder waschen. Mir ist das Ganze erspart geblieben. Aber wäre ich nicht so herzlich empfangen worden, ich hätte sowieso nicht den Diener für andere gespielt! Ich hatte damals keine Angst, vor nichts und niemandem!" Und da war es schon wieder, dieses schelmische Lächeln im Gesicht meines Kollegen.
„Ich hätte gekämpft und die Leute merken schon schnell wer ein Weichei ist und wer Eier in der Hose hat. Natürlich würden sie dich am Anfang kaputtschlagen. Aber bald merken sie schon, was du draufhast. Ja, ich wurde diese zehn Tage von den anderen wie ein König behandelt", lacht Azad, der sich in Gedanken gerade in dieser anderen Welt und nicht in unserem Büro zu befinden scheint.
„Zwei meiner Mitinsassen hat der Anführer dann aufgefordert: ‚Macht euer Bett für meinen Bruder frei!', und tatsächlich mussten die beiden die darauffolgenden Nächte auf dem Boden schlafen, wohingegen ich in den Genuss einer weichen Matratze, eines Kopfkissens und einer Decke gekommen bin. Es war herrlich! Ich habe wie ein Baby in diesen Nächten geschlafen. Wobei, ein bisschen ein schlechtes Gewissen hatte ich schon wegen den beiden Männern, die ich da von ihrem Schlafplatz verscheucht hatte."

Es klopft an unserer Tür und Sascha, einer der ukrainischen Geflüchteten, steht vor dem Büro und katapultiert uns wieder in unsere Welt im Asylheim zurück. Er und seine Familie haben eine Wohnung gefunden und jetzt braucht er nur noch ein bisschen Hilfe beim Ausfüllen der Mieterselbstauskunft. Azad, der nun mit den ukrainischen Geflüchteten Gebrauch von seinen Russischkenntnissen machen kann, setzt sich seine FFP2-Maske auf, um dem Mann zu helfen. Am Anfang war es merkwürdig, hellblonde und blauäugige Menschen in unserem Flüchtlingsheim zu sehen, die Ukrainer machen unsere eh schon so multikulturelle Unterkunft noch einmal um ein Vielfaches bunter. Obwohl es in den Medien hieß, dass überwiegend Frauen und Kinder kommen, ist die Verteilung in unserem Heim sehr ausgeglichen. Wahrscheinlich sind die Männer gerade noch rechtzeitig über die Grenze gekommen. Uns wurden circa vierzig ukrainische Geflüchtete zugeteilt. Bis jetzt habe ich den Eindruck, dass die Leute sehr motiviert sind weiter zu studieren oder zu arbeiten. Unsere Aufgaben sind nun, Deutsch- und Integrationskurse für die Ukrainer zu finden, zu schauen, inwiefern die Studienmodule aus ihrem Heimatland hier anerkannt werden, wie die Kinder in den Schulen unterkommen können und vieles mehr.

Nachdem Sascha gegangen ist erzählt Azad weiter von seiner Zeit in der Gemeinschaftszelle.

„Wir haben geredet und geredet, den ganzen Tag, und so habe ich erfahren, dass mit mir noch zwei Mörder und acht Mafiosi in dieser Zelle gesessen sind. Der Kurde selbst ist ein großer Mafioso in Weißrussland gewesen. Alle wurden genau wie ich an der Grenze erwischt." Ich bin erstaunt und frage deshalb nach: „Die Mafiosi wollten auch flüchten? Vor was laufen die denn davon?" fragt Shadiq.

„Ach, auch vor anderen Mafiosi oder der Polizei", sagt Azad und zuckt dabei mit den Schultern.

„Diese Leute sind schon immer in irgendetwas verstrickt gewesen."

Das wiederum macht Sinn, denke ich.

„Ich war insgesamt zehn Tage in diesem Gefängnis“, erzählt Azad weiter, während er seine Füße auf unser Regal hochlagert.
„Was hast du diese zehn Tage gemacht?“, fragt nun Shafiq. Azad scheint nicht lang nachdenken zu müssen.
„Ach, wir haben Karten gespielt, jeder hat seine Geschichte erzählt und wir sind viel zusammen draußen spazieren gegangen.“
„Und wie bist du dann rausgekommen?“, hake ich nach.
„Um ehrlich zu sein kann ich mich nicht mehr an alles so genau im Detail erinnern. Ich weiß nur noch, dass mich ein ganz netter Polizist in seinem Auto zum Hauptbahnhof gebracht hat. Ich hatte noch ein bisschen Geld in meiner Tasche und konnte mir davon ein Ticket nach Moskau kaufen. In diesen zehn Tagen im Gefängnis habe ich mich kein einziges Mal gewaschen oder rasiert. Ich glaube, ich muss ganz schön gestunken haben. Mann, war mir das unangenehm, so verwahrlost zu sein, als ich zurück in der Zivilisation war. Im Zug bin ich dann neben einer Frau gesessen und ich glaube, ihr ist ganz schön schlecht geworden von meinem Gestank. Sie wusste auf jeden Fall, woher ich gekommen bin, denn sie hat mich gefragt: ‚Wurden Sie gerade entlassen?‘ Ich habe mich wirklich unglaublich geschämt und das habe ich der Dame neben mir auch gesagt: ‚Ja und es tut mir sehr leid, dass ich so stinke und mein ungepflegtes Aussehen ist mir sehr unangenehm‘, war so ungefähr mein Wortlaut. Glaubt mir, so völlig unrasiert habe ich mich wie ein wildes Tier gefühlt. Ihr könnt euch gar nicht vorstellen, wie froh ich war, dass meine Mitreisende so viel Verständnis für mich hatte. Diese Frau war so nett zu mir, sie hat mir sogar etwas zu essen und zu trinken gegeben. Ich habe ihr natürlich erzählt, dass ich kein Mörder bin und nur zehn Tage im Gefängnis war, denn ich wollte ihr den Eindruck vermitteln, dass ich kein schlechter Mensch bin. Sie sollte doch keine Angst vor mir haben.“
Shafiq schaut vom Sofa, auf dem er sitzt, auf. Draußen im Gang hat sich schon eine kleine Menschenschlange gebildet, die wir gar nicht bemerkt hatten, so sehr waren wir in unser Gespräch vertieft. Den Rest des Tages haben Azad, Shafiq und ich die Hände voll damit zu tun, unseren neuen ukrainischen Bewohnern mit ihrer Zettelwirtschaft zu helfen, bis es dann kurz vor Feierabend wieder ein bisschen ruhiger

um unser Büro herum wird. Diesen Moment nutzt mein Kollege und greift seine Erzählung von Neuem auf: „Nach ein paar Stunden war ich dann wieder zurück in Moskau. Da stand ich also wieder vor Rohats Tür und musste ganz von vorne anfangen, denn mein ganzes erspartes Geld hatte natürlich der Fluchthelfer. Immerhin konnte ich am nächsten Tag wieder im Lager anfangen zu arbeiten. Bei meinem ersten Fluchtversuch wusste mein Chef nicht, dass ich Kurde war. Das sollte sich bei meinem zweiten Fluchtversuch ändern. Aber davon werde ich euch morgen mehr berichten", sagt Azad lächelnd.
„Stimmt, denn jetzt haben wir erst einmal Feierabend", entgegne ich und packe meine Sachen zusammen. Wir ziehen unsere Frühlingsjacken an, nehmen unsere Taschen und schließen die Büros ab. Im Eingangsbereich verabschieden wir uns voneinander und jeder geht seiner Wege.

Azads zweiter Fluchtversuch

Wir haben nun schon Anfang April und Ostern steht kurz vor der Tür. Aileen hatte mich beauftragt, mir Gedanken zur Osterplanung zu machen. Deswegen sitze ich in Daniels Büro auf der Krisenzimmercouch mit Zettel und Stift in der Hand.
„Also, ich habe schon viele Ideen", sage ich zu meinem Erzieher-Kollegen und bin dabei äußerst enthusiastisch.
„Wir basteln auf jeden Fall Osternester." Daniel verzieht ein wenig das Gesicht.
„Uff, Basteln ist so gar nicht meins", rümpft er mürrisch die Nase. Ich schaue von meinem Block auf und dränge ihn: „Ach komm schon, du bist Erzieher, das gehört da dazu!"
„Ich weiß, trotzdem mache ich es ungern", meckert er ein wenig und so beschließen wir, dass ich mich um das Basteln kümmere und er sich um den Rest. Wir machen ein kurzes Brainstorming.
„Ich würde auch noch gerne Ostereier ausblasen und anmalen", schlage ich vor.

„Du weißt schon, dass du mit einem Veganer sprichst“, erinnert Daniel mich an seinen Lifestyle, lächelt aber dabei. Nein, das hatte ich in der Tat vergessen, aber ich antworte darauf nur: „Da musst du jetzt durch.“ Außerdem habe ich mir fest vorgenommen, eine Ostersuche zu organisieren, den Kindern die Ostergeschichte und Osterbräuche näher zu bringen und Daniel wollte ein Ferienprogramm für Jugendliche zusammenstellen. Also beschließen wir, auch Ausflüge zu machen.

Nach der Ideensammlung gehe ich wieder zurück in das Assistentenbüro, wo Shafiq, Karin und Azad auf der Couch sitzen.
„Du wolltest uns erzählen, wie es weiterging. Gestern sind wir dort stehen geblieben, dass du wieder zurück in Moskau warst“, fordere ich Azad auf. Mein Freund denkt kurz nach und fängt dann, wie so üblich an, uns seine Lebensgeschichte näher zu bringen:
„Da bin ich also wieder vor Rohas Tür gestanden und von Neuem bei ihm eingezogen. Es war ein Gefühl des Scheiterns. Ich hatte auf ganzer Linie versagt. Am nächsten Tag bin ich wieder meiner Arbeit als Lagerist nachgegangen, so als ob in den letzten zehn Tagen nichts passiert wäre. Aber das war nicht das Ende für mich, ich konnte nicht aufgeben!“ Ich bewundere diese eiserne Willenskraft von meinem Freund. Aber es ist nicht nur sein Wille, der ihn immer weitergebracht hat. Azad hatte schon auch viel Glück im Leben. Und einen stets wachsamen Schutzengel, wie er selber immer gerne betont.
„Nach ein paar Monaten, im August, ist dann etwas Entscheidendes passiert“, erzählt er weiter.
„Ich wusste schon, dass der Lagerinhaber kurdischer Syrer war, aber er wusste zu dem Zeitpunkt noch nichts von meiner Herkunft.
An diesem Sommertag habe ich mal wieder durchgehend im Lager gearbeitet. Ich kann mich noch haargenau daran erinnern, wie drückend heiß es war und durch die körperliche Tätigkeit bin ich schon bald komplett durchgeschwitzt gewesen. Die Luft im Lager war so richtig stickig und ich habe nur noch den Feierabend herbeigesehnt. Nach zehn Stunden harter Arbeit bin ich dann auch endlich fertig gewesen. Also habe ich alles aufgeräumt, mir ein frisches T-Shirt angezogen, bin die lange Wendeltreppe nach oben zum Ausgang

hinaufgestiegen und war erst einmal froh über die kühle Luft, die mir entgegengekommen ist. Nicht weit weg von mir habe ich das Geplauder von ein paar Männern, die Bier getrunken haben, gehört und in der Luft lag der Geruch von Holzkohle und Rindfleisch. Da drüben hat anscheinend eine Grillparty stattgefunden. Die Männer schienen auch schon gut dabei zu sein und aus dem Geplauder ist schnell ein richtiges Gegröle geworden. Ich habe kurz zu der Gruppe hinübergeschaut und dann meinen Weg fortgesetzt, vorbei am Büro von meinem Chef, dem kurdischen Inhaber. Er hat vor seiner Tür gestanden und sich mit vier Männern unterhalten. Plötzlich, wie aus dem Nichts, hat einer der vier Männer ausgeholt und meinem Chef einen Kinnhaken gegeben. Der Mann, der danebengestanden ist, hat ihm dann noch einen Fausthieb gegeben. Ohne nachzudenken, wie auf Autopilot, bin ich zu der Gruppe hingerannt. Da erst habe ich erkannt, was das für Männer waren, und zwar Mitglieder der Mafia aus Dagestan, das ist die brutalste Mafiaorganisation überhaupt. Alle haben Schiss vor ihnen, das sind die besten Kämpfer weit und breit.“ Ich runzle die Stirn, als ich das höre, denn nun bin ich verwirrt. „Woher wusstest du, dass diese Mafiosi aus Dagestan waren?“ Und wie selbstverständlich erklärt mein Kollege: „Wenn du einen Russen mit kaputten Ohren siehst, dann weißt du schon, dass das die Kämpfer dieser Mafiagruppe sind. Gib das mal bei Google ein“, und genau das tue ich. Es erscheinen Bilder mit komischen Ohrwascheln, die an den Kopf angewachsen zu sein schienen. Im Internet wird dieses Phänomen als Blumenkohlohr bezeichnet. Eine passende Bezeichnung, denke ich mir, diese Ohren erinnern tatsächlich ein bisschen an dieses Gemüse.

„Die haben solche Ohren durch Kämpfe bekommen“, klärt mich Azad auf und tatsächlich lese ich hier im Internet, dass diese sogenannten Blumenkohlohren durch einen kräftigen Schlag auf die Ohrmuschel entstehen können.

„Diese Mafiakämpfer aus Dagestan sind berühmt“, sagt Azad.

Und brutal, denke ich mir.

„Dass brutale Kämpfer und Alkohol keine gute Kombination sind, ist verständlich. Die vier Männer waren komplett besoffen und haben den

Inhaber vor meinen Augen zusammengeschlagen. Ich habe nicht lange überlegt, sondern bin irgendwie ganz automatisch dazwischen gegangen. An dem Tag habe ich mir meine Hand gebrochen." Azad zeigt uns eine Narbe an seinem rechten Handgelenk.
„Da ist der Knochen durchgegangen", fährt er ganz nüchtern fort. Ich bin schockiert, denn mir graust schon allein vor dieser Vorstellung.
„Warst du zumindest beim Arzt?", fragt nun Karin.
„Nein, ich habe einen Verband drum gemacht und das musste schon so heilen", sagt Azad wieder komplett nüchtern. Langsam wundert mich wirklich nichts mehr bei meinem Kollegen und da ich weiß, dass es zwecklos ist, in dieser Hinsicht mit ihm zu diskutieren, frage ich ihn nur: „Was ist dann da passiert mit dir und deinem Chef?" Und Azad spricht weiter.
„Nun, zunächst sind die anderen Mafiosi dazu gestoßen. Sie waren so ein paar Meter entfernt und gerade dabei den Grill anzuheizen und Bier zu trinken. Das waren so ungefähr sechs oder sieben Männer, die da auf meinen Chef und mich zugekommen sind. Der Lagerinhaber und ich haben uns nur so von der Seite angeschaut und wir beide haben geahnt, dass das vermutlich unser Ende sein würde, denn die Kampfmafiosi waren schließlich zu mehreren und wir nur zu zweit. Aber anscheinend hatte das laute Geschrei der Mafiosi die umstehenden Leute auch aufhorchen lassen, denn genau in dem Augenblick, in dem einer der Mafiosi zum Schlag ausholen wollte, hat ihn ein Mann von hinten gepackt und zu Boden gedrückt. Da haben sich die Mafiosi umgedreht und gesehen, dass hinter ihnen ungefähr zwanzig Araber gestanden sind. Puh, da habe ich aber erst einmal wieder Luft holen können, das könnt ihr mir glauben. Ich habe mir nur so gedacht, was für unsagbar viel Glück ich wieder einmal gehabt habe. Tatsächlich habe ich diese Männer sogar gekannt. Sie haben auf dem Basar neben unserem Lager gearbeitet." Azad macht eine kurze Sprechpause.
„Was dann folgte war eine Massenschlägerei. Araber gegen Mafia, Kurden gegen korrupte Polizisten, die später noch in Zivil zu der Gruppe dazu gestoßen sind und auf Seiten der Mafiosi gekämpft haben. Natürlich bin ich am meisten aufgefallen, weil ich so gut kämpfen

konnte”, prahlt Azad wie ein kleiner Schuljunge und ich muss bei diesem Verhalten meines Freundes grinsen.
„Innerhalb von einer Stunde waren drei Polizeiautos da. Uff, das hat Panik in mir ausgelöst, als ich die Streifenwagen gesehen habe. Bilder von russischen Gefängnissen hatte ich da auf einmal vor Augen. Aus einem ersten Handlungsimpuls heraus bin ich so schnell gerannt, wie ich konnte, ich bin wirklich um mein Leben gerannt, direkt zurück zum Lagergebäude, bin die Wendeltreppe runter gestürzt und habe mich dort zwischen großen Kartons und Gabelstaplern versteckt. Keine Ahnung, wie lang ich dort unten ausgeharrt habe, aber auf jeden Fall war es dann schon dunkel, als ich die große Wendeltreppe nach oben gestiegen bin. Dann habe ich mich ganz vorsichtig umgehört. Um mich herum war Totenstille. Kein Mensch schien mehr da zu sein. Also habe ich mich aus meinem Versteck nach draußen getraut und bin, so schnell mich meine Beine tragen konnten, nach Hause gerannt.”
„Das ist gerade noch einmal gut ausgegangen“, seufzt Shafiq.
„Am nächsten Tag bin ich nicht in die Arbeit gegangen, sondern nur zuhause in meinem Bett gelegen, weil mir jeder Knochen einzeln weh getan hat. Das Einzige, was ich gemacht habe, war meine Wunde so gut ich konnte neu zu verarzten. Ich habe also den Verband von meiner rechten Hand abgewickelt, wo der Knochen sogar schon herausgestanden ist, und das hat tierisch weh getan, das kann ich euch sagen! Gott sei Dank hatte ich auch noch einen neuen Verband daheim, den ich mir drumgewickelt habe, aber mehr körperliche Anstrengung konnte ich an diesem Tag wirklich nicht machen. Danach bin ich gleich wieder in mein Bett gefallen. Diese Ruhe hat allerdings nur ein paar Sekunden angehalten, denn kaum lag ich dort, hat auch schon das Telefon geklingelt – das war noch so ein altes Wählscheibentelefon, das Rohat da hatte, ihr kennt bestimmt noch diese Apparate.“
Nur zu gut, denke ich mir, und erinnere mich zurück an meine Kindheit.
„Er war einer der wenigen, der damals überhaupt so etwas besessen hat. Zu dieser Zeit hatte kaum ein Mensch in Moskau ein Telefon, wisst ihr. Es war ganz schön kraftaufwändig für mich den Hörer zu erreichen. Als ich endlich abgenommen hatte, konnte ich die Stimme von meinem Chef am anderen Ende der Leitung hören. ‚Hallo David‘, ist

aus dem Hörer gekommen. ‚Ich habe gehört, dass du Kurde bist.' Im ersten Moment war ich ein bisschen perplex, denn ich habe mich schon gefragt, woher er das wissen konnte, aber ich habe seine Aussage bejaht. ‚Ich bin auch Kurde', hat da mein Chef gesagt und irgendwie hatte ich das Gefühl, dass er sich darüber sehr zu freuen schien. ‚Warum bist du heute nicht in der Arbeit? Komm her zu mir in mein Büro!', hat er mich aufgefordert. Er wirkte sehr bestimmt, aber trotzdem hat er es sehr sanft formuliert. Und trotzdem war ich von dieser Forderung schockiert und habe nur entgegnet: ‚Nein, das ist gefährlich. Haben die Mafiosi noch nach mir gefragt?' Ich hatte wahnsinnige Angst, an meinen Arbeitsplatz zurückzugehen. Da ist der Lagerinhaber dann auf einmal ernst geworden. ‚Ja, sie haben sofort nach dir gefragt, sie wollten dich haben, aber sie wussten Gott sei Dank nicht, wer du bist. Keiner von denen kannte dich. Komm her, die Luft ist wieder rein', hat mich mein Chef aufgefordert und ich weiß noch ganz genau, als ob es gestern gewesen wäre, wie ich fast schon panisch ‚Nein! Ich habe Angst!' in den Hörer hineingeschrien hab. Der Lagerinhaber hat mich daraufhin aber ein bisschen beruhigen können und wirklich sehr einfühlsam auf mich eingeredet. ‚Hab keine Angst, wir sind noch stärker als die Polizei', waren seine Worte." Daniel schaut zu Azad rüber und ein großes Fragezeichen steht auf seiner Stirn geschrieben, was Azad richtig zu interpretieren scheint, denn er klärt meinen Kollegen direkt auf.

„In Russland kann man viele Sachen durch Beziehungen klären und der Mann hatte Beziehungen. Mein Chef hat mit einem Offizier der KGB zusammen studiert", verdeutlicht unser Freund.

„KGB? Was ist das?", fragen Daniel, Shafiq, Karin, Aileen und ich unisono.

„Das ist das russische FBI", bekommen wir als Antwort.

„Die Erklärung von meinem Chef hat mich tatsächlich beruhigt und so bin ich in die Arbeit, auf direktem Weg ins Büro des Lagerinhabers gegangen. Als ich dort dann angekommen bin, ist der Offiziersfreund schon im Büro gesessen und die beiden Männer waren nicht allein. Ich habe mich in der Runde umgeschaut und ein paar der Gesichter vom Abend der Auseinandersetzung wiedererkannt. Die Polizei war auch mit in der Runde. Als ich das realisiert habe, bin ich erstarrt und dachte nur noch: ‚Was sollte das?! Haben sie mich in eine Falle gelockt? Wollte mich der Lagerinhaber den Mafiosi ausliefern, weil er selbst noch eine Rechnung mit ihnen offen hatte?‘ Mein Chef schien zu bemerken, dass ich unruhig war, denn er hat versucht mich mit Worten zu beruhigen und den Polizisten gegenüber hat er klargestellt: ‚Das ist mein Junge, er steht unter meinem Schutz und wenn ihm auch nur ein einziges Haar gekrümmt wird, werden hier die Köpfe rollen.‘“

Das ist mal eine Ansage, eine wirklich klare Wortwahl, denke ich mir und Azad spricht wie so oft unbeirrt weiter, als ob er ein Kindermärchen erzählen würde.

„Die Schlägerei vom Vortag hatte anscheinend zu riesigen Problemen zwischen der Mafia und dem KGB geführt. Also haben sich die Mafia, die Polizei und der KGB an diesem Tag im Büro von meinem Chef versammelt, um den Streit zu regeln. Ich weiß nicht, ob es an der sanften Wortwahl vom Lagerinhaber, der Tatsache unserer gemeinsamen Herkunft, oder wie er mit den Mafiosi gesprochen hat lag, aber irgendwann, als ich dort so im Türrahmen gestanden bin, habe ich kapiert, dass der KGB mächtiger war als die Mafia. Ich konnte dem Lagerinhaber glauben und vertrauen und dadurch war meine Angst auf einmal wie weggeblasen. Ich weiß nicht mehr, wie lange wir da alle so in diesem Büro gestanden sind, aber irgendwann war der Streit dann geregelt und die Mafiosi und die Polizisten sind abgezogen und auch ich wollte mich zurück an die Arbeit machen.“

„Mit der gebrochenen Hand?“, unterbreche ich meinen Freund.

„Ja, ich musste zurück in die Arbeit, weil ich sonst kein Geld gehabt hätte. Damals konnte es sich keiner leisten auch nur einen Tag krank zu sein. Das wäre mir sofort vom Lohn abgezogen worden oder schlimmer noch: sie hätten mich gleich gekündigt. Ich habe an dem Tag dann auch nicht gearbeitet, aber ich hätte es gemacht. Stattdessen hat mich mein Chef zurückgepfiffen. ‚Wo hast du so gut kämpfen gelernt?‘ wollte er von mir wissen. ‚Das, was du da gestern zur Schau gestellt hast, war echt beeindruckend.‘ Als ich das hörte, musste ich lachen. ‚Es war mir irgendwie gar nicht bewusst, was da gestern so wirklich passiert ist. Ich habe nicht groß nachgedacht, sondern gehandelt. Wahrscheinlich hatte ich einen ordentlichen Adrenalin-Kick,‘ habe ich zu ihm gesagt. Der Inhaber hat mich lang angeschaut und ich glaube, ich habe Bewunderung in seinem Gesichtsausdruck erkennen können. Erst jetzt sind seine Augen an meinem Verband hängengeblieben. Das Handgelenk war über Nacht angeschwollen. ‚Du musst zum Arzt‘, hat er zu mir gesagt und seine Worte klangen so, als ob er keine Widerrede dulden wollte. Aber dickköpfig, wie ich nun einmal war, habe ich auch damals schon meinem Chef widersprochen. ‚Nein, aber ich mache mir Sorgen, weil ich nicht arbeiten kann und Geld brauche“, habe ich zu ihm gesagt. Er hat mich nur kurz angeschaut und gefragt: ‚Wie viel brauchst du und wofür?‘ Also habe ich ein paar Rechnungen in meinem Kopf gemacht und geantwortet: ‚Ich brauch auf jeden Fall Geld für Miete, Essen und so weiter, aber wie viel genau, kann ich nicht sagen. Mit der Hand kann ich auf jeden Fall nicht arbeiten.‘ Mein Chef hat mich daraufhin lang angeschaut und einen zuversichtlichen Eindruck gemacht, als er mit einem sanften Tonfall auf mich eingeredet hat. ‚Mach dir keine Sorgen, ich übernehme all deine Kosten, egal, wie lang es dauert, und dann kannst du bei mir weiterarbeiten.‘ Dann hat er mir fünfhundert Dollar gegeben. Ich war etwas überrascht von dieser Großzügigkeit. Mein Chef wollte sich bei mir bedanken, weil ich ihm sein Leben gerettet habe, er wollte mir etwas zurückgeben. ‚So einen Kurden wie dich brauche ich hier. Du hast mir geholfen, obwohl du mich nicht gekannt hast. Das, was du getan hast, war gefährlich, und trotzdem hast du mir geholfen. Dafür bin ich dir sehr dankbar.‘ Ich habe zuerst ein bisschen gezögert, mich bei seiner Offenheit aber dann dazu entschieden, ihn in meine Pläne einzuweihen. ‚Ich kann nicht bei Ihnen bleiben,‘ habe ich zu ihm gesagt. ‚Ich will nach Deutschland.‘ Als diese Worte gefallen waren, habe ich in ein leicht enttäuschtes Gesicht vor mir geschaut. ‚Nein‘, hat er versucht mich, zu überreden und wieder hat er es auf eine sehr sanfte, einfühlsame Weise gesagt. ‚Bleib hier in Moskau, ich unterstütze dich dabei, ein Geschäft aufzubauen‘, hat mir der Lagerinhaber vorgeschlagen, aber ich habe abgewunken und ihm erklärt: ‚Nein, meine Frau ist schon dort, ich muss nachkommen.‘ Das wiederum hat mein Chef verstanden und dazu nur gesagt: ‚Okay, egal wie viel Geld du brauchst, ich gebe es dir.‘ Diese erneute Hilfsbereitschaft hat mich wirklich überrascht und ich glaube, ich habe daraufhin nur stammeln können, als ich ihm geantwortet habe: ‚Ich weiß es nicht, ich muss zuerst noch einen Fluchthelfer finden.‘ Und wieder hat mich der Kurde mit seiner Antwort überrascht. ‚Ich kenne einen‘, hat er gesagt. Nach diesem Gespräch habe ich überglücklich die fünfhundert Dollar von meinem Chef angenommen und war richtig beflügelt, als ich an dem Abend auf direktem Weg nach Hause gegangen bin.

Einen Monat habe ich dann noch bei Rohat gewohnt, während mein Chef alles Weitere mit dem Fluchthelfer ausgemacht hat und nach diesem Monat war ich dann schließlich in Deutschland.“

Eine Schlange hat sich bereits vor unseren Bürotüren gebildet.

„Deine Reise nach Deutschland musst du uns später aber noch ein bisschen detaillierter erzählen“, sage ich zu unserem Kollegen.

„Na klar!“ entgegnet er und grinst wieder einmal schelmisch dabei, während er sich an der Plexiglasscheibe vorbeischiebt. Azad, Shafiq und ich setzen unsere FFP2-Masken auf und machen uns an die Arbeit.

Es ist ein Donnerstagmorgen, als mein Wecker um sieben Uhr klingelt. Im Halbdunkeln suche ich nach dem Ausschaltknopf, strecke mich, rolle mich aus dem Bett und setzte erst einmal Kaffeewasser auf. Nach einem schnellen Frühstück hole ich mein Fahrrad aus dem Innenhof und trete in die Pedale. Mein einstündiger Arbeitsweg liegt vor mir und gerade jetzt im Frühling, wo die Sonne wieder früh aufgeht, die Vögel zwitschern und alles blüht, ich keine Mütze und Handschuhe mehr brauche, genieße ich die Fahrt. Mit leichter Verspätung treffe ich in der Unterkunft ein, wo mich Daniel gleich mit der Frage begrüßte: „Sag mal, hättest du heute nicht in die andere Unterkunft gemusst?“ Ich schaue ihn an und bin ein bisschen verdattert.

„Stimmt! Das hatte ich ja total vergessen!“, rufe ich aus.

Aber da Aileen seit heute krank mit Corona zuhause liegt, beschließe ich, in unserer Unterkunft zu bleiben. So kann ich auch immerhin weiter Azads Erzählungen lauschen, die er auch schon bald wieder zum Besten gibt, nachdem Karin, Shafiq, Daniel und ich im

Assistentenbüro auf der blauen Couch und den schwarzen Drehstühlen Platz genommen haben.

„Diesmal habe ich keinen Reisepass von einem anderen bekommen, sondern der Fluchthelfer hat meinen Ausweis nur abgeändert. Auf dem Dokument, das ich bei meinem zweiten Fluchtversuch in den Händen gehalten habe, stand dann schwarz auf weiß, dass ich nicht im Irak, sondern in Russland geboren wurde. Nur allein für diese kleine Abänderung hat er schon tausendfünfhundert Dollar kassiert. Dann hat er mir ein Ticket nach Odessa gekauft und von dort aus sollte ich weiter über Istanbul nach München. Leider hat nicht alles so reibungslos, wie ich mir das vorgestellt hatte, geklappt, denn schon gleich, als ich in Odessa gelandet bin, haben mich zwei Polizisten bei der Grenzkontrolle aus dem Verkehr gezogen. Ich wusste nicht, von wem sie über meinen gefälschten Pass informiert worden waren, anscheinend wurde es nach Moskau weitergeleitet, aber auf jeden Fall wussten die Beamten schon, dass ich komme. Naja, sie waren sich auf jeden Fall sicher, bei mir könnten sie noch ein bisschen Geld rausholen, weil ich mit einem gefälschten Pass unterwegs war. Glaubt mir, an diesem Flughafen habe ich ein Déjà-Vu erlebt, denn als ich durch die Grenzkontrolle gegangen bin und dem Kontrolleur meinen Ausweis zeigen musste, hat er zuerst ganz lang zwischen mir und dem Reisepass hin und hergeschaut und dann klipp und klar gesagt: ‚Das bist nicht du auf dem Pass.‘ Nur lag in der Stimme dieses Beamten diesmal keine Herzlichkeit, das war der einzige Unterschied. Da war kein bisschen Wärme im Tonfall dieses Polizisten, nur eine Eiseskälte, mit der er mir befohlen hat: ‚Mitkommen und zwar sofort!‘, und dann hat er mir Handschellen angelegt. So wurde ich mit einem Streifenwagen zu einem Haus am Rande der Stadt gebracht. Keine Ahnung, was das für ein Gebäude war, ein offizielles Gefängnis glaube ich aber kaum. Trotzdem wurde ich dort eingesperrt und eine Zeitlang festgehalten. Für meine Freilassung wollten die Polizisten zweitausend Dollar. Ich hatte aber keine zweitausend Dollar und das habe ich den Beamten auch gesagt. Trotzdem haben sie aber nicht von mir abgelassen. Die Polizisten haben mir das nicht geglaubt und mich von oben bis unten durchleuchtet. Ich kam mir vor wie ein Schwerverbrecher. Das Einzige, was sie gefunden haben, waren hundert Dollar, die ich noch unter meinem Gürtel versteckt hatte und die haben diese geldgierigen Hunde natürlich auch gleich mal an sich gerissen. Wütend, weil die Grenzbeamten nicht mehr von mir bekommen konnten, hat mir dann der eine der beiden eine klare Anweisung gegeben und mir unmissverständlich verdeutlicht: ‚Du kommst hier nicht raus ohne das Geld. Ruf deine Familie oder Freunde an und sag ihnen, sie sollen die zweitausend Dollar schicken oder du bleibst hier bis du alt und grau bist.' Der Mann sprach klare Worte und ich habe sofort verstanden: Ohne das Geld würde ich aus diesem Loch nicht rauskommen. Aber an wen konnte ich mich wenden? Zuerst dachte ich an den Lagerinhaber. Hatte er mir nicht seine Loyalität und Hilfe angeboten? Zu dumm, dass ich seine Nummer nicht auswendig konnte. Er fiel somit schon einmal weg. Also habe ich weiter nachgedacht, welche Nummer ich überhaupt auswendig wusste. Wen konnte ich überhaupt anrufen? Mir blieb nur eine Wahl: Nathalie. Also bin ich zu dem alten Wählscheibentelefon gegangen, dem Einzigen, das es in diesem Haus gab, und habe ihre Nummer gewählt. Es hat ungefähr zehnmal geläutet, bis meine Frau abgehoben hat. ‚Hallo?' habe ich ihre Stimme am anderen Ende der Leitung gehört. ‚Ich bin es, David', habe ich in den Hörer hineingesprochen und ihr die ganze Geschichte erzählt. Ich weiß nicht, ob es nur Einbildung war, aber während des gesamten Gesprächs habe ich nur Zorn, Kälte und auch rein gar kein Erstaunen darüber, in welch verzwickter Lage ich war, aus Nathalies Tonfall herausgehört, so nach dem Motto ‚das ist mal wieder typisch'. Es ist mir so vorgekommen, als hätte sie schon mit so etwas in der Art gerechnet. Ich habe mich gefragt, ob Nathalie sauer gewesen ist, weil sie mir jetzt Geld schicken musste, aber ich hatte keine Zeit mehr groß weiter darüber nachzudenken, denn der Polizist hat mir ein Zeichen gegeben aufzulegen und mich zurück in das kleine Zimmer geführt, in dem er mich gefangen gehalten hat. Zwei Tage lang hat es gedauert, bis Nathalie das Geld zusammengekratzt hatte und über Western Union zu mir schicken konnte. Sobald die Grenzbeamten das Geld dann in der Hand gehalten haben, wurde ihr Versprechen auch eingehalten und sie haben mich zum Flughafen gebracht, von wo aus ich weiter nach

Istanbul fliegen konnte. Aber auch dort ist meine Weiterreise alles andere als unbeschwert abgelaufen. Ich bin wieder von irgendwelchen Grenzbeamten aufgehalten worden, weil mein Pass für sie anscheinend ein bisschen auffällig war. Mein Aussehen und der Geburtsort Russland haben in ihren Augen nicht zusammengepasst, das hat verdächtig gewirkt. Zwei Stunden bin ich in einem Nebenzimmer von der Polizei vernommen worden. Sie haben sogar mit einem Dolmetscher überprüft, ob ich Russisch sprechen kann – dieser konnte natürlich bestätigen, dass ich fließend Russisch spreche und auch, dass ich in Russland geboren wurde."

„Hattest du denn keinen Akzent?", unterbreche ich meinen Freund und bin doch schon etwas verwundert, denn in der Uni hatte ich gelernt, dass Kinder nach dem fünften Lebensjahr beim Erlernen der Zweitsprache eigentlich immer einen Akzent haben.

„Nein, ich hatte keinen Akzent", entgegnet mein Arbeitskollege und ein gewisses Selbstbewusstsein schwingt in seiner Stimme mit.

„Wahrscheinlich lag es daran, dass ich all die Jahre in Russland nur Russisch gesprochen habe. Als dann meine Identität für die Polizisten zufriedenstellend geklärt worden ist, haben sie mich dann endlich frei gelassen und ich bin zuerst nach Istanbul und dann weiter nach Stuttgart. Kaum in Stuttgart gelandet, bin ich nochmal von der Polizei aus dem Verkehr gezogen worden. Wieder haben sie mich von oben bis unten durchgecheckt und diesmal haben die Beamten sogar noch mein Reisegepäck durchgefilzt. Sie haben den ganzen Inhalt auf den Tisch vor mir ausgeleert. Zum Vorschein kamen meine ganze Fotosammlung von all den Jahren auf dem Internat, ein T-Shirt, ein Handtuch, ein Einwegticket und hundert Dollar. Das Einwegticket war natürlich wieder verdächtig. Ich hatte zwar ein Schengen-Visum, aber kein Rückticket, kein Geld, keine Bankkarte, nichts. Also haben mich die Grenzbeamten noch einmal ausgehorcht. ‚Ich hatte keine andere Wahl', habe ich sie angelogen. ‚Ein Freund von mir wohnt in München. Er wird mein Rückticket bezahlen.' Daraufhin haben dic beiden nach seiner Telefonnummer gefragt, ich habe sie ihnen gegeben und sie haben ihn angerufen. Kurze Zeit später hat mein Freund Aras mit den Beamten am Telefon gesprochen und die beiden Männer gebeten, mir

zu helfen ein Zugticket nach München zu kaufen. Ich war erstaunt, dass die Polizisten so nett waren. So eine Freundlichkeit hatte ich noch nie bei einem Beamten erlebt. Der eine der Polizisten hat mich sogar bis zum Hauptbahnhof gefahren, ist mit mir bis zum Schalter gegangen und hat mir sogar noch mein Ticket gekauft. Ich erinnere mich noch sehr gut an sein Aussehen, er war schwarz. Danach hat er mir sogar noch einen Kaffee spendiert und mir genau erklärt, wo der Zug nach München abfahren sollte. In Russland wäre diese Hilfsbereitschaft von Polizisten undenkbar gewesen. Zwischen dem Verhalten russischer und deutscher Polizisten liegen Welten. Die ganze Zugfahrt nach München hindurch habe ich an diese Liebenswürdigkeit und Menschlichkeit des deutschen Polizisten gedacht und ich war glücklich. Hier in Deutschland bei meiner Ankunft habe ich angefangen, mein Polizeibild zu überdenken und in Frage zu stellen. Gab es tatsächlich so etwas wie eine Polizei, die die Gesetze achtete? Gab es eine Polizei, die nicht korrupt war? Eine Polizei, der du vertrauen konntest? Ich wusste noch keine Antworten auf diese Fragen, aber ich wusste: Es hat sich gelohnt hierher zu kommen. An diesem Tag habe ich die erste gute Erfahrung mit Gesetzeshütern gemacht. Die Angst vor Polizisten, die tief in meinen Gliedern steckte, hat trotzdem noch angehalten. Tagtäglich habe ich lange mit der Furcht gelebt, sie würden mich zurück nach Russland schicken." Ich schaue auf meine Armbanduhr. Es ist bereits siebzehn Uhr, das bedeutet Feierabend für mich heute. Die Zeit ist wirklich wie im Flug vergangen.
„Ich muss los!", informiere ich mein Team, verabschiede mich und grinse.
„Wir sollen ja keine Überstunden machen, Anweisung von ganz oben, aber morgen erzählst du mir, wie es dann weitergegangen ist, okay?"
Nach der Arbeit treffe ich mich noch mit meiner Freundin Melanie in der Stadt. Auch sie kommt direkt von ihrer Arbeit – einer Schutzstelle für Jugendliche. Wie so häufig schimpft Melanie auch heute mal wieder über ihre Mädels, die sie dort betreut, ihre Kollegen und den ganzen Arbeitsplatz.
„Heute hatten wir Supervision und weißt du, was der Supervisor gesagt hat?", fragt mich meine Freundin.

„Schieß los!", fordere ich sie auf, denn ich habe keine Ahnung, was jetzt kommen würde.
„Der Träger trägt. Als er das gesagt hat, saß ich nur so da und habe diesen Satz immer und immer wieder wiederholt." Das sind weise Worte des Supervisors. Ich frage mich, ob unser Träger uns immer trägt. Bei unserer letzten Supervision ging es um ein anderes Thema. Daniel und ich haben uns darüber aufgeregt, dass unsere Angebote nicht so angenommen wurden, wie wir uns das erhofft hatten. Eine ganze Zeit lang saß der alte Mann nur schweigend vor uns und unterbrach uns nicht. Doch dann sagte er einen weisen Satz: „Das, was ihr da macht, ist die professionelle Verwaltung psychosozialen Elends." Ich war schockiert. Ist das unsere tägliche Arbeit? Sollen wir aufgeben und haben die Leute, die hier bei uns wohnen, eh keine Chance, erfolgreich eingegliedert zu werden? Verwalten wir lediglich unser psychosoziales Elend? Vegetiert diese Randgruppe nur vor sich hin und wird nie zu Erfolg in diesem Land kommen? Die Worte frustrierten mich, aber gleichzeitig gab uns der Supervisor auch Hoffnung. Er sagte: „Denkt an eure Bewohner. Es gibt diejenigen, die kein Interesse haben sich zu integrieren. Es gibt diejenigen, die keine Hilfe mehr brauchen, aber dann gibt es noch einen Kreis, der noch nicht so weit ist, selbstständig zurecht zu kommen, aber gewillt ist, das zu lernen. Konzentriert euch auf diese Leute." Ich habe mir an diesem Tag vorgenommen, genau das in Zukunft zu tun.
Zurück im Hier und Jetzt werde ich von Melanie aus meinen Gedanken gerissen.
„Ich habe keine Lust mehr auf meine Arbeit. Es ist mir egal, was meine Mädels machen, und wenn sie aus dem ersten Stock springen." Das sind eindeutige Worte, denke ich, und Ghesal fällt mir auf einmal ein.
„Vor ein paar Wochen ist ein Mädel bei uns aus dem Fenster gesprungen. Sie hatte Streit mit ihrer Schwester, weil sie angeblich nicht genug im Haushalt mitgeholfen hat. Der Streit ist eskaliert und die beiden sind mit einem Messer aufeinander losgegangen. Dann ist die jüngere der beiden aus dem Zimmer gerannt und hat ihre Schwester eingesperrt. Deswegen ist sie aus dem Fenster geklettert,

beziehungsweise gesprungen. Sie hat sich aber nur ein paar Prellungen zugezogen“, berichte ich meiner Freundin.
Es ist schon verrückt, was so in einem Asylheim alles passiert, denke ich mir. Aber es wundert mich nicht. Die Leute wohnen zu dicht aufeinander, haben zu wenig Beschäftigung und keine klaren Ziele. Da ist es nicht verwunderlich, wenn sie gereizt sind.

Integration

Auch heute habe ich wieder Frühschicht und bin erst einmal allein in meinem Büro. Nur Aileen ist außer mir schon da, aber meine Chefin ist beschäftigt. Sie ist gerade in einer Leitungsrunde zum Thema Ukraine-Krise. Aus den Lautsprechern des Computers im anderen Büro höre ich die Stimme von Barbara.
„Frau Will, die Integration funktioniert nicht“, hatte sie in meinem Mitarbeitergespräch vor einem Dreivierteljahr zu mir gesagt. Ich glaube immer noch an das Gelingen unserer Aufgabe, die Leute erfolgreich zu integrieren. Sascha und seine Familie sind ein Beweis, denn sie haben jetzt schon nach so kurzer Zeit eine Wohnung hier gefunden. Er und seine Frau sind Ingenieure, es wird ihnen leicht fallen, in unserem Land Arbeit zu finden. Deutschland ist eh ein Zuwanderungsland mit Fachkräftemangel und braucht Integration, um die Wirtschaft auf dem aktuell hohen Stand halten zu können. Die einzige ausschlaggebende Barriere ist derzeit noch die Sprache, der Schlüssel zur Integration. Aber mit Fleiß und Willen kann diese Hürde in meinen Augen gemeistert werden.
Ein besonderes Manko, das die Integration erschwert, sind andererseits jedoch Charakterzüge wie Faulheit und Unverschämtheit, die bei einigen unserer Bewohner hervorstechen. Unsere Familie Hosseini ist hier nur ein Beispiel. Malala, die Ehefrau, ist primär faul, nicht unverschämt, aber faul. Am besten kommt ihre Persönlichkeit folgendermaßen zum Ausdruck: Die Mutter von vier Kindern schläft den ganzen Tag zu Hause, während die fünfjährige Mariam sich selbst überlassen ist und ihre meiste Zeit bei uns im Büro verbringt. Anscheinend ist das sogar der Grund, warum das Mädchen sich ständig

bei uns aufhält, denn einmal hat Shafiq die Kleine gefragt: „Mariam, warum bist du den ganzen Tag hier bei uns und nicht zuhause?“ Ihre Antwort erstaunte und erschütterte mich gleichermaßen: „Ich darf nicht, weil die Mama schläft“, kam es wie selbstverständlich aus der Kleinen heraus. Möglicherweise ist es auch eine Lüge. Unwahrheiten zu erzählen, darin ist die Fünfjährige eine Weltmeisterin, was sie uns fast täglich beweist. „Verhaltensauffällig“, nannte meine Erzieherkollegin Casy einmal ihre Interaktionsweise. Ich erinnere mich zurück, als ich an einem Arbeitstag nachmittags in Aileens Büro stand, um meine Chefin etwas zu fragen. Mit einem Mal hielt meine Kollegin inne und auch ich unterbrach meinen Redefluss. Erst da hörte ich es. Ein Schluchzen drang von draußen in unser Büro. Aileen ging zum Fenster und öffnete es. Das Wimmern kam aus dem Fahrradanhänger, der unmittelbar vor uns umgekippt auf dem Rasen lag. Ich ging hin und schaute nach, was los war. Ayana saß angeschnallt darin und konnte sich nicht selber befreien. So schnell ich konnte, habe ich den Anschnallgurt geöffnet und dem kleinen Mädchen aus dem Cruiser geholfen. Dann schaute ich nach oben zum Fenster im ersten Stock und sah pechschwarze Locken. Mariam steckte ihren Kopf zum Fenster heraus. Ich merkte, wie Wut in mir aufstieg, denn zehn Minuten zuvor hatte ich Mariam noch mit Ayana und dem Cruiser im Garten spielen sehen. Anscheinend hatte das Mädchen nicht einmal daran gedacht, Hilfe zu holen. Wütend schrie ich in den ersten Stock hoch: „Mariam, komm sofort hier runter und entschuldige dich bei Ayana.“ Doch frech grinsend entgegnete sie mir nur: „Nö!“ Ich kochte fast vor Wut, versuchte aber dennoch, ruhig zu bleiben, wiederholte meine Worte und drohte der Fünfjährigen: „Wenn du nicht gleich hier herunterkommst, dann komme ich hoch zu dir und dann werde ich richtig sauer!“ Ich sah förmlich, wie die Gedanken in Mariams Kopf ratterten, denn sie überlegte sich noch immer, ob sie herunterkommen wollte, um sich zu entschuldigen. Nach kurzem Zögern entschied die Kleine jedoch, sich zu entschuldigen. Höchstwahrscheinlich zeigt Mariam derartig unsoziale Verhaltensweisen, weil sie schon seit über einem Jahr keinen Kindergarten mehr besucht. Es war eine Entscheidung der Eltern, denn sie hatten sich mit der Erzieherin gestritten. An ihr Kind dachten sie in diesem Moment anscheinend nicht. Mariam wird nicht nur mangels Deutschkenntnissen Schwierigkeiten später in der Schule haben, das Mädchen kommt charakterlich ganz nach ihrem Vater. Genau wie die Kleine macht Omran, was er will und scheint es mit Regeln nicht sonderlich genau zu nehmen. Seine Wertvorstellungen verdeutlichen sich auch in der Art seiner Beschäftigung. Wie viele der Bewohner arbeitet er schwarz. Nichtsdestotrotz kassiert Omran Arbeitslosengeld vom Jobcenter. Immerhin ist die Familie mittlerweile so selbstständig, dass sie uns nicht mehr beim Ausfüllen der Formulare braucht. Vielleicht ist auch diese Form eine Art der Integration: Selbstständigkeit, auch wenn es sich dabei nicht um eine von der Gesellschaft akzeptierte oder gewünschte Form davon handelt. Doch Integration ist niemals eine einseitige Sache. Fast täglich erlebe ich Faulheit und Unverschämtheiten auch von unseren Behördenmitarbeitern. Anträge egal welcher Art haben mittlerweile eine Bearbeitungszeit von mindestens zwei Monaten und erst neulich machte mir eine Mitarbeiterin unmissverständlich klar, sie habe schließlich keinen Zauberstab, nachdem ich den Bearbeitungsstand eines Bewohnerantrags klarstellen wollte.

Mein Kollege Shafiq holt mich aus meinen Tagträumen in unser Büro zurück, indem er sich mit einem lauten Schwall Tee in seine hellblaue Kleine Maus-Tasse, ein Weihnachtsgeschenk von Aileen, eingießt. Ich schaue auf die große Wanduhr und sehe, dass es schon wieder viertel nach zehn ist. Ich hatte gar nicht bemerkt, dass Shafiq gekommen ist. Wie ein kleiner Schuljunge sagt er ganz entzückt: „Oooooh, man sagt, wenn bei uns der Tee oben schwimmt, dann bekommt man Besuch“, und zeigt auf ein schwarzes Teeblatt, dass an der Oberfläche vor sich hindümpelt. Keine zwei Sekunden später steht Omran im Türrahmen. Wir müssen so laut lachen, dass es durch den ganzen Gang hallt. Omran wirkt etwas verdutzt, lässt sich aber nicht weiter beirren.
Wenn man vom Teufel spricht, denke ich mir nur.
Omran ist erwachsen, es ist schwer, seine Werte umzuprogrammieren, so dass er die Wichtigkeit einsieht, dass ein demokratischer Sozialstaat

nur dann funktionieren kann, wenn er von Menschen, die arbeiten können, getragen wird. Mariam hingegen ist noch ein Kind. Jetzt ist sie fünf Jahre alt. Noch hat ihr Umfeld starken Einfluss auf sie. Vielleicht sollten wir doch bei den Kindern ansetzen.
Vielleicht funktioniert die Integration, indem wir uns auf unsere Kleinsten konzentrieren.
Aber was ist eigentlich Integration? Schon allein im Duden finde ich bei dieser Suchanfrage vier unterschiedliche Treffer. Die erste und vielleicht einfachste Definition, die das Wörterbuch hergibt ist *Einbeziehung, Eingliederung in ein größeres Ganzes.* (Duden, 02)
Das hört sich schlüssig für mich an, denke ich im ersten Moment. Das sind meine täglichen Aufgaben. Meine Kollegen und ich helfen den Bewohnern, sich in Deutschland einzugliedern. Aber dann frage ich mich weiter: Was ist das größere Ganze? Hat eine gelungene Integration stattgefunden, wenn die Geflüchteten Zugang zum Arbeitsmarkt haben? Oder müssen sie auch fest in das kulturelle, soziale und politische Leben eingebunden sein? Ist ein Geflüchteter integriert, wenn er im Schützenverein ist, seine Sonntage in seinem Schrebergarten verbringt und abends ein Feierabendbier trinkt? Was ist auf der anderen Seite mit den deutschen Familien, die seit Generationen von Harz IV leben? Könnte es vielleicht demnach sein, dass Geflüchtete oder andere Zuwanderer oft besser integriert sind als alteingesessene Deutsche? Nähert man sich der Integrationsfrage soziologisch an, dann sagt der Duden, Integration ist die *Verbindung einer Vielheit von einzelnen Personen oder Gruppen zu einer gesellschaftlichen und kulturellen Einheit* (Duden, 02). Ich lasse diese Definition einige Zeit auf mich wirken, frage mich aber dann, ob es so etwas wie eine gesellschaftliche oder kulturelle Einheit überhaupt gibt und denke dabei an Jirougorou, der wollte, dass ich ihm helfe, Zugang zur Queer-Community in unserer Stadt zu finden. Homosexualität ist ein häufiger Fluchtgrund, weil es in vielen Ländern darauf die Todesstrafe gibt. Ich denke an Christian Wulff und seine Aussage „Auch der Islam gehört zu Deutschland“ (Krammholz, 2010) oder an einzelne Szenen oder Lebensphilosophien von Menschen, wie beispielsweise die Gruppe der Veganer. Es gibt so viele Subgruppen in

Deutschland, so viel gesellschaftliche und kulturelle Vielfalt, dass es schwierig ist, hier von einer Einheit zu sprechen. So eine Vielfalt ist überhaupt erst möglich, weil in unserem Land Freiheit herrscht. Wir dürfen frei entscheiden über unsere sexuellen Vorlieben, über unsere Religionszugehörigkeit oder über unsere politische Meinung. Ist Integration dann gelungen, wenn wir alle gleich sind? Gleichheit ist der Grundgedanke des Kommunismus. Wir leben in einer Demokratie. Sollten wir nicht die Andersartigkeit unsere Mitmenschen schützen und würdigen und so von ihnen lernen? Ich glaube, Integration hat dann stattgefunden, wenn sich jeder einzelne mit den landesüblichen Werten identifizieren kann. Und gehören zu unseren Werten nicht Toleranz, Respekt und Akzeptanz?

Ich recherchiere weiter zum Thema der Integrationsfrage. Auf einer Seite geht jemand auf den Aspekt der Sprache ein und schreibt, dass Integration damit anfängt, die Landessprache zu lernen.

„Sprache ist der Schlüssel zur Integration" hat die syrische Kurdin Bijeen Alhassan auf ihrer Facebook- Seite verkündet (Alhassan, 2020). Sie setzt sich dafür ein, dass syrische Frauen Deutsch lernen. Dafür hat die Kurdin ein Online-Kursprogramm erstellt. Ich bin beeindruckt von ihrer Initiative. In der Tat kenne ich es aus eigener Erfahrung, dass insbesondere die Frauen kaum oder gar kein Deutsch lernen. Sie bleiben meistens zuhause.

„Sprache ist der Schlüssel zur Integration". Ich wiederhole diesen Satz wieder und wieder. Bijeen hat recht. Wie kannst du Teil einer Gesellschaft sein, wenn du die Sprache nicht kannst? Erst wenn du verstehst, was um dich herum passiert, kannst du das wirtschaftliche, kulturelle und politische Leben mitgestalten. Ist ein Mensch nun integriert, wenn er unsere Sprache kann? Ist er integriert, wenn er Zugang zum Arbeitsmarkt hat? Wann ist ein Zugewanderter integriert?

Am 30.03.2022 tagte ein Gipfeltreffen in Berlin zum Thema Integration der Ukrainer in den Arbeitsmarkt. Unter anderem sollten dort die Anrechnung von Berufsqualifikationen besprochen werden. Aber auch Kinderbetreuung und Sprachkurse standen auf der Agenda.

Ich schaue mir das Interview mit Hubertus Heil im Morgenmagazin an (Heil, 2022). Dort erklärt er, dass die Ukrainer gesetzlich jetzt arbeiten dürfen. Theoretisch das gute und richtige Konzept. Wenn aber in der Praxis die Sprachkenntnisse fehlen, ist es schlichtweg nicht möglich. Der Arbeitsminister spricht weiter über die Frage, wie wir es schaffen, die Anerkennung der verschiedenen Berufe herzustellen. Es gibt geschützte Berufe, wie Ärzte oder Lehrer, bei denen eine Anerkennung schwieriger ist (Heil, 2022). Nun ist die Ukraine nicht einmal in der EU. In der Theorie kann jeder EU-Bürger in jedem EU-Land arbeiten. Nach dem Gesetz sind die Qualifikationen in den Mitgliedstaaten anerkannt. Ich kenne viele Beispiele aus der Praxis, wo es sich trotzdem als schwierig bis nahezu unmöglich gestaltet. Ein Erzieher in Deutschland kann sich in Spanien beispielsweise aussuchen, als Kinderpfleger oder Sozialpädagoge eingestuft zu werden. Eine fünfjährige Erzieherausbildung wie in Deutschland existiert dort nicht. Hubertus Heil spricht darüber hinaus noch über die Frage, ob es Flüchtlinge erster und zweiter Klasse gibt (Heil, 2022). Denn nicht nur Ukrainer, sondern auch Menschen, die ursprünglich aus Afrika stammen, aber lange in der Ukraine gelebt haben, kommen mit dem Flüchtlingsstrom mit.

Das Thema kommt mir bekannt vor, denke ich. Hier wären wir wieder bei der Frage: Gibt es überhaupt Wirtschaftsflüchtlinge? Hubertus Heil sagt klar nein, denn in erster Linie fliehen all diese Menschen vor dem Krieg und es ist unsere humanitäre Pflicht, ihnen Schutz zu gewähren (Heil, 2022).

Bei meiner weiteren Internetrecherche stoße ich auf einen spannenden Kommentar, in dem die Autorin Ronya Alev verschiedene Menschen, die direkt von Integration betroffen sind, aufgefordert hat, ihre Definition von Integration zu nennen (Alev, 2020). Laut einem 26-jähriger Manager mit ausländischen Wurzeln sei Integration zum Beispiel nicht nur ein Prozess der Annäherung, sondern vielmehr eine kommunikative Auseinandersetzung zwischen Zugewanderten und der anwesenden Mehrheitsbevölkerung, um Gemeinsamkeiten und Unterschiede untereinander zu finden und gemeinsam die Verantwortung über den gegenwärtigen Rahmen unseres Lebensraums zu übernehmen. Er verstehe in diesem Sinne Integration nicht nur als eine einseitige Anforderung an die Zugewanderten, sondern den

Aufbau einer interkulturellen, solidarischen und chancengleichen Gemeinschaft, welche auf Basis der Grundrechte funktioniert (Alev, 2020).

Mir gefällt seine Beschreibung. Sie ist deckungsgleich mit der Aussage einer Person, die ich irgendwo gelesen habe. Diese Person sagte, dass es wichtig sei, in den gemeinsamen Austausch zu gehen, denn dann erst merken beide Parteien, dass sie letztendlich gar nicht so unterschiedlich sind. Gemeinsames Verständnis, Respekt, Toleranz, eine gemeinsame demokratische Wertvorstellung, das ist Integration, denke ich mir. Aber es stimmt: Der gemeinsame Austausch ist wichtig. Nur so kann Missverständnissen vorgebeugt und können Vorurteile abgebaut werden. Nur so kann man gegenseitig Verständnis entgegenbringen. Der gemeinsame Austausch funktioniert aber nur über eine gemeinsame Sprache. „Sprache ist der Schlüssel zur Integration." Das sind weise Worte von Bijeen Alhassan. Auch eine 25-jährige Studentin greift die Bedeutung von Sprache auf und schildert weiter, was Integration für sie bedeutet. Gemäß der Studentin gleiche Integration dem Erlenen einer neuen Sprache. Wenn man eine Sprache lerne, so sagt sie, erweitere man seinen Horizont und habe Zugang zu einer neuen Kultur. Und man lerne, wie Menschen miteinander interagieren, was die Regeln und was Tabus seien. Bei Integration sei es ähnlich. Man müsse also die Sprache und die Kultur neu lernen. Es werde zwar nicht offen gesagt, aber es werde erwartet, dass man seine „alte Kultur" abläge und komplett die „neue" annähme. Aber genau das sei problematisch. Die eigene Kultur sei Teil der Identität und werde nicht abgelegt, so wie beim Erlernen einer neuen Sprache die alte nicht vergessen werde. Bei der neuen Sprache komme dann eben ein Akzent hinzu und der bleibe. Und auch hier sollte es in erster Linie darum gehen, dass man sich in der neuen Sprache unterhalten könne, wenn auch nicht auf Muttersprachler-Niveau. Es werde aber von manchen als problematisch angesehen, wenn viele Kulturen in einem Land koexistierten, dann käme es zu einem „Othering" und darüber werde im Diskurs zu wenig geredet. Es heiße „sie sollten sich kultivieren und ein Teil von diesem Land werden", aber gleichzeitig werde dieses „Othering" praktiziert, das wiederum der Integration hinderlich sei. Die betroffene Person werde somit nie komplett in die neue Gesellschaft aufgenommen werden. Und das spürten sogar Kinder, denn selbst in der Volksschule werde segregiert, abgegrenzt und anders behandelt. Diese Erfahrung teile die Studentin mit vielen anderen Menschen mit Migrationshintergrund. Daher schlussfolgert sie: Integration sei keine Einbahnstraße und müsse von allen Seiten kommen. Ihrer Meinung nach müssten alle an der Konversation teilnehmen wollen, sonst werde das nichts. Es sei ein gemeinsamer Prozess und es brauche helfende Hände (Alev, 2020).

Ich finde die Definition von Integration schön und auch sehr bedacht. Die Studentin hat sich wirklich Gedanken gemacht. Und sie spricht auch die damit verbundenen Probleme an. Ihrer Meinung nach wird von den Zuwanderern verlangt, ihre Kultur abzulegen und die des Ziellandes anzunehmen. Die Kultur eines Menschen ist aber auch immer seine Identität. Ein jeder kann nicht das, was ihn auszeichnet, wie er sich definiert, einfach ablegen und etwas Fremdes voll und ganz annehmen. Ich finde, das sollte auch nicht verlangt werden und denke dabei selbst an meine Zeit, als ich in Irland, Argentinien oder Spanien gelebt habe. Auch ich habe dort nicht meine Identität komplett abgelegt, sondern mich mit anderen deutschsprachigen Studenten umgeben oder war Teil der deutsch-spanischen Community. Trotzdem würde ich behaupten, in den Ländern ein Stück weit integriert gewesen zu sein, denn ich habe mich nie als Außenseiter oder andersartig gefühlt. Vielleicht ist Integration auch letztendlich eine Gefühlssache. Fühlt sich der Zugewanderte wohl in seiner neuen Heimat? Hat er Anschluss? Oder fühlt er sich isoliert und einsam? Ist das Zielland für ihn die Hölle oder das Paradies? Ich lese den Kommentar der Autorin weiter und stoße auf eine Definition eines 29-jährigen Ingenieurs, mit der ich in Resonanz gehen kann. Integration bedeute für ihn, in jeder Situation im Alltag die Akzeptanz der Gesellschaft zu erfahren. Das Zusammenleben solle von Respekt gegenüber der Kultur und den Traditionen Deutschlands geprägt sein. Dazu gehöre es, die Landessprache zu erlernen und sich mit den Traditionen, Werten sowie der Geschichte und Entstehung des Landes vertraut zu machen. Für ihn gehe es insbesondere um die Bedeutung der demokratischen Grundordnung Deutschlands, des Sozialstaates, der Gleichberechtigung sowie der Religions- und Meinungsfreiheit. Diese Werte sollten gemäß dem Studenten alle Zugewanderten nicht nur akzeptieren, sondern auch leben. Alle Menschen, welche hier ihre Heimat gefunden haben, sollten die Werte und die Gesetze Deutschlands anerkennen. Integration erfordere ebenfalls das Engagement aller staatlichen sowie zivilen Akteur*innen und müsse in allen Lebensbereichen wirken. Dadurch sollte es laut ihm zu einer gelungenen Integration kommen, welche bedeute, dass man sich in der Gesellschaft zugehörig fühle (Alev, 2020). Flüchten die meisten Menschen nicht deshalb, weil in ihren Heimatländern genau diese Werte mit den Füßen getreten werden? Sollten wir nicht mehr Verständnis diesen Menschen entgegenbringen und uns selbst an der Nase fassen, wenn wir unsere eigenen Werte wie Akzeptanz, Respekt und Gleichberechtigung nicht leben? Der Kommentar endet mit dem Zitat: „Integration ist erst dann erreicht, wenn wir nicht mehr davon sprechen." (Alev, 2020). Vielleicht hat die Autorin recht mit dieser Aussage. Ich denke an die ganze Gender-Debatte. Seitdem Menschen immer mit beiden Geschlechtern angesprochen werden sollen, um eine Diskriminierung zu vermeiden, schenke ich dem Ganzen viel mehr Beachtung. Davor habe ich mir gar keine Gedanken darüber gemacht. Zwei indische Freunde und ich hatten einmal eine ähnliche Diskussion zum Thema Rassismus. Wie drücken wir uns am besten sprachlich korrekt aus, damit sich das Gegenüber nicht diskriminiert fühlt? Ich hatte ihnen erzählt, dass man in Neuseeland jetzt nur noch von *colorured sheep*, übersetzt also gefärbten Schafen, sprechen durfte. Wir fanden es alle drei absurd und waren der Meinung, je mehr der Fokus auf das Ganze gerichtet ist, je mehr die Andersartigkeit betont wird, umso mehr fremd und nicht dazugehörig fühlt sich die betroffene Person erst. Es bewirkt quasi das genaue Gegenteil.

„Integration ist erst dann erreicht, wenn wir nicht mehr darüber sprechen" (Alhassan, 2020). Ich bin genau dieser Meinung. Gegen fünf Uhr fahre ich genau mit diesen Gedanken in meinem Kopf nach Hause.

Am nächsten Tag habe ich wieder Frühschicht und nutze die erste Stunde, um ein paar E-Mails zu beantworten. Pünktlich um zehn Uhr steht mein Kollege Azad in der Tür und begrüßt mich gut gelaunt mit einem „Guten Morgen". Ich strahle, als ich ihn sehe. Kurze Zeit später trifft auch schon Shafiq ein.
„Du bist pünktlich", grinse ich ihn an und schaue auf die große Uhr, die zehn nach zehn anzeigt.
„Ja haha" sagt er verlegen, „ich stand im Stau und es war echt schwierig, einen Parkplatz zu finden." Er weiß, dass es mir egal ist, wie pünktlich er ist, Hauptsache er ist da, denn genauso wie Azad habe ich Shafiq liebend gern um mich.

„Wo sind wir denn beim letzten Mal stehen geblieben?", fragt Azad nach einiger Zeit in die Runde. Ich überlege kurz.
„Du bist in Stuttgart am Flughafen angekommen", fällt es mir dann wieder ein und auch Azad scheint sich nun daran zu erinnern.
„Stimmt, genau, da sind wir gestern stehen geblieben", sagt er und verfällt wieder in seinen Erzählmodus.

Willkommen in München

„Ich bin noch nie zuvor in so einem modernen und schnellen Zug gefahren wie damals auf meinem Weg von Stuttgart nach München. Es war ein Intercity Express. Vor dem Fenster sind hohe Weinberge, grüne Wiesen und riesige Häuseransiedlungen an mir vorbeigerauscht. Die Konstruktion der Kirchtürme hat mich fasziniert. Ihr wisst ja, ich liebe die Architektur von Gotteshäusern. Drei Stunden lang habe ich an der Scheibe geklebt und die deutsche Landschaft beobachtet. Ich wollte schon genau wissen, was für die nächste Zeit meine Heimat werden sollte. Genauso wie die Landschaft draußen an mir vorbeigerauscht ist, sind in meinem Kopf die Bilder der letzten Monate vorbeigezogen: mein erster Fluchtversuch, der im weißrussischen Gefängnis endete, die Auseinandersetzung mit der Mafia aus Dagestan und die Unterstützung von meinem Lagerchef bei meiner zweiten Flucht über

Odessa und Istanbul bis nach Stuttgart." Wir werden von Mariam unterbrochen, die wieder einmal vor unserer Plexiglasscheibe steht und uns zuhört. Ich schaue zu ihr rüber.
„Na Mariam, warum bist du denn nicht im Kindergarten?", frage ich vielmehr rhetorisch, als wirklich eine Antwort zu erwarten. Ihre Miene bleibt unverändert, sie wirkt ernst heute.
„Kann ich malen?", fragt das Mädchen. Also hole ich die Buntstifte hervor, sperre den großen Aufenthaltsraum auf und drucke ihr eine Malvorlage aus.

Nachdem Mariam versorgt ist, fährt Azad unverzüglich fort:
„Als der ICE dann endlich am Hauptbahnhof in München eingefahren ist, standen dort auch schon mein Freund Aras, mein Onkel Yar und meine Frau Nathalie bereit, um mich abzuholen. Aras und Yar haben mich mit offenen Armen empfangen, sie haben nur so über beide Ohren gestrahlt und ich konnte förmlich sehen, dass die beiden froh waren, mich nach so vielen Jahren das erste Mal wieder sehen zu können. Auch ich habe mich so gefreut und wir sind uns um den Hals gefallen. Nachdem ich mich von Aras und Yar losgemacht hatte, wollte ich gerade die Arme ausbreiten und Nathalie an mich drücken, aber dann ist mir ihr merkwürdiger Blick aufgefallen. Ich hatte das Gefühl, dass sie mich schon fast ein bisschen hasserfüllt angeschaut hat. Das hat mich unsicher gemacht und für einen Moment bin ich nur so dagestanden und habe ihren Blick erwidert. Es ist Nathalie gewesen, die diese merkwürdige Situation durchbrochen hat, indem sie auf mich zugegangen ist und mir ein Küsschen auf meine Backe gegeben hat. Trotzdem war ich immer noch stark verunsichert über ihr sonderbares Verhalten. Da kam kein Kuss auf den Mund oder eine innige Umarmung von ihr aus. Nathalie hat mich definitiv nicht begrüßt, wie das vermutlich der Fall gewesen wäre, wenn man seinen Ehemann so lange Zeit nicht mehr gesehen hat, sondern eher wie einen Fremden. Das hat für mich überhaupt keinen Sinn ergeben. Ich hatte da schon irgendwie erwartet, dass meine Frau mich stundenlang umarmen und küssen würde und stattdessen war da nur so eine kalte Begrüßung mit einem Hassblick. Ich weiß noch genau, wie da meine Gedanken in

meinem Kopf nur so gerattert haben und habe mir gedacht, dass sie sich womöglich vor meinem Onkel und meinem Freund schämen könnte. Als wir da so in der Eingangshalle gestanden sind, habe ich versucht, in ihren Augen den Grund für ihr merkwürdiges Verhalten zu finden, aber leider war das erfolglos. Onkel Yar hat sich in Bewegung gesetzt und wir sind ihm durch die große Haupthalle auf den Bahnhofsvorplatz gefolgt. Während wir so vor uns hin getrottet sind, habe ich immer noch weiter gegrübelt, aber meine Gedankenschleifen wurden dann auch gleich von meinem Onkel unterbrochen: ‚Schaut ihn euch an, das ist mein Baby!‘, hat Yar ausgerufen und der Stolz in seinem Tonfall war kaum zu überhören. Da erst habe ich ihn gesehen: Vor mir hat eine nagelneue Mercedes-S-Klasse geparkt. Bei diesem Anblick ist mir richtig die Kinnlade nach unten geklappt, denn damit hatte ich nun wirklich nicht gerechnet. Im Irak ist mein Onkel einen Wolga gefahren. Die Russen nennen so ein Auto auch einen Eimer voller Schrauben.“ Ich muss lachen bei diesem Vergleich.

„Von einem Wolga zu einer nagelneuen Mercedes-S-Klasse, das ist mal ein Aufstieg, und ihr könnt euch gar nicht vorstellen, was das damals für ein Erlebnis für mich war!“ Azads Augen blitzen, während er spricht.

„Haha, doch das kann ich mir nur zu gut vorstellen!“, rufe ich aus und denke dabei an den Tag, als ich Azad von meinem Autounfall und dem seitdem kaputten Scheinwerfer meines Opels erzählt habe. Mein Arbeitskollege hat es sich nicht nehmen lassen das Auto persönlich zu reparieren. Es ist seine große Leidenschaft.

„Aber woher hatte dein Onkel das Geld für so ein Auto?“, frage ich.

„Er hatte eine Reinigungsfirma und war damit erfolgreich“, erklärt Azad kurz und fährt dann fort.

„Wir sind also alle in seinen Mercedes eingestiegen, Yar hat den Wagen gestartet und ist losgefahren. Vorbei ging es am großen Bahnhofsgebäude, Hotels, einer Poststation und Firmenkomplexen, bis wir auf die Autobahnauffahrt eingebogen sind. Ich habe die Kraft der Pferdestärken förmlich spüren können, das Fenster aufgemacht und meinen Kopf rausgestreckt. Die kühle Abendluft ist mir entgegengeschlagen. Das war Freiheit, kann ich euch sagen! Nach einer halben Stunde ungefähr sind wir dann vor Yars Wohnung angekommen. Er hat ein bisschen außerhalb in einem heruntergekommenen Viertel der Stadt gelebt. Die Wohnung war klein, aber sehr gemütlich, und es gab alles, was man braucht. ‚Das Zimmer dort hinten im Gang links ist dein und Nathalies Zimmer', hat mir Onkel Yar eine kurze Einführung gegeben. Ich war gerührt von seiner Großzügigkeit, uns beiden ein eigenes Zimmer anzubieten, obwohl er selbst so wenig Platz hatte. ‚Du wirst müde sein von der langen Reise. Ruh dich ein bisschen aus. Ich koche uns solang Kubba und rufe euch, wenn sie fertig sind.'

‚Danke dir, Onkel Yar', habe ich gesagt und die Tür hinter mir und Nathalie zugemacht. Das war das erste Mal nach zwei Jahren, dass ich mit meiner Frau allein war, und als wir so zu zweit in diesem Zimmer gestanden sind, habe ich gedacht, dass alles wieder so wie früher wird. Meine erste Reaktion war ein Annäherungsversuch. Ich habe ihr über ihr Gesicht und ihre Haare gestrichen und wollte sie wieder umarmen, aber sie hat sich ganz steif gemacht und auf einmal hat sie meinen Körper mit ganzer Kraft von sich weggestoßen und gezischt: ‚Fass mich nicht an!' Als Nathalie dann aber bewusst geworden ist, wie schroff sie mich von sich gewiesen hat, hat sie immerhin noch ein bisschen weniger schroff hinzugefügt: ‚Gib mir ein bisschen Zeit. Aber ich will ehrlich zu dir sein. Wir müssen uns trennen.' Als diese Worte in meinem Kopf angekommen sind, bin ich auf der Stelle erstarrt und tausende Gedanken sind mir durch den Kopf geschossen. ‚Wie bitte? Habe ich das richtig verstanden?' Mir ist gleichermaßen heiß und kalt geworden. Ich habe Panik bekommen, ich hatte wahnsinnige Angst, meine Frau zu verlieren. Dann hat sich meine Panik allerdings in Wut umgewandelt und die Wut in schieren Zorn. Ich wusste nicht, was in mich gefahren ist, aber in diesem Moment in diesem Zimmer bei meinem Onkel habe ich Nathalie aus Leibeskräften angeschrien: ‚Wenn du mir das vorher gesagt hättest, dann wäre ich wohl kaum hierher gekommen! Dann wäre ich direkt nach Großbritannien oder Kanada gegangen, oder ich wäre in Russland geblieben! Also was soll die Scheiße?! Warum hättest du mir das nicht vor zwei Wochen sagen können? Wozu gibt es Telefone?!' Ich weiß noch, wie Nathalie

versucht hat, sich zu rechtfertigen. ‚Was hast du denn die letzten zwei Jahre in Russland gemacht?‘, hat sie mich daraufhin dann auch angefangen anzuschreien. Es klang schon fast hysterisch. ‚Bestimmt bist du nur wegen der Frauen dort so lang nicht gekommen. Ich kenne dich doch!‘, hat meine Frau geschluchzt. Ich muss zugeben, ich habe mich ertappt gefühlt, denn natürlich hatte sie recht, aber unrecht gleichzeitig schon auch.“ Ich ziehe eine Augenbraue hoch, denn das hört sich für mich wie ein Widerspruch an.
„Denn Fakt war, dass ich tatsächlich nicht früher kommen konnte, weil ich wegen meinem ersten Fluchtversuch noch auf Bewährung war und Angst vor den Folgen hatte, falls ich auch bei meinem zweiten Versuch erwischt werden würde”, entschuldigt Azad sein Verhalten.
„Aber Nathalie hatte natürlich recht in der Hinsicht, dass ich ihr nicht immer treu in dieser Zeit gewesen bin. Ich hatte einige Freundinnen in Moskau zu dieser Zeit und natürlich ist das ein Fehler gewesen, für den ich die volle Verantwortung übernehmen muss, aber wie gesagt, ich habe mich dabei auch ein Stück weit als Opfer dieser Frauen gefühlt.“ Karin, die sich zu uns gesellt hat, schaut meinen Kollegen etwas schief von der Seite an und runzelt die Stirn.
„Warum das?“, fragt sie und ich kann ein bisschen Misstrauen aus ihrem Tonfall heraushören.
„Nun ja“, rechtfertigt sich Azad weiter,
„ich habe eine dieser Frauen fast zehnmal rausschmeißen müssen, ich habe sie Schlampe und noch ganz andere Dinge genannt und trotzdem stand sie am nächsten Tag wieder vor meiner Tür. Und eigentlich ist es auch keine große Sache gewesen. Jeder Mann ist damals in Russland fremdgegangen.“ Ich merke, wie ich doch etwas sprachlos in Anbetracht dieser damaligen Zeiten bin.
„‚Wenn du eh wusstest, dass ich fremdgehe und du dann nicht willst, dass ich komme, warum hast du mir das dann nicht bei irgendeinem unserer Telefonate gesagt?!‘, habe ich Nathalie im nächsten Moment noch etwas lauter angeschrien. Der Grund für meine Wut war aber vermutlich eher, dass ich auch ein Stück weit Schuldgefühle hatte und vielmehr sauer auf mich als auf sie war. In dem Moment habe ich mich nämlich auch an ein paar unserer Gespräche am Telefon zurückerinnert

und mir wurde bewusst, wie naiv ich doch gewesen bin. Schon damals, als ich noch in Moskau war, hatte Nathalie irgendwie immer so kalt gewirkt. Ich habe in Russland schon gespürt, dass sie distanzierter mir gegenüber geworden ist, aber habe mir nicht so viel dabei gedacht. Ich habe ihr Verhalten auf die räumliche Distanz, die zwischen uns gelegen ist, geschoben und gehofft, alles wird wieder gut, sobald ich zu ihr komme, denn wir hatten ja große Pläne in Deutschland, wisst ihr, schon so lange hatten wir uns ein Kind gewünscht und schon in Russland haben wir uns immer wieder gesagt, sobald wir in Deutschland sind, einem Land, in dem unsere Kinder eine gute Zukunft haben, wollten wir eine Familie gründen. An jenem Abend, als wir nach zwei Jahren wieder beisammen waren, hat Nathalie sich auf jeden Fall nicht von mir getrennt. Wir haben einstimmig beschlossen, es noch einmal miteinander zu versuchen. Und wie wir es versucht haben! Funktioniert hat es allerdings nicht. Nach eineinhalb Jahren hat sie mich dann schließlich endgültig verlassen. Sie war weg, verschwunden. Einfach so, von heute auf morgen. ‚Ich habe keine Gefühle mehr für dich.‘ Das waren ihre letzten Worte, bevor sie für immer aus meinem Leben gegangen ist. Und mit ihr ist auch mein Traum, eine Familie mit ihr zu gründen, geplatzt. Nathalie hat eine tiefe Leere in meinem Herz hinterlassen. Sie hatte keine Gefühle mehr für mich, ich jedoch schon noch Gefühle für sie. Ich habe viele Fehler gemacht, ich weiß. Und an diesem Abend hätte ich mir gewünscht, diese Fehler rückgängig machen zu können. Ich habe zu lange gebraucht. Es hat zwei Jahre gedauert, bis ich wieder bei ihr war, bis ich zu ihr nach Deutschland gekommen bin. Zwei Jahre, in denen ich mich in Russland auf Partys herumgetrieben habe und fremdgegangen bin, anstatt dafür zu sorgen, schnellstmöglich wieder bei Nathalie sein zu können. Ich weiß nicht, ob sie fremdgegangen ist, aber ich denke mir, das wäre nur gerecht gewesen. Fremdgehen, war zu diesen Zeiten auch nicht so schlimm dort in Russland. Einmal, am Anfang, als ich Nathalie noch treu gewesen bin, ist eine junge Frau zu mir gekommen und hat versucht, mich zu verführen. Als ich immer wieder abgeblockt habe, wollte sie es schon aufgeben und hat nur so zu mir gemeint: ‚Entweder du bist schwul oder impotent.‘" Ich stoße einen Lacher über

diesen Kommentar aus, aber mein Freund spricht ohne zu zögern weiter.
„Da bin ich sauer geworden und das wollte ich nicht auf mir sitzen lassen. Also haben wir ein Hotel gesucht – zu mir konnten wir ja nicht, weil Nathalie zu diesem Zeitpunkt noch dort war, und zu ihr nach Hause konnten wir auch nicht, weil sie auch einen Freund hatte. Aber könnt ihr euch vorstellen, dass sämtliche Hotels ausgebucht waren? Wir sind wirklich stundenlang durch ganz Sankt Petersburg gefahren, bis wir endlich ein freies Zimmer gefunden haben!"
Verrückt, denke ich mir.
„Leider hatte die Frau eine Geschlechtskrankheit und so musste ich Nathalie alles beichten."
Das ist die gerechte Strafe, denke ich mir nun, grinse ein wenig schelmisch in mich hinein und frage dann meinen Kollegen, wie es in München mit den beiden zunächst erst einmal weitergegangen ist.
„Bei meinem Onkel in München haben wir insgesamt drei Monate gewohnt. Obwohl ich dort illegal gelebt habe und ständig Angst vor der Polizei hatte und obwohl Nathalie und ich uns oft gestritten haben, war es an sich im Nachhinein betrachtet eine wirklich schöne Zeit."
„Was hast du in den drei Monaten gemacht?", fragt Shafiq Azad.
„Ach, wir waren viel in Diskos und Biergärten unterwegs oder haben Billard und Fußball gespielt. Wir waren immer besoffen, hatten viel Spaß. In Augsburg gab es viele russische Diskos, da war ich schon Stammgast." Mein Kollege versteht es, das Leben zu genießen, denke ich und grinse.
„Einmal kam es sogar zu einer Schlägerei zwischen mir und einem Russen dort." Ich erschrecke.
„Hattest du keine Angst, dass dich die Polizei findet und herauskommt, dass du keine Papiere hast?" Aber mein Kollege erwidert daraufhin nur wie selbstverständlich: „Nein, denn unter Russen ist es eine Schande, die Polizei zu rufen. Ich habe in dieser Nacht diesem Typ die Nase gebrochen. Aber am nächsten Tag sind wir zusammen Wodka trinken gegangen und haben alles geklärt."
Das sind andere Regeln und Sitten, um Streitigkeiten zu klären, denke ich mir.

„Ich glaube, jetzt gibt es dort in Augsburg noch zwei russische Diskos. Früher gab es mehr. Ich denke, auch heutzutage würde ich keine Polizei in so einem Fall rufen. Ich denke und hoffe es auch, egal was mit mir passiert, heutzutage werde ich keinen mehr schlagen.“ Ich schaue Azad lange an und kann es mir nicht vorstellen, dass er früher tatsächlich so ein Schlägertyp gewesen ist. Vielleicht werde ich es noch erfahren, wie es zu seiner Verwandlung und den Beweggründen hinter der Transformation vom Schlägertyp zum sanftmütigen Azad gekommen ist.
„Nathalie hatte eine Duldung, aber mein erster Plan war, mich erst einmal nicht registrieren zu lassen, sondern Geld zu sparen, damit ich weiter nach Kanada oder Großbritannien konnte. Eigentlich wollte ich meine Frau dorthin mitnehmen, aber mit der Zeit wurde immer deutlicher, dass sie nicht mitkommen würde. Für die Weiterreise musste ich erst wieder einen Fluchthelfer finden. Ich wusste, dass die Fluchthelfer damals fünfhundert Mark für die Überfahrt verlangt haben. Das Geld hätte ich schon irgendwie besorgen können, aber dadurch, dass mir immer klarer wurde, dass ich Nathalie nicht überreden konnte, mitzukommen, und meine Freunde und mein Onkel mich wiederum überredet haben hier zu bleiben, habe ich mich auch irgendwann entschieden, nicht weiterzureisen. Ich finde, das war der größte Fehler in meinem Leben.“
Ich schaue schockiert von meinem Platz auf und auch Daniel, Shafiq und Karin schauen zu meinem Kollegen hinüber.
„Warum?“, fragt Daniel ihn und Azad richtet seinen Blick lang aus dem Fenster, bevor er weiterspricht.
„Ich bin jetzt irgendwie unglücklich hier. Vielleicht wäre Großbritannien besser gewesen. Schon allein wegen der Sprache. Auch diese Freunde, die mich damals überredet haben, hier zu bleiben, sind irgendwann weggezogen, und seitdem habe ich diese tiefen Freundschaften hier nicht mehr wirklich.“ Ich empfinde Mitgefühl mit meinem Arbeitskollegen, bin traurig, dass er sich hier nicht so wohl fühlt, wie ich gedacht hatte.
„Ist Deutschland für dich die Hölle oder das Paradies?“, frage ich ihn, so wie er es einst gesagt hat.

„Dieses Land ist das Paradies, aber nicht für mich. Hölle würde ich es aber auch nicht nennen. Aber ich bin nicht glücklich hier. Und in Großbritannien darf man sich auch schlagen, vielleicht deswegen“, lacht Azad und ich merke, dass mich diese Aussage verblüfft, denn das ist mir neu.
„Immer nach den Fußballspielen schlagen sie sich.“ Nun schaue ich Azad direkt in die Augen.
„Aber du bist ja kein Schlägertyp mehr und das Wetter ist dort auch schlechter“, lautet mein Argument.
„Das Wetter ist dort auch nicht schlechter als in Russland, das macht für mich keinen Unterschied. Freunde hätte ich dort gleich gehabt. Von denen weiß ich, dass sie ganz schnell einen Aufenthaltstitel bekommen, mehr verdient und die Sprache schnell gelernt haben. Und viele fahren dort Auto ganz ohne Führerschein. Ich kenne viele Flüchtlinge, die seit zehn Jahren oder länger illegal dort drüben auf der Insel leben. Einer von ihnen war hier schon in Deutschland registriert und sollte abgeschoben werden. Aber bevor es soweit gekommen ist, hat er sich schnell rüber auf den Weg nach Großbritannien gemacht und arbeitet dort jetzt offiziell als Friseur.“
„Nicht schwarz?“, fragt Shafiq und klingt dabei ein bisschen skeptisch.
„Ich weiß nicht, ob das so leicht gehen würde, er muss sich ja schließlich auch irgendwo anmelden wegen seiner Sozialversicherungsnummer und dem Ganzen. Aber das ist alles viel einfacher dort geregelt als hier bei uns. Und so viele Flüchtlinge haben zusätzlich noch Geschäfte im Irak. Sie haben ein gutes Leben dort in Großbritannien.“

Das erste Asylheim

Vor unserem Büro sehe ich zwei neue Gesichter. Es sind die beiden Nigerianer, die in der Ukraine studiert haben und jetzt wissen wollen, wie sie ihr Studium in Deutschland fortsetzen können. Ich ziehe mal wieder meine FFP2-Maske auf und erkläre ihnen, dass ich eine E-Mail-Adresse vom Kreisverwaltungsreferat habe, an das wir uns speziell zu den Fragen rund ums Studium für ukrainische Geflüchtete wenden können, ich hierfür aber Details von ihnen brauche. Also entwerfe ich einen Steckbrief der beiden, scanne ihre Ausweise und Studentenausweise ein und schicke die Mail ab. Keine zwei Minuten später steht eine andere ukrainische Studentin vor der Plexiglasscheibe. Sie habe Tourismus in der Ukraine studiert und wolle hier nun weiter studieren.

„Ah, da kann ich dir weiterhelfen“, sage ich auf Englisch, „denn ich habe das gleiche studiert. Hier in München wird es leider aber nicht angeboten. Wärst du denn bereit dafür, in eine andere Stadt zu gehen?“ Diana, so heißt die Studentin, will sich aber nicht von ihrer Familie trennen. Ich überlege kurz, ob es eine Alternative gibt, und erinnere mich, dass ein privates Institut auch einen solchen Studiengang anbietet. Kurzerhand suche ich nach der Adresse und schreibe sie für Diana auf.

„Am besten gehst du da einmal persönlich vorbei und lässt dich beraten“, rate ich ihr. Sie bedankt und verabschiedet sich. Als Diana gegangen ist, wende mich wieder an Azad und sage: „Aber letztendlich hast du dich ja entschieden, hier in Deutschland zu bleiben.“

„Ja“, entgegnet mein Kollege.

„Nach diesen drei Monaten, in denen ich bei meinem Onkel Yar in München gewohnt habe, habe ich dann doch beschlossen, mich offiziell registrieren zu lassen. Dafür musste ich nach Landsberg fahren, denn dort war damals die größte Erstaufnahmestelle in der unmittelbaren Nähe. Meine Freunde haben mich bis dorthin gebracht und als ich aus dem Auto ausgestiegen bin, haben sie noch zu mir gesagt:

‚Du darfst denen auf keinen Fall deinen echten Namen sagen. Such dir einen neuen Namen aus!‘ Ich habe mich in dem Moment ein bisschen überrumpelt gefühlt. Hätten sie mir das nicht früher während der Fahrt sagen können? In meinem Kopf bin ich alle Namen durchgegangen, die mir eingefallen sind und weil mir nicht viel Zeit zum Nachdenken geblieben ist, habe ich mich für den Namen Azad entschieden.” Mein Arbeitskollege lacht und ich habe so den Eindruck, er ist dabei halb amüsiert und halb verzweifelt.

„Das war wieder ein Fehler, denn der Name bedeutet auf Russisch *und Arsch. A* kannst du mit *Und* und *Zad* mit *Hinten*, also Arsch übersetzen. Alle Russen haben mich seit dieser Namensänderung immer ausgelacht, wenn ich mich vorgestellt habe. Und mein Nachname, für den ich mich bei der Registrierung dort entschieden habe, war Mohammed. Wegen diesem ganzen Namen habe ich sehr gelitten", seufzt mein Freund.

„Mein Vorname hat mich bei den Russen in Schwierigkeiten gebracht und mein Nachname bei den Deutschen. Mohammed hat immer einen terroristischen Beigeschmack. Sogar meine jetzige Frau Tamara sagt immer: ‚Wie bist du nur auf diesen hässlichen Namen gekommen?' Glaubt mir, hätte ich damals mehr Zeit zum Nachdenken gehabt, hätte ich mir sowohl einen schöneren Namen als auch ein schöneres Geburtsdatum ausgesucht."

„Etwa den 1.1.?", frage ich grinsend. Azad lacht über meine Anspielung auf das häufigste Geburtsdatum unter Geflüchteten und fährt dann fort.

„Ach, das wäre mir zu einfallslos gewesen. Aber tatsächlich habe ich mein richtiges Geburtsdatum erst 2005 herausgefunden, als ich meine Familie im Irak besucht habe. Damals, bei der Registrierung, wusste ich mein richtiges Geburtsdatum noch nicht einmal. Als mich der Herr bei der Aufnahmestelle also nach meinem Geburtsdatum gefragt hat, ist ‚der 26. März 1976!' wie aus der Pistole geschossen aus mir herausgekommen."

„Warte mal", unterbreche ich Azad.

„Der 26. März war doch der Gründungstag vom Internat, oder nicht?"

„Ganz genau", entgegnet mein Arbeitskollege.

„Aber warum hast du dann 1976 gewählt? Das war doch auch nicht dein richtiges Geburtsjahr, oder?" Azad schaut ein bisschen nachdenklich drein.

„Ich weiß nicht", setzt er schließlich an.

„Ich bin dort angekommen und mir ist das spontan so eingefallen." Karin fragt meinen Kollegen weiter aus:

„Und wie ist das dort noch so abgelaufen? War die Registrierung auf der Polizeistation? Was haben sie dir für Fragen gestellt?“ Azad kratzt sich kurz an seiner Haarpracht, er scheint nachdenken zu müssen.
„Nein, auf einer Polizeistation war ich nicht. Die Leute waren in Zivil und die Registrierung war direkt im Asylheim”, fällt es ihm wieder ein. „Die Befragung ist eigentlich genauso wie heutzutage abgelaufen. Du wirst dort solche Sachen gefragt wie beispielsweise: ‚Wie heißt du? Wann bist du geboren? Woher kommst du? Warum kommst du her?‘ Ja, das ist heute genau das Gleiche wie damals, denke ich.
„Gibt es denn auch Unterschiede zu damals?“, hake ich nach.
„Absolut“, fährt Azad fort.
„Heute musst du ihnen viel detaillierter deinen Fluchtgrund schildern“. Ich denke an die ganzen Sicherheitsbefragungen, zu denen die Bewohner regelmäßig gehen müssen. Einmal hat ein fünfjähriger Junge aus unserem Heim, der noch dazu eine Behinderung hat, eine solche Aufforderung bekommen.
„Und du musst deine Identität bestätigen.“ Jetzt denke ich insbesondere an unsere nigerianischen Bewohner, die ständig zur Passbeschaffung aufgefordert werden. Da die nigerianische Botschaft aber noch viel chaotischer ist als die Geflüchteten im Heim selbst es sind, war es uns ein Jahr lang unmöglich überhaupt dort einen Termin für die Ausstellung von Reisepässen zu beantragen und ich glaube nach wie vor ist es schwierig.
„Damals haben sie dir geglaubt und dir einen Aufenthalt und einen Reisepass gegeben. Aber damals, als dann Saddam Hussein im Irak gestürzt worden ist, haben sie mir meinen Titel auch wieder entzogen. Ich hatte die Möglichkeit, innerhalb von drei Monaten freiwillig in den Irak zurückzugehen oder mit Handschellen.“
„Bist du untergetaucht?“, fragt Daniel.
„Nein, ich habe weitergearbeitet, aber unter Angst. Ich hatte ständig Angst, dass die Polizei kommt. Insbesondere nachts, denn von vielen wusste ich, dass sie bevorzugt morgens so zwischen vier und fünf Uhr kommen und dich abholen.“
„Hat denn jemals die Polizei bei dir geklopft?“, will nun Shafiq wissen.

„Nein, ich hatte Glück. Bei mir kam nie die Polizei vorbei, aber ich hatte Freunde, die auch tatsächlich zurück in den Irak mussten. Aber das waren meistens die Kriminellen." Ich merke, wie ich meine Augenbrauen nach oben ziehe, was mein Freund zu bemerken scheint, denn er klärt mich unverzüglich auf.
„Viele Iraker haben damals Drogen verkauft, sind in Schlägereien geraten und solche Dinge eben. Ich habe das nicht gemacht, aber trotzdem hatte ich Angst." Nach den ganzen anderen Schlägergeschichten meines Kollegen wundert mich das jetzt ein bisschen. Azad muss seine Erzählungen unterbrechen, denn die kleien Shalima steht vor unserer Plexiglasscheibe.
„Kann ich malen?", fragt die Fünfjährige und zeigt uns ihre Zahnlücken.
„Was willst du denn für ein Ausmalbild?", frage ich das Kind.
„Ein Ladybug!", sagt die Kleine bestimmt. Also drucke ich ein Bild davon aus und gebe es ihr. Das Mädchen macht es sich auf unserem Beratungsstuhl gemütlich, ich hole ein paar Buntstifte hervor und Azad fährt fort.
„Nachdem ich mich im Asylheim dann registriert habe, wurde mir mein Zimmer von einer älteren Dame gezeigt. Die Frau hat die Tür aufgemacht und wir sind eingetreten. Ich habe noch ein detailliertes Bild von diesem Zimmer im Kopf. Es hat sehr karg gewirkt und sechs Betten sind daringestanden. Als die Frau und ich eingetreten sind, saßen zwei Männer auf ihren Betten, haben geraucht und irgendeine Musik, die ich nicht kannte, gehört. Die Liedtexte waren auf Kurdisch und so ging ich davon aus, dass es sich bei den zwei Männern um Kurden handeln musste. ‚Das sind Arian und Miro', hat mich die Frau aufgeklärt. ‚Sie kommen genau wie du aus dem Irak.' Mit diesen Worten hat sie die Tür hinter uns zugezogen und mich mit den beiden allein gelassen. Mit einem ‚Merheba!' wurde ich von dem, den mir die Frau als Arian vorgestellt hatte, begrüßt. Ich habe seinen Gruß erwidert und wir haben uns ein bisschen unterhalten. Dic zwei Männer haben mich über meine Flucht ausgefragt und wollten wissen, was ich in Deutschland mache, ob ich schon einen Aufenthaltstitel habe und solche Sachen eben. Ich bin mir ein bisschen wie bei dem Verhör kurz

zuvor vorgekommen, aber habe es trotzdem über mich ergehen lassen. Wer weiß, wie lang ich mir noch ein Zimmer mit den beiden teilen musste. Ich habe versucht, ein bisschen Smalltalk mit ihnen zu führen, und so habe ich sie gefragt: ‚Was für Musik hört ihr da?' Das hätte ich vielleicht besser nicht fragen sollen, denn kurz ist eine Totenstille eingetreten und Miro hat mich angeschaut, als wäre ich ein Außerirdischer. ‚Du kennst echt nicht Abdul Kader?! Das kann doch nicht sein, dass du Abdul Kader nicht kennst! Er ist unser Michael Jackson! Aber wenn ich es mir jetzt so richtig überlege, hört sich dein Akzent auch echt merkwürdig an.' Miro hat mich daraufhin überprüfend angeschaut und ich habe mich eiskalt ertappt gefühlt. ‚Gib's zu! Du bist gar kein Iraker!' Nach dieser Behauptung hat mich dann auch Arian äußerst misstrauisch gemustert. Ihr müsst verstehen, sie haben gedacht, ich wäre ein Kurde, der von woanders herkommt. Viele Flüchtlinge machen das heute ähnlich. Sie geben sich zum Beispiel als Syrer aus, um Asyl in Deutschland zu bekommen, sind aber in Wahrheit Araber aus Marokko. Deswegen haben mir die beiden nicht geglaubt, dass ich Kurde bin. ‚Wer bist du?!', hat Arian gezischt. ‚Sag uns die Wahrheit!' Ich weiß noch, wie mir in diesem Moment dort ein eiskalter Schauer über den Rücken gelaufen ist. ‚Doch, doch, ich bin Iraker! Kurdischer Iraker', habe ich den Männern versichert und dabei versucht, so glaubwürdig wie irgend möglich zu klingen." Ich merke, wie sich mein Körper im Assistentenbüro bei diesen Erzählungen ein wenig verkrampft.

„Aber haben sie dich verpetzt?", falle ich meinem Kollegen ins Wort.

„Nein, aber ich hatte Angst, dass sie es tun würden." Jetzt frage ich mich: „Konntest du dich denn irgendwie ausweisen? Hattest du nicht noch einen irakischen alten Pass von dir?" Azad muss nicht lang überlegen.

„Nein, ich hatte noch keinen Pass. Ich musste bei der Registrierung auch keinen Pass vorzeigen. Aber ich hatte vor, mir einen gefälschten Pass mit dem Namen Azad Mohammed zu kaufen." Ich lasse die Erzählungen meines Freundes eine Weile auf mich wirken, dann schaue ich mehr durch Zufall als bewusst auf unsere große Uhr rechts neben der gläsernen Tür, die zum Garten hinausgeht.

„Oh, es ist ja schon fünf. Ich habe Feierabend, ich muss los!“, sage ich, schnappe mir meine Softshelljacke und verabschiede mich von meinen Kollegen.

Ein paar Tage später stehe ich vor der gläsernen Eingangstür unseres Büros und lasse gerade die ersten Sonnenstrahlen auf mich einwirken, als sich Azad gegen zehn Uhr an der Plexiglasscheibe vorbeidrückt. Er stellt sich neben mich in die Sonne, um sich erst einmal eine Zigarette anzuzünden.
„Wie geht's dir?“, fragt mein aufmerksamer Kollege wie jeden Tag.
„Ganz gut soweit. Und dir?“, frage ich ihn.
„Danke, es geht mir auch gut.“ Wir stehen ein Weilchen schweigend nebeneinander, nippen an unseren Tassen und blinzeln der langsam stärker werdenden Frühlingssonne entgegen.
„Azad, wenn du willst erzähl mir noch ein bisschen von deiner Zeit in Landsberg in der Asylunterkunft”, durchbreche ich das Schweigen. Er überlegt kurz, nimmt einen tiefen Zug von seiner Zigarette und fängt dann an zu berichten.
„Weißt du, meine Landsleute haben mir lange misstraut, nach diesem Vorfall mit dem kurdischen Michael Jackson und der Tatsache, dass ich so einen komischen kurdischen Akzent hatte und deswegen haben sie mich immer wieder auf die Probe gestellt. Alle meine fünf Mitbewohner haben mich immer wieder gefragt: ‚Bist du wirklich Kurde oder nicht?‘“
„Wie hast du dann darauf reagiert?“, will ich wissen.
„Ich konnte meinen Landsleuten nicht die Wahrheit sagen, die hätten mich sofort verraten und dann wäre ich abgeschoben worden. Ich hatte damals kein Bleiberecht und natürlich habe ich deswegen viel gelogen, um Asyl zu bekommen. Das ist genau das Gleiche, was heute viele Afghanen und Ukrainer machen. Ja, und so habe ich verschwiegen, dass ich in Russland gelebt habe. Ich habe denen nur erzählt, dass ich Kurde aus dem Mosul bin, mehr nicht, denn als Kurde aus diesem Gebiet hast du damals im November 2001 sofort einen Aufenthalt bekommen. Aber als dann Saddam Hussein 2003 gestürzt worden ist, wurde der Aufenthaltstitel von allen Irakern in Deutschland widerrufen

und ihre Aufenthaltserlaubnis ist somit ungültig geworden. Das irakische Regime ist gestürzt worden und deswegen hat es dort für die Menschen keine Gefahr mehr gegeben. Also sollten sie zurück in ihre Heimat gehen. Eigentlich hätte ich innerhalb von drei Monaten Deutschland verlassen müssen. Sechs Jahre lang hatte ich Angst, wenn es an der Haustür geklingelt hat. Aber nicht nur ich habe Dinge verschwiegen. Es gab viele Iraker, die nicht direkt aus dem Irak gekommen sind. Genauso wie ich aus Russland gekommen bin, sind andere Iraker aus Polen, Frankreich oder Österreich nach Deutschland eingereist. Aber diese Leute waren wirklich durchtrieben. Sie haben mehrere Asylanträge in verschiedenen Ländern gestellt und überall das Geld kassiert. Auf diese Weise haben einige Flüchtlinge Gelder sowohl in Deutschland als auch in Holland, Österreich oder Dänemark kassiert. Auch heute machen das viele Ukrainer noch so. Andere sind auch nach Deutschland gekommen, weil der Asylantrag in vielen Ländern schlichtweg länger gedauert hat."

Ganz schön skrupellos, aber clever sind doch so manche Leute, denke ich mir.

„Und was hast du dann den ganzen Tag in dem Asylheim gemacht? Wie lange warst du dort überhaupt?", frage ich meinen Arbeitskollegen und denke dabei an unsere eigenen Bewohner, denen es manchmal an einem Arschtritt fehlt, um in die Gänge zu kommen und schon seit sechs Jahren hier wohnen.

„Also ich war insgesamt drei Monate in diesem Heim", überlegt Azad kurz.

„Und ich habe in dieser Unterkunft dann auch erstmal gearbeitet und zwar als Friseur. Das war meine erste Arbeit hier in Deutschland überhaupt. Eine Mark pro Schnitt habe ich damals verlangt."

„Als Friseur? Konntest du das überhaupt Haare schneiden? Und wo hast du da genau gearbeitet?", unterbreche ich ihn wieder.

„Direkt in der Asylunterkunft war ein Friseur. Da musste ich nur einen Antrag stellen und dann konnte ich den Laden übernehmen und das habe ich auch gemacht", sagt Azad, als wäre es das Natürlichste der Welt.

„Ich hatte Erfahrung mit Haare schneiden, das habe ich auch in Russland schon gemacht. Und das mache ich heute immer noch privat bei Freunden und der Familie."
Gut zu wissen, denke ich mir und schaue an mir hinunter. Ganz schön viel Spliss hat sich an meinen Haarspitzen gebildet.
„Auf diese Weise habe ich zwanzig Mark am Tag verdient. Das war sehr viel Geld für mich damals und ich habe sogar ein bisschen davon in den Irak schicken können." Zwanzig Mark hört sich für mich, selbst für damalige Verhältnisse, nicht nach sonderlich viel Geld an, weswegen ich ihn frage: „Du musstest dann aber nichts für die Unterkunft bezahlen oder? Und was für Ausgaben hattest du sonst noch?"
„Nein, für die Unterkunft musste ich damals nichts bezahlen. Und auch sonst hatte ich keine Ausgaben. Ich habe nicht geraucht, Essen haben wir dort bekommen, in der Unterkunft gab es Catering, und Kleidung hatte ich schon vorher genug gehabt", überlegt Azad.

Akar kommt uns besuchen.
„Guten Morgen meine Liebe! Wie geht's?" fragt er in seinem gebrochenen Deutsch.
„Gut Akar, wie geht's dir?", gehe ich auf ihn ein.
„Ja gut, gut", sagt er.
„Ist das Baby schon da?", frage ich ihn neugierig.
„Ja, gestern gekommen", sagt er und als ich das höre mache ich große Augen.
„Herzlichen Glückwunsch!", freue ich mich für ihn.
„Wie heißt denn der Kleine?" Akar sagt wie aus der Pistole geschossen: „Asklepios!" und ich merke nur, wie ich ihn anstarre, denn nun bin ich verdutzt.
„Nein Akar, das ist die Klinik in der er geboren ist. Wie heißt er?"
„Asklepios", sagt Akar noch einmal und scheint sich nicht aus der Ruhe bringen zu lassen.
„Gute Klinik, guter Name." Mir fehlen die Worte. Dieser Bewohner erstaunt mich doch immer wieder aufs Neue. Azad, der neben mir steht, raunt mir zu.

„Er wollte ihn zuerst Ali nennen, aber da habe ich gesagt: ‚Spinnst du? Das ist genauso wie Mohammed!'"
„Okay", denke ich mir grinsend, „wenn man es so betrachtet, dann hat der Kleine mit Asklepios noch Glück gehabt."
„Darf ich ihn mal sehen?" frage ich unseren Bewohner. Und natürlich antwortet der frisch gebackene Papa.
„Natürlich! Komm, komm", und mit einer einladenden Handbewegung folge ich ihm in sein Familienapartment.

Auf dem großen Bett im Zimmer sitzt seine Frau und hält das Neugeborene. Ich merke, wie gerührt ich bei diesem Anblick werde. Das Baby hat genau das gleiche, verschmitzte Gesicht wie seine beiden älteren Brüder.
„Komm, komm", sagt Akar.
„Nimm ihn auf den Arm!", und auch seine Frau streckt mir den kleinen Mann entgegen. Ich nehme das Baby entgegen und merke, wie sich ein wohlig warmes Gefühl in mir ausbreitet, als ich es in meinem Arm halte und anschaue. Er ist winzig, aber ein kräftiges, gesundes Kind. Augenblicke wie diese lassen den ganzen anderen Ärger mit so manch anderen Bewohnern vergessen, denke ich mir. Doch bald darauf verabschiede ich mich, denn ich will mich nicht aufdrängen, die beiden brauchen Ruhe. Also gehe ich zurück zu Shafiq, der mittlerweile auch eingetroffen ist, und Azad ins Büro der Assistenten, setze mich zu den beiden auf die Couch und versuche wieder in die Geschichte einzusteigen.
„Wie praktisch, dass es bei euch damals Catering gab, genau, wie das die Ukrainer jetzt im Erstaufnahmelager bekommen. War das bei euch dann auch eher ein Erstaufnahmelager?", greife ich das Thema, bei dem wir kurz zuvor stehen geblieben sind, wieder auf und denke dabei an die Containersiedlung, in der ich noch vor ein paar Wochen selbst gearbeitet habe. Azad hatte die Ansiedlung mit einem etwas besseren KZ-Lager verglichen, als er mich zum ersten Mal durch die Gänge der Schlaflager dort geführt hat. Ich habe gehört, dass man es den Geflüchteten in diesem Camp nicht zu angenehm machen wollte, denn

es sollte ja nur eine Erstaufnahmehalle sein und keine Unterbringung für die Ewigkeit.
„Ja, das könnte man so sagen, das war eher so wie eine Erstaufnahmestelle. Und schmutzig war es dort, das könnt ihr euch nicht vorstellen!“, erinnert sich Azad zurück. Ich glaube, das will ich auch gar nicht so wirklich. Wir haben zwar zwei Putzfrauen, die sogar am Wochenende den ganzen Tag das Heim von oben bis unten durchwischen, aber oft kommen sie gar nicht hinterher. Die Leute schmeißen ihren Müll auch überall hin. Dauernd liegen Schokoladenpapier und Äpfel, manchmal sogar Hühnerknochen auf dem Boden verteilt. Die Heimbewohner werfen ihren Müll manchmal auch aus dem Fenster. Man kann von Glück reden, wenn einem keine Bananenschale auf den Kopf fällt.
„Hattet ihr keine Putzfrauen dort?“, fragt Shafiq.
„Nein, Putzfrauen hatten wir nicht, aber die Flüchtlinge haben dort selber geputzt. Das haben sie gern gemacht, denn dafür wurden sie bezahlt. Wir haben eine Mark pro Stunde bekommen und eine Mark war zu diesen Zeiten viel wert. Nur damit ihr eine Vorstellung habt: Eine Schachtel Zigaretten hat damals drei Mark gekostet.“
Eigentlich ist das ein gutes Konzept“, denke ich mir.
„Warum wurde das überhaupt abgeschafft? Dann hätten die Flüchtlinge hier auch eine sinnvolle Beschäftigung und würden ein anderes Sauberkeitsgefühl bekommen.“
„Einige haben schnell einen Aufenthaltstitel bekommen und sind dann umverlegt worden. Und dann sind natürlich immer wieder neue nachgekommen. Fast jede Woche sind neue Leute gekommen und da waren auch einige dabei, die Sachen geklaut haben.“ Das wundert mich nun gar nicht, wenn ich an die Skrupellosigkeit der Leute, die sich in zwei Ländern registriert haben, denke.
„Wir durften unsere Tür auch nicht verschließen und deshalb musste ich immer mein ganzes Geld und meine Wertsachen mitnehmen.“
„Gab es denn keine Spinde?“, frage ich, denn das überrascht mich jetzt doch schon ein wenig, aber Azad lacht nur und ich merke, wie Sarkasmus in seinem Tonfall mitschwingt.

„Nein, wir hatten null Privatsphäre. Aber so hat man sich zumindest recht schnell kennen gelernt. Obwohl sie anfangs extrem misstrauisch mir gegenüber waren, habe ich viel mit den anderen Kurden unternommen. Jeden Tag haben wir miteinander Fußball gespielt. Drei Monate habe ich nur Sport gemacht."
So wie in Russland, denke ich. Meine Augen bleiben auf Azads Ordner in unserem Büro hängen. *Azad Sport* steht darauf.
Ja, das ist nach wie vor ein wichtiger Bestandteil seines Lebens, denke ich. Jetzt, nach ungefähr einem halben Jahr, darf er auch wieder Sport machen. Nach der Haartransplantation musste mein Kollege einige Monate eine Pause einlegen. Zurzeit trainiert er nun die Jugendlichen im Heim. Dreimal wöchentlich bietet Azad Kickboxen für die Halbstarken an. Er hat dadurch einen guten Zugang zu ihnen bekommen, konnte eine Vertrauensbasis zu den Jugendlichen aufbauen. Das Kickboxen ist eine gute Möglichkeit für sie zu lernen, gesund mit ihren Aggressionen umzugehen.
„Ansonsten sind wir auch viel in der Stadt spazieren gegangen", erzählt Azad weiter.
„Wir haben die Deutschen bewundert."
„Warum?", frage ich doch ein wenig überrascht.
„Weil alles so schön sauber war. Ich habe noch nie zuvor in meinem Leben so saubere Straßen gesehen", schwärmt Azad jetzt und ein bisschen Nostalgie liegt in seiner Stimme.
„Es war eine andere Welt." Ich erinnere mich an eine meiner Reisen, als ich mit einer Freundin in Barcelona unterwegs war. Wir trafen dort einen Mann und er fragte uns, wo wir herkämen.
„Deutschland", hatte ich damals zu ihm gesagt.
„Deutschland, das ist das Paradies. Da sind die Straßen so sauber", war die Antwort des Spaniers. Meine Gedanken werden von der Stimme meines Freundes unterbrochen.
„Oh ja, Landsberg ist heute immer noch so schön. Erst letztes Wochenende war ich wieder dort." Ich muss ihm recht geben. Diese Kleinstadt hat ihren Charme. Ich kenne sie wie meine Westentasche – wenn auch anders als Azad. Neun Jahre bin ich dort zur Schule gegangen.

„Aber wir haben auch viel Blödsinn gemacht in dieser Zeit. Und wir haben viel getrunken. Eines Tages sind wir im großen Aufenthaltsraum der Asylunterkunft zusammengesessen. Manche haben Tee getrunken, aber meine Freunde und ich haben schon früh am Tag mit dem Trinken angefangen. Der Alkohol hat anscheinend meine Zunge ein wenig gelöst und so habe ich nicht mehr aufgehört zu reden, ich habe erzählt und erzählt. Die ganze Wahrheit – von meiner Zeit im Internat, von meinem Leben in St. Petersburg und in Moskau. Ich glaube, ich hatte das Gefühl ihnen vertrauen zu können, weil sie mir auch vertraut haben. Von Arian habe ich erfahren, dass er von Holland nach Deutschland gekommen ist. Miro war davor in Österreich. Deswegen habe ich geglaubt, dass ich auch die Wahrheit sagen konnte. Aber dann ist etwas passiert, mit dem ich gar nicht gerechnet hatte. Miro ist plötzlich vom Tisch aufgestanden und hat durch den ganzen Saal geschrien: ‚Ich komme aus Holland und der da aus Russland, aber falls auch nur einer von euch uns verpetzt, werde ich eure Mutter ficken.'" Im Hier und Jetzt in unserem Assistentenbüro bleibt mir der Mund über das, was ich da gerade höre, offenstehen und auch Shafiq scheint überrascht zu sein. Azads Kumpels mussten wirklich betrunken gewesen sein.
„Nach diesem Vorfall hatte ich solche Angst und musste mit irgendjemandem darüber sprechen. Deswegen habe ich meinem Onkel Yar die ganze Geschichte erzählt. Als er davon erfahren hat, ist er kreidebleich geworden und hat mich nur angeschnauzt: ‚Warum hast du denen vertraut?!' hat er gezischt und dabei wütend und auch besorgt gewirkt. ‚Jetzt bist du denen ausgeliefert!' Mit diesen Worten hat er mir nur noch mehr Angst gemacht. Wochenlang konnte ich nicht schlafen, weil ich jede Nacht panische Angst hatte, dass die Polizei mit Handschellen kommen und mich mitnehmen würde. Aber Gott sei Dank ist nichts passiert. Die Polizei ist nie vor meiner Tür gestanden, stattdessen ein freundlicher Sozialarbeiter, der mir mitgeteilt hat, dass ich nach Augsburg verlegt werden sollte. Ich kannte zwar nicht den Grund dafür, aber für mich war das super, denn da sind so viele Russen. Fast jeden Tag wurde ich auf eine andere Party eingeladen." Azad wirkt glücklich, als er sich an diese Zeit zurückerinnert.
Shafiq schaut auf seine schwere Gucci Armbanduhr.

„So, liebe Kollegen, es ist schon wieder dreizehn Uhr. Zeit für die Pause!“, sagt er, wie fast jeden Tag und ich grinse. Also schließen Shafiq, Azad und ich das Büro zu und machen uns auf den Weg in die Mitarbeiterküche. Wir setzen uns um den großen runden Küchentisch zu Aileen, Karin und Daniel, die sich gerade über die neuesten Entwicklungen in der Ukraine austauschen. Die Lage hat sich noch immer nicht sonderlich gebessert. Es steht viel Arbeit an mit den ukrainischen Geflüchteten. Aber es ist interessante Arbeit. Diese Kultur der Ukrainer ist noch einmal eine ganz andere im Vergleich zu der Kultur der Nigerianer, Araber oder Afghanen. Die Ukrainer machen bisher einen sehr selbstständigen Eindruck und brauchen uns eigentlich nur wenig. Viele sind Studenten und wollen in Deutschland weiter studieren.

Vor der Tür steht Jirougorou, unser sehr temperamentvoller Nigerianer. Er beschwert sich mit lauter Stimme bei mir über den Hausmeister.
„Sag ihm, dass mein Kühlschrank schon seit zwei Monaten kaputt ist! Ich habe schon Kakerlaken deswegen im Zimmer“, schreit er. Anfangs bin ich bei seinem Tonfall oft zusammengezuckt, aber mittlerweile habe ich mich voll und ganz daran gewöhnt. Also beschließe ich den Hausmeister aufzusuchen und schildere ihm die ganze Situation. Der Hausmeister legt den Kopf schief und ich habe den Eindruck er wirkt ein bisschen genervt.
„Nein, das stimmt nicht. Ich habe den Kühlschrank überprüft, der funktioniert einwandfrei. Der will nur einen neuen haben“, ist seine Antwort. Ich wundere mich nicht, als ich das höre.
Dieser Jirougorou hat es faustdick hinter den Ohren, denke ich mir, gehe wieder zurück zu Shafiq und Azad und setze mich auf die Couch. Die beiden unterhalten sich über Autos, überhaupt nicht mein Thema und so schaue ich kurzerhand weiter zu Daniel ins KiJuFa Büro. Ich wollte eh noch mit ihm das Osterprogramm ausführlicher besprechen. Also tauschen wir uns darüber aus, wie wir alles planen wollen. Wir organisieren den Ablauf der Osternester-Bastel- und anschließenden Suchaktion im Garten, planen ein Eierfärbe-Event, suchen ein Bilderbuch mit der Ostergeschichte heraus und überlegen uns ein

Ferienprogramm für die Jugendlichen. Daniel will Ausflüge machen, Bouldern gehen, Billard spielen und in den Stadtpark.
Das sind alles sehr gute Ideen, denke ich mir.

Auf dem Weg zurück in mein Büro denke ich über meine Arbeit im Allgemeinen nach. Es ist meine ganz persönliche Hölle und mein Paradies, denn meine Tätigkeit kann ich gleichermaßen lieben und hassen. Wenn ich sinnlose Diskussionen, so wie mit Jirougorou über seinen Kühlschrank führen muss, dann hasse ich meine Arbeit. Aber ich liebe meine Tätigkeit, weil wir so viele Freiheiten haben und uns kreativ ausleben können.
Die nächsten Stunden verbringe ich damit, nach Osterbastelideen auf Pinterest zu suchen. Die Zeit vergeht wie im Flug und als ich auf meine Armbanduhr schaue ist es auch schon wieder fünf.
„Ich habe Feierabend!“, sage ich zu Daniel.
„Ich muss los, ich treffe mich gleich noch mit einer Freundin“, Ich schnappe mir meine Jacke, laufe an den Büros von Karin, Aileen, Azad und Shafiq vorbei und verabschiede mich bei meinen Kollegen. Dann gehe ich den langen Gang entlang, biege links Richtung Fahrradschuppen ab, schwinge mich auf mein Rad und fahre in die Stadt.

Nächster Halt: Asylheim Augsburg

Es ist ein Montag Anfang April. Als ich in der Unterkunft eintreffe, fällt mir wieder ein, dass heute noch ein wichtiger Punkt auf dem Programm steht. Genoveva, eine Kulturvermittlerin, und Fynn, ein Kontaktpolizist wollten im Rahmen eines Brückenbauen-Projekts zu uns in die Unterkunft kommen. Ich hatte mich schon vor Monaten als Freiwillige gemeldet dieses Projekt mit zu koordinieren, denn mir gefiel die Idee dahinter: Einen gegenseitigen Vertrauensaufbau zwischen den Polizisten und Bewohnern durch gemeinsame Aktivitäten schaffen. Ich glaube, dass viele unserer Bewohner ähnliche Erfahrungen wie mein Kollege Azad in Russland mit der Polizei gemacht haben. Sie sollen lernen, dass die Beamten hier in

Deutschland nicht korrupt sind und keinen nachts aus einem Zug stoßen können. Sie sollen lernen und verstehen, dass es hier Regeln und Gesetze gibt, an die sich ein jeder Bürger halten muss, und die Aufgabe der Polizei nur darin besteht, das zu kontrollieren. Genoveva, die Leiterin dieses Projekts, Fynn, ein Kontaktpolizist, und Marta, eine Kulturmoderatorin, fahren nachmittags mit einem Polizeiauto auf unseren Hof. Sie haben Getränke und Knabbereien mitgebracht, die wir auf ein paar aufgebaute Biertische stellen. Außerdem haben sie für die Kinder Polizei-Ausmalbilder dabei. Ich trommle unsere Bewohner zusammen, doch anfangs ist die Teilnahmebereitschaft wie meistens eher zögerlich. Die Erwachsenen machen einen sehr misstrauischen Eindruck, fällt mir zuerst auf. Nur die Kinder, die sich schon den ganzen Tag langweilen, kommen fröhlich rennend heruntergelaufen. Sie haben überhaupt keine Hemmungen, denn sie stürzen gleich auf den Polizisten zu und fummeln an seinen Handschellen, der Pistole und dem Schlagstock, die er an seinem Gürtel trägt, herum, so dass Fynn eher schauen muss, wie er von diesem Ansturm Abstand bekommen kann. Als der Beamte nicht mehr interessant scheint, klettern die Kinder ins Polizeiauto und setzen sich auf den Fahrer- und Beifahrersitz.

„Wollt ihr, dass ich mal das Blaulicht anmache?“, fragt Fynn und die Kinder jubeln. Sie scheinen einen Heidenspaß zu haben. Später kommen auch ihre Eltern. Sie treten erst etwas schüchtern an uns heran, nehmen sich ein Getränk und ein bisschen etwas von den Knabbereien. Ich erblicke Emal unter den Bewohnern. Er traut sich auf Fynn zuzugehen und stellt ihm auch gleich ein paar belanglosere Fragen.

Das Projekt *Vertrauensaufbau* scheint zu funktionieren, denke ich mir und bin zufrieden. Nachdem die Getränke ausgetrunken und die Snacks aufgegessen sind, packen wir alle Sachen zusammen. Fynn, Genoveva und Marta verabschieden sich und fahren im Polizeiauto davon. Die Kinder rennen dem Auto bis zum Tor hinterher und winken. Ich gehe lächelnd zurück in die Unterkunft.

„Willst du uns weiter erzählen, wie es dann in Augsburg war?“, frage ich meinen Kollegen und nehme neben ihm auf dem Sofa Platz. Azad grinst.

„Na klar."

„Ich wurde nach Augsburg verlegt, weil Landsberg damals nur eine Erstaufnahmestelle war, so wie das Erstaufnahmelager für die Ukrainer hier im Moment. Von Landsberg aus wurden alle Geflüchteten weiter verteilt. Das Heim in Augsburg war so konzipiert, dass wir dort bleiben konnten, bis wir eine Aufenthaltserlaubnis bekommen haben. Manche haben dort schon fünfzehn Jahre lang mit Duldung gelebt. Ihr müsst euch vorstellen, früher war es sehr schlimm, nur eine Duldung zu haben. Mit diesem Titel durften wir Flüchtlinge überhaupt nicht arbeiten und Augsburg auch nicht verlassen. Wir hatten weniger Rechte als ein Hund, die durften sich immerhin frei bewegen." Durch die dreimonatige Coronaquarantänenzeit in Spanien kann ich nur zu gut nachvollziehen, wie es sich angefühlt haben muss so dermaßen eingeschränkt zu sein.

„Und wir haben auch nur zweimal die Woche, immer dienstags und freitags, ein Paket mit Konservendosen, gefrorenem Hühnchen, Reis, Linsen, Saft und Milch bekommen. Ich hatte mehr Glück als viele, weil ich nur sieben Monate in diesem Heim war. Insgesamt also hatte ich meine Aufenthaltserlaubnis nach nur neun Monaten." Ich merke, wie Azad nachdenkt.

„Genau, im Februar 2002 habe ich meinen Aufenthalt bekommen. Aber 2005 haben sie mir meinen Titel wieder abgezogen, da wurde Saddam Hussein gestürzt. 2011 habe ich die Aufenthaltserlaubnis erst wiederbekommen. Wegen meiner Familie, meiner Frau und meiner Tochter. Das war dann quasi wie Familiennachzug", erklärt mein Kollege und fährt fort.

„Damals in der Asylunterkunft dort in Augsburg waren etwa siebzig Prozent der Bewohner Kurden. Ungefähr so wie jetzt hier siebzig Prozent der ukrainischen Flüchtlinge Roma sind", lacht er. Gestern war Azad mal wieder in der anderen Unterkunft gewesen. Die dreißigköpfige Roma Familie dort hat Läuse, die Krätze und Tuberkulose.

„Diese Kurden waren nur Männer aus dem Irak zwischen siebzehn und fünfunddreißig Jahren. Ansonsten haben dort noch viele jüdische

Familien aus Weißrussland und der Ukraine gelebt. Aber auch Kurde war dort nicht gleich Kurde, müsst ihr wissen. Wir waren Kurden aus verschiedenen Klans sage ich jetzt mal, aus verschiedenen irakischen Gebieten, aus verschiedenen Stämmen und auch zwischen uns hat es damals im Irak Krieg gegeben. Neunzig Prozent der im Heim lebenden Kurden kamen aus einem befeindeten Stamm, aber das wusste ich bei meiner Ankunft noch nicht. Ich war zu lange aus dem Irak weg und kannte mich mit der politischen Lage dort nicht so gut aus. Die anderen Kurden in der Unterkunft wussten es allerdings ganz genau und sie haben mich sofort gefragt: ‚Welche Sprache sprichst du?‘ Ich habe denen geantwortet: ‚Kurmandschi,‘ die Sprache, die die Jesiden sprechen und der Kurde, der mir diese Frage gestellt hatte, wies mich ein: ‚Da musst du zum anderen Block gehen.‘ Mit einer Handbewegung hat er mich dann auf den mittleren der drei Häuserblöcke, aus dem das Asylheim bestand, verwiesen. Er hat mir das so mitgeteilt, als ob er mir erzählen würde, wie das Wetter am nächsten Tag wird. In seinem Tonfall ist weder Hass, ein Vorwurf, noch Wut mitgeschwungen. Er hat diese Worte sehr nüchtern, ja fast schon freundlich zu mir gesagt. Trotzdem habe ich verstanden, dass diese Kurdengruppe gegen mich war. Ein Kurde aus meinem Häuserblock hat mir dann auch später berichtet, dass es bevor ich in dieses Heim gekommen bin, sehr viele Schlägereien zwischen den unterschiedlichen Stämmen gegeben hat. In den sieben Monaten, wo ich allerdings dort war, habe ich keinen derartigen Zwischenfall miterlebt. Aber irgendwie habe ich mich unter den Kurden, auch unter denen, die meine Muttersprache gesprochen haben, nicht so sonderlich wohl gefühlt. Ich wollte mich mit den Russen unterhalten, aber das durfte ich nicht.“

„Warum?“, unterbreche ich meinen Freund und bin dabei ein wenig verständnislos.

„Es war zu gefährlich, falls jemand herausfinden würde, dass ich aus Russland komme.“

Das Licht im Gang geht plötzlich an, und Fill steht vor uns.

„Hallo Leute! Wie geht’s?“, ruft er in die Runde.

„Gut gut, und dir?“, fragt Shafiq und schaut zu ihm hinüber.
„Auch gut, danke. Bitte, kann ich etwas ausdrucken hier?“ Jetzt mustern wir ihn alle und zögern einen Moment, denn höchstwahrscheinlich möchte der Tätowierer nur wieder ein paar seiner Vorlagen ausdrucken und wir hatten schon viele Teamsitzungen zu dem Thema, was wir für die Bewohner ausdrucken sollten und was nicht. Seit zwei Monaten stehen wir zudem vor einem anderen Problem: Unsere Druckerpatronen sind leer und anscheinend gibt es Schwierigkeiten mit der Lieferung. Auch dazu hatten wir schon viele Teamsitzungen, aber leider weiß keiner, wo die Patronen festhängen und warum die Lieferung so lange dauert. Schon allein deshalb sagt Shafiq zu unserem Bewohner: „Wir können nichts für dich ausdrucken, wir haben im Moment keinen funktionierenden Drucker. Außerdem haben wir gesagt, dass wir nichts mehr für private Zwecke für die Bewohner ausdrucken.“ Fills Miene verfinstert sich und er wirkt ein wenig beleidigt, als der Afghane hervorstößt:
„Wo soll ich denn dann meine Sachen ausdrucken?“
„Geh zu einem Copyshop oder bei „dm“ kannst du das auch machen“, rät Shafiq ihm. Ein bisschen verärgert zieht Fill von dannen. Azad schaut auf unsere Bürozimmeruhr, die bereits fünf vor sechs anzeigt.
„Leute, wir haben Feierabend“, sagt Shafiq. Also packen wir unseren Kram zusammen, räumen das Büro auf, sperren die Tür zu und machen uns auf unseren Weg.

Osterferien

Am nächsten Tag treffe ich pünktlich um neun in der Unterkunft ein und sperre mein Fahrrad wie gewohnt an der Regenrinne hinter dem Müllcontainerlager ab. Ich bin gerade auf dem Weg in die Unterkunft, als mir Akar auf seinem Fahrrad entgegenkommt.
„Guten Morgen, meine Liebe!“, schreit er mir noch schnell entgegen und wirkt dabei äußerst enthusiastisch, während er in die Pedale tritt.
„Ich komme gleich, ich habe viel Post von Jobcenter.“ Meine Mundwinkel ziehen sich nach oben.

„Mach das mein Lieber!“, sage ich und schaue in den Korb, der auf seinem Gepäckträger montiert ist und wo ein gelbes Kinderuntersuchungsheft drinnen liegt.
„Musst du zum Kinderarzt?“, frage ich ihn.
„Ja, ich muss Untersuchungstermine für Asklepios ausmachen. Ich bin spät dran!“, ruft er mir noch in seinem gebrochenen Deutsch zu und ist schon verschwunden. Als er weg ist, öffne ich die Eingangstür zur Unterkunft und gehe den Gang entlang auf direktem Weg in mein Büro. Da ich um diese Uhrzeit eine der ersten bin, schließe ich die Tür auf und mache das Licht an. Aileen im Nebenzimmer ist in einer Besprechung. Also fahre ich erst einmal den Computer hoch und lese mir die Übergabe durch, um einen Überblick zu bekommen, was in letzter Zeit so passiert ist. Ich lese den Eintrag von Daniel über eine unserer neuen ukrainischen Familien. „ER NERVT!“ hat er doch tatsächlich dort in Großbuchstaben hinterlassen. Während ich die Übergabe lese, höre ich Schritte im Gang und kurze Zeit später steht mein Kollege Daniel auch schon vor mir. Ich grinse bestimmt über beide Ohren, als ich ihn so anschaue.
„Ich bin gerade dabei, deine Übergabe über die Familie Shevchenko zu lesen.“ Daniel verdreht die Augen und wiederholt genau das, was er bereits verschriftlicht hat.
„Er nervt! Weißt du, was er bei der Münchener Tafel gebracht hat?“ Natürlich weiß ich es nicht.
„Erzähl!“, fordere ich ihn auf.
„Der Mann hat die Tafel beschissen. Er hat zu mir gesagt, dass er seinen Mitgliederausweis verloren hat und ich habe daraufhin dort angerufen. Die Tafel hat mir allerdings mitgeteilt, dass er versucht hat, die doppelte Menge zu kassieren.“ Ich ziehe die Augenbrauen hoch und Daniel erklärt: „Er ist zweimal hingegangen, obwohl er davor aufgeklärt worden ist, dass jeder nur einmal in der Woche Lebensmittel abholen darf. Das haben sie dann bemerkt und ihm den Ausweis entzogen. Von mir wollte er allerdings, dass ich ihm einen neuen beantrage. Die Tafel hat mich aber aufgeklärt und gesagt, dass sie ein derartig respektloses Verhalten nicht tolerieren und sie ihn deshalb gesperrt haben.“ Dieses Verhalten macht mich doch ein wenig

sprachlos und deshalb brauche ich erst mal einen Moment, bis ich etwas sagen kann, doch dann sprudelt es aus mir heraus.
„Wie dreist! So hätte ich ihn nicht eingeschätzt!“ und mir wird wieder einmal aufs Neue bewiesen, wie unverschämt so manch einer unserer Bewohner ist. Und das nach all dem, was Azad für die Familie getan hat. Dank meines Kollegen haben sie innerhalb weniger Wochen eine Wohnung gefunden, in die sie nun bald einziehen können.
„Und weißt du, wie er sich vor dem Wehrdienst gedrückt hat?“ Aus dem Gesichtsausdruck meines Kollegen werde ich nicht schlau.
„Nein!“, sage ich also nur.
„Es ist so, dass reichere Leute den ukrainischen Staat schmieren können. Zahlst du fünftausend Euro, kannst du als Mann in der Ukraine jetzt noch ausreisen. Die Armen haben keine Wahl und müssen kämpfen.“ Ich denke an die Worte von einem unserer Bewohner Ali Abdullah Ahmed Alkhatib, als er einmal zu mir gekommen ist und gesagt hat: „Anna, ich will Gerechtigkeit.“ Seine Aussage hat mich sprachlos gemacht und in diesem Moment wusste ich nicht, ob ich lachen oder weinen sollte. Innerlich habe ich mich aber nur gewundert, dass so eine Aussage genau von Ali gekommen ist. Der Bewohner, der auf unserer Krisenliste steht, hat eines unserer heiß begehrten Einzelzimmer, die wirklich nur unter besonderen Voraussetzungen zu bekommen sind, weil er unter anderem unter Depressionen leidet. Das ist zumindest seine offizielle Diagnose. Einmal hat mir Azad jedoch erzählt, Ali habe ihn vor langer Zeit gefragt, ob er leichter ein Einzelzimmer mit einer solchen Diagnose bekommen würde. Es ist also anzunehmen, dass Ali in Wirklichkeit gar keine Depressionen hat. Azad hat er sogar einmal direkt erzählt, dass er die Antidepressiva, die er vom Arzt bekommen hat, in den Müll schmeißt. Ich weiß nicht, ob er diese Behauptung nur so in den Raum geworfen hat und wie viel Wahres wirklich dahintersteckt, aber ich frage mich immer mehr, ob es so etwas wie Gerechtigkeit tatsächlich gibt.

Wir werden von Aileen unterbrochen, die mit einem Auftrag an mich gewandt in unser Assistentenbüro stürmt.

„Anna, kannst du die Familie Boyko zum Arzt begleiten? Sie haben um zehn Uhr dreißig einen Termin. Es geht um ein Attest, dass sie brauchen, denn ich habe sie für ein Familienzimmer vorgeschlagen."
„Ja klar, kann ich machen", antworte ich.
„Um was geht es denn genau?", frage ich nach, denn genau wie bei einem Einzelzimmer muss auch bei einem Antrag auf ein Familienzimmer ein triftiger Grund vorgewiesen werden. Und so erklärt mir Daniel ausführlich die Krankheitsgeschichte des dreijährigen Mädchens. Sie wurde mit zwei Hämatomen am Hinterkopf geboren. Zwei Wochen nach der Geburt wurden die Blutergüsse operativ entfernt. Die Entwicklung der Kleinen ist seitdem allerdings verzögert. Geistig ist sie auf dem Stand einer zweijährigen, obwohl sie eigentlich schon dreieinhalb ist. Ob diese Entwicklungsverzögerungen mit der Operation zusammenhängt oder nicht, ist unklar. Als ich diese Geschichte höre, tut mir die Kleine leid. Da unser Arztbesuch den halben Vormittag dauert, weil das Wartezimmer so voll ist, habe ich genug Zeit, die Mama und die Oma des Kindes ein bisschen näher kennen zu lernen. Sie machen einen sehr höflichen, ehrlichen und netten Eindruck. Ich würde es mir für die Familie wünschen, dass sie dieses Familienzimmer bekommen.
Nachdem wir zwei Stunden im Wartezimmer saßen, werden wir endlich aufgerufen und dürfen in das Arztzimmer eintreten. An der Wand hängt ein Bild, auf dem steht: ‚Kinder kämen nie auf die Idee, einander wegen ihrer Hautfarbe zu hassen.' Ich denke an Liah, die einmal gesagt hatte: „Ich spiele nicht mehr mit Ayana, weil sie schwarz ist." Bis heute wissen wir nicht, von wem sie diese Worte aufgeschnappt haben könnte.
Wir hatten Erfolg an diesem Tag. Der Arzt stellt der Familie ein Attest für das Familienzimmer aus.
Hoffentlich akzeptiert auch die Leiterin der Stadtverwaltung, die für die Zimmervergabe zuständig ist, dieses Zertifikat, denke ich mir. Dann hat sich das lange Warten zumindest gelohnt.

Mit dem Bus fahren wir zurück in die Unterkunft, wo ich auch endlich Shafiq zu Gesicht bekomme. Azad wurde heute in der Erstaufnahmeunterkunft für die Ukrainer eingesetzt.
„Hallo Anna! Alles gut?“, fragt Shafiq und freut sich sichtlich, mich zu sehen. Die Freude ist ganz meinerseits.
„Wie war es gestern noch, nachdem ich gegangen bin?“ Unser Team hatte sich tags zuvor zum Billard spielen verabredet, und da gerade Ramadan ist, ist Shafiq schon früher zum Abendessen nach Hause aufgebrochen.
„Ach, wir waren noch bis halb zehn da, aber es ist jetzt nichts Besonderes mehr passiert. Du hast also nichts verpasst“, überlege ich. Während wir uns unterhalten, kommt Daniel heute schon zum zweiten Mal in unser Büro gestürmt. Er scheint geladen und möchte Dampf ablassen.
„Und wisst ihr was?“ Shafiq und ich schütteln unisono unsere Köpfe.
„Akono ist so durchtrieben.“ Ich lache laut auf. Das war mir nicht neu.
„Was ist es denn diesmal?“, frage ich und bin dabei wirklich neugierig.
„Ich musste eine Nachricht an das Versandhaus Otto schreiben, weil er sich angeblich eine Perlenkette dort bestellt und nicht erhalten hat und er hat das Geld sogar schon rücküberwiesen bekommen. Jetzt kam aber auf, dass er die Kette sehr wohl bekommen hat.“ Diese Geschichte kommt mir irgendwie bekannt vor, denn auch ich musste schon einmal einen solchen Zettel für ihn schreiben. Ob das letzte Mal die Ware am Ende doch auch angekommen ist? Ich weiß es nicht, aber es würde mich nicht wundern. Ich beschließe aber, mich nicht weiter über den Bewohner aufzuregen. Wir haben genug zu tun. Eigentlich wollen wir doch heute die Osterkörbe basteln. Ich schaue auf die große Bürouhr. Es ist bereits kurz vor vier.
Mann, Mann, Mann. Heute ist die Zeit nur so im Flug vergangen, denke ich mir. Das mit den Osterkörben müssen wir wohl auf morgen verschieben. Aber vorbereiten können wir heute schon mal alles. Also suche ich eine Bastelanleitung heraus und mache schon einmal ein veranschaulichendes Exemplar. Stolz auf meine Bastelkünste präsentiere ich das zusammengebastelte Nest Shafiq und Daniel. Dann

verabschiede ich mich von meinen zwei Kollegen und mache mich auf den Weg.

Am Mittwoch schaffen wir es dann tatsächlich, Osterkörbe mit den Kindern zu basteln. Für die Kleinen ist es eine willkommene Abwechslung, sie sind begeistert bei der Sache und so haben wir am Ende wunderschöne bunte Osternester verziert mit Hasen, Lämmchen, Küken, Blumen und Eiern. Nachmittags kommt dann so richtig die Sonne raus und wir beschließen kurzerhand, mit den Jugendlichen in den Stadtpark zu fahren. Es ist ein abwechslungsreicher Arbeitstag und so mache ich mich nach Feierabend zufrieden auf den Weg nach Hause. Auf meinem einstündigen Fahrradweg höre ich einen Podcast über die derzeitige Entwicklung des Ukrainekriegs (Bröcker, 2022). In diesen Tagen ist immer wieder von der Stadt Butscha, einem kleinen Vorort von Kiew, die Rede. Ich höre von Gräueltaten, die sich in der Kleinstadt ereignet haben, von Leichen, die überall auf den Straßen liegen. Ein Journalist berichtet von einem Mann, der erschossen wurde, neben ihm sein Fahrrad und ein Kartoffelsack liegend. Er spricht von Menschen, denen die Hände auf dem Rücken zusammengebunden wurden und in deren Köpfe tiefe Einschusslöcher zu sehen sind, von einem Vater und seinem Sohn, die in ihrem Auto erschossen wurden, alle in zivil. Von mehreren hunderten Toten ist die Rede. Jetzt ist Frühling, auch in Butscha, und die Kirschblüten in den vielen Parks der Vorzeigestadt blühen. Tulpen, Osterglocken, Maiglöckchen und Krokusse bringen Farbe auf den tiefgrünen Rasen. Die Enten schnattern fröhlich im Teich und die Vögel singen in den Bäumen. Jetzt, wo die Tiere und Pflanzen erneut zum Leben erwachen, ist es der Mensch, der das Leben zum Erlöschen bringt. Butscha gleicht einer Geisterstadt. Viele Gebäude sind total zerstört. Der Journalist berichtet weiter, wie er mit einer Frau gesprochen hat, die mit ansehen musste, wie ihr Mann vor ihren Augen ermordet wurde. Es ist ein Verbrechen gegen die Menschlichkeit, das sich da gerade in diesem kleinen, schönen Vorzeigeort nicht weit weg von Kiew ereignet.

Als ich am Donnerstag in die Arbeit komme, hat es schon morgens wieder wunderschöne sommerliche Temperaturen. Die Knospen sprießen und die Blumen auf den Wiesen blühen in allen Farben. Auch die Vögel scheinen guter Dinge bei diesem Wetter zu sein, denn sie überstimmen sich regelrecht in ihrem Singsang. Nur Shafiq kann die Freude über das Blühen der Bäume und Blumen nicht ganz so teilen wie wir. Seine Allergien bringen ihn zum Verzweifeln und so blicke ich heute Morgen in die angeschwollenen Augen meines Kollegen und höre seine verstopfte Nase, als er mir schwach ein „Guten Morgen" zunäselt. Der Arme, und das auch noch zur Zeit des Ramadan. Trotzdem ist Shafiq motiviert im Einsatz bei unserem Osterprogramm mit den Kindern. Heute stehen Ostereier ausblasen und anmalen, Osterlämmchen backen und Ausmalbilder gestalten auf dem Programm. Außerdem haben wir Teamsitzung. Der erste Punkt auf der Liste sind mal wieder die ungefähr ein Dutzend alten Computer, die alle aus einer geschlossenen Unterkunft zu uns gekarrt worden sind und nun seit Monaten unser Kinderzimmer blockieren.
„Was sollen wir mit den Computern machen?", fragt Aileen nun schon gefühlt zum hundertsten Mal.
„Na, in unserem Kinderzimmer können sie auf Dauer definitiv nicht bleiben. Da stehen sie jetzt schon seit Anfang des Jahres! Warum können wir sie denn nicht verwenden? Bei uns im Büro fehlt sowieso noch ein PC", argumentiere ich, doch Aileen unterbricht mich.
„Das geht auf gar keinen Fall wegen Datenschutz! Da sind noch alte Dokumente drauf." Und so diskutieren und diskutieren wir bestimmt wieder eine Stunde, überlegen kurz, ob wir die ganzen PCs in Barbaras Reitstall stellen können – immerhin wäre dort Platz.
„Dann sind sie aber gleich hinüber", meint Aileen dazu.
„Das geht auch nicht." Schließlich beschließen wir, am nächsten Tag einen Transportwagen zu holen und sie in Barbaras Büro in die Geschäftsstelle zu fahren. Dort würden sie zwar ihr Büro blockieren, aber wir wären sie los.
„So, nächster wichtiger Punkt", fährt Aileen fort und ich hoffe, diesmal geht es um etwas wirklich Wichtiges. Ghesal hat sich verlobt. Das überrascht mich jetzt doch ein wenig. Auf ihren Papieren in

Deutschland ist sie noch siebzehn, in Wirklichkeit jedoch bereits neunzehn. Ich erinnere mich, wie Ghesal sich aufgeregt hat, als sie mit ihrer Mutter und Schwester damals mit ins Quarantänehotel musste, weil sie als offizielle Minderjährige nicht allein in der Unterkunft bleiben durfte. Jetzt sollte die Kleine also schon heiraten. Ob sie sich den Mann selber ausgesucht hat, ist fraglich. Einmal habe ich Shafiq gefragt: „Was glaubst du, wie viele unserer Bewohner haben aus Liebe geheiratet?" Er ist meiner Frage ausgewichen. Vor ein paar Jahren hat mir ein syrisches Mädchen, in deren Familie ich oft ehrenamtlich geholfen habe, erzählt, dass ihr Onkel bald heiraten werde. Die Oma der Familie hat ihm eine passende Braut ausgesucht.
„Ich will noch nicht heiraten", hat die damals neunjährige zu mir gesagt.
Nach der Teamsitzung schreibe ich noch ein paar E-Mails, bis es fünf ist, dann packe ich meine Sachen zusammen und verabschiede mich von allen. Ein paar Kinder sitzen mit Shafiq im großen Aufenthaltsraum und malen. Als ich ihnen zuwinke, kommt Mariam angelaufen und umarmt mich, gefolgt von Shalima und Liah. Das sind Momente, in denen ich meine Arbeit liebe. Zufrieden fahre ich an diesem Tag mit meinem Fahrrad nach Hause. Die Sonne scheint immer noch kräftig herunter und die Vögel zwitschern.

Am Karfreitag beschließen wir, ein vorgezogenes Osterfest zu feiern. Daniel und ich kaufen ein paar Schokoladenosterhasen und Ostereier, packen sie in die Osternester, die die Kinder ein paar Tage zuvor gebastelt haben, und verstecken sie auf unserem Gelände. Dann rufen wir die Kleinen und so schnell können wir gar nicht schauen, wie sie im Garten herumrennen, die Osternester suchen und tatsächlich auch finden. Aber ich glaube, sowohl wir als auch die Kinder hatten ordentlich viel Spaß dabei.
Am Ostersonntag rufe ich Azad an, um ihm frohe Ostern zu wünschen. Er arbeitet heute in der Erstaufnahmestelle für die ukrainischen Geflüchteten.
„Oh je, heute ist viel los", stöhnt mein Freund und Kollege.

„Eine neue Familie mit neunzehn Personen ist heute gekommen." Ich habe sofort einen Verdacht und frage „Roma?", was Azad bestätigt.
„Sie lügen und klauen viel. Ein Haus oder nur eine Wohnung für so eine Familie hier in München zu finden ist nahezu unmöglich." Der Meinung bin ich auch und erwidere: „Die müssen aufs Land raus." Ich merke, wie mein Kollege nachdenkt.
„Ja, sie müssen aufs Land raus und man muss eine neue Schule für sie bauen, die brauchen Sonderpädagogen. Diese Kinder sind wild! Ich glaube, Deutschland liefert Waffen an die Ukraine, damit der Krieg schnell vorbei ist und die Leute wieder zurückgehen", lacht Azad und wirkt dabei ein wenig verzweifelt. Ich versuche das Thema zu wechseln und fordere meinen Freund auf:
„Erzähl mir lieber weiter von deinen sieben Monaten in Augsburg. Warum hast du dich nicht mit den Russen unterhalten dürfen?" Wie selbstverständlich platzt es aus Azad heraus: „Wenn sie herausgefunden hätten, dass ich Russe bin, hätten sie mich abgeschoben." Etwas verwundert entgegne ich:
„Aber es waren doch auch andere Russen im Heim. Die meisten waren jüdische Russen, hast du gesagt, die haben doch alle einen Aufenthalt bekommen. Du hast doch sogar jüdische Wurzeln!" Und mein Kollege argumentiert: „Ja, aber das zu beweisen wäre nahezu unmöglich gewesen." Jetzt frage ich mich, warum überhaupt so viele Juden und Deutschrussen in Deutschland auf Asyl gewartet haben, und mein Kollege erklärt mir die Sachlage.
„Damals gab es so ein Programm für Juden und Deutschrussen und eigentlich alle von denen, die da waren, haben einen Aufenthaltstitel und außerdem noch jeweils zweitausendfünfhundert Euro Starthilfe bekommen." Als ich von dieser hohen Summe und der Tatsache, dass dieser Gruppe sofort ein Bleiberecht versprochen wurde höre, bin ich doch ein bisschen verwundert und so klärt mich Azad weiter auf.
„Es sollte eine Entschädigung für die Juden wegen dem dritten Reich damals sein und für die Deutschrussen wegen Kasachstan." Jetzt gerät mein Freund, der sich sehr für Geschichte interessiert, erst so richtig in Erzähl-Laune.

„Weißt du, in der Zeit von Katharina der Großen sind viele Deutsche nach Russland ausgewandert und als dann der zweite Weltkrieg angefangen hat, mussten alle nach Kasachstan fliehen. In den Neunziger und Nuller Jahren sind dann knapp 1,2 Millionen Deutschrussen nach Deutschland gekommen.“

„Warum ausgerechnet in diesem Zeitraum?“, frage ich Azad und er klärt mich auf.

„Das Leben in Russland war damals nicht einfach.“ Da erinnere ich mich, dass Azad diese Zeit nicht umsonst die verrückten Neunziger in Russland genannt hat.

„Naja, in diesem Asylheim auf jeden Fall habe ich mich ganz einsam gefühlt in den ersten zwei Monaten“, kommt mein Arbeitskollege wieder auf seine ursprüngliche Erzählung, der Zeit in der Augsburger Flüchtlingsunterkunft, zurück.

„Ich konnte mich nicht mit den Kurden dort anfreunden, wir waren viel zu unterschiedlich. Sie haben die ganze Zeit nur über Religion und über Schweinefleisch geredet. Ich wollte nichts mit denen zu tun haben, ich war fast immer einsam.“ Das zu hören tut mir leid, denn ich weiß, wie sehr Azad den Kontakt mit Menschen braucht. Aber dann fällt mir auf einmal ein, dass mein Kollege mir von den Russendiskos in Augsburg, in denen er so viel Zeit verbracht hatte, erzählt hat, und werfe das in den Raum.

„Das war danach,” korrigiert er mich.

„Ich rede hier über den Anfang. Danach habe ich die Russen angesprochen, aber anfangs war ich sehr einsam. Nach zwei Monaten konnte ich es aber einfach nicht mehr aushalten. In der ersten Zeit habe ich so getan, als ob ich kein Russisch verstehen würde und natürlich hat auch kein Russe damit gerechnet, dass ich ihre Sprache beherrsche. Dementsprechend ungeniert haben sie sich oft lautstark in meiner Anwesenheit unterhalten. Sie haben oft abwertende Sachen über uns Kurden gesagt, aber es waren manchmal auch peinliche Sachen dabei.“ Azad muss lachen, anscheinend hat er sich gerade an so eine Situation zurückerinnert und auch ich denke an so manche Szenen aus dem Ausland, als Deutsche dachten, dass sie sonst keiner versteht.

„Nach zwei Monaten in diesem Heim war ich aber so einsam und mir war so langweilig, ich konnte nicht mehr. An einem dieser Nachmittage habe ich mit einem russischen Jungen Basketball gespielt und irgendwie habe ich in diesem Moment nicht dran gedacht, es kam so automatisch über meine Lippen und ich habe etwas auf Russisch zu ihm gesagt. Ich weiß noch ganz genau, wie überrascht und erstaunt mich dieser Junge angeschaut hat. ‚Du lernst aber ganz schön schnell', hat er zu mir gesagt und da habe ich dann beschlossen, ihm die Wahrheit zu sagen, dass ich in Russland gelebt habe und besser Russisch als Kurdisch kann. Ich habe ihm anvertraut, dass ich mich wohler in seiner Gegenwart als in der Gegenwart meiner Landsleute gefühlt habe und ihm erzählt, dass ich einsam bin und mich langweile. ‚Bitte erzähl keinem was davon, denn ich könnte große Schwierigkeiten bekommen', habe ich ihm noch eingeschärft, aber das mit dem Verheimlichen hat nicht so gut geklappt", lächelt Azad in den Hörer hinein und ich kann anhand seines Tonfalls nicht wirklich erkennen, ob das etwas Gutes oder Schlechtes verheißen mag.
„Am Abend hat mich seine Mutter zu ihnen zum Abendessen eingeladen und es hat sich in der ganzen Community herumgesprochen, dass ich eigentlich aus Russland komme. Aber die Russen haben dichtgehalten. Keiner von denen hat mich je verpetzt. Mit einigen Familien bin ich heute immer noch gut befreundet."
„Und was haben die Kurden dazu gesagt, dass du jetzt immer bei den Russen warst?", hake ich nach.
„Die waren schockiert und haben mich gefragt, woher ich Russisch kann. Aber ich habe gesagt, dass ich es im Heim gelernt habe. Das haben sie mir anscheinend geglaubt. Viele Kurden waren auch neidisch, denn die russischen Frauen sind wirklich Schönheiten." Azad lacht während er in diesen Erinnerungen schwelgt.
„Ich hatte auch schnell eine Freundin und als das meine Landsleute dann herausgefunden haben, sind sie alle zu mir gekommen und haben gesagt: ‚Ich will auch eine russische Frau!'" Jetzt bin ich diejenige, die lachen muss und ich frage: „Und? Hast du sie verkuppelt?" Aber mein Kollege lacht daraufhin nur und beantwortet meine Frage: „Nein, aber sehr viele russische Frauen hatten durchaus Interesse an den

kurdischen Männern und viele haben tatsächlich auch geheiratet. Ich kenne mittlerweile viele kurdisch-russische Paare. Kurdische Männer sind sehr verantwortungsvoll und familiär, nicht so wie russische Männer, die den ganzen Tag nur Wodka trinken."
Immer diese Stereotype, denke ich wieder ein bisschen entrüstet und grinse.
„Deswegen heiraten viele russische Frauen gerne ausländische Männer." Ich höre Geräusche im Hintergrund bei meinem Kollegen am anderen Ende der Leitung.
„Warte mal ganz kurz, Anna. Hier sind wieder ein paar Roma. Die wollen bestimmt wieder Zigaretten von mir schnorren", und höre, wie sich Azad auf Russisch unterhält. Nach ein paar Minuten nimmt er wieder den Hörer ans Ohr und spricht in die Sprechmuschel hinein.
„Hm, lass mich mal überlegen, was noch so in dem Asylheim passiert ist. Es gab viele Probleme mit Drogen, vor allem mit Kokain und Haschisch."
„Wurde das verkauft oder konsumiert?", frage ich nach.
„Verkauft. Die kurdische Mafia ist in Augsburg nach wie vor aktiv. Sie war es, die uns das Zeug gebracht hat und zehn Prozent von dem Gewinn durften die Dealer sogar behalten. Aus dem Grund haben viele in der Asylunterkunft Drogen verkauft, fast die Hälfte der Bewohner. Gott sei Dank habe ich das nicht gemacht", seufzt mein Freund und eine gewisse Erleichterung ist aus seiner Stimme herauszuhören. Ich grinse.
„Du hast Haare geschnitten und als Hausmeister im Heim gearbeitet", und unbeirrt fährt mein Kollege fort: „Ich habe von einem Kurden gehört, der ein Jahr lang in der Unterkunft gewohnt und in dieser Zeit eine Million Euro verdient hat. Er hat das ganze Geld nach Hause geschickt. Stell dir vor, damals hast du für ein Gramm Kokain umgerechnet achtzig Euro bekommen. Aber irgendwann kam halt, was kommen musste, und eigentlich so alle, die mit den Drogen gedealt haben, sind in den Knast gewandert. Deswegen habe ich gesagt: ‚Gott sei Dank bin ich nicht in dieses Geschäft mit eingestiegen.' Die deutsche Polizei hat diese Szene nämlich schon eine ganze Weile beobachtet. Es gab schon lange tonnenweise Videobeweismaterial,

aber die Polizei hat lange gewartet, bevor sie eingegriffen hat, denn die wollten die großen Fische an Land ziehen. Einer meiner Zimmerkollegen hat mir erzählt, mit welchen Tricks die Gesetzeshüter Beweise gesammelt haben. Eine Frau hat ihn offensichtlich verführt.“ Jetzt muss ich Azad kurz unterbrechen, um etwas klarzustellen.
„Eine Polizistin?“, frage ich und er antwortet: „Nein, aber anscheinend hat sie offiziell mit der Polizei zusammengearbeitet. Sie hat sich also an ihn herangemacht und alles, was mein Zimmerkumpan so getrieben hat, zu jedem Zeitpunkt gefilmt. Es gab Videoaufnahmen, wie er das Kokain abgewogen hat, wie er das Geld zu Hause versteckt hat und vieles mehr. Eines Tages ist dann eine Streife gekommen, hat eine Großrazzia gemacht und alle festgenommen. Die großen Dealer haben sie erwischt, nur die Mafiabosse nicht.“
„Und warum das?“, frage ich nach und so erklärt Azad: „Nun, wegen den zwei kurdischen Mafiabanden. Die gibt es heute im Übrigen immer noch, aber sie machen heute ein bisschen etwas anderes als früher.“
„So? Was denn?“, will ich wissen.
„Damals haben sie vor allem Schutzgelder kassiert, Fluchthelfer koordiniert und eben die Drogengeschäfte. Heutzutage machen sie all das zwar auch noch, aber die Mafia hat mittlerweile auch viele legale Geschäfte.“
Genau in diesem Moment höre ich wieder ein paar Hintergrundgeräusche und Azad, der in den Hörer nuschelt: „Du Anna, ich muss auflegen. Da sind Leute ins Büro gekommen.“ Schade, gerade jetzt, wo es so spannend geworden ist.

Am Dienstag nach Ostern treffe ich um neun Uhr in der Unterkunft ein. Vor meinem Büro steht bereits Akar, der sich angeregt mit Aileen unterhält. Als er mich sieht, hellt sich seine Miene auf und er ruft laut: „Guten Morgen meine Liebe, ich freue mich dich zu sehen.“ Diese Worte unterstreicht er zusätzlich noch mit seinen Händen. Auch ich merke, wie sich meine Miene aufhellt. Akar kann einem wirklich den Tag versüßen.

„Ich freue mich auch dich zu sehen, Akar!“, rufe ich ihm entgegen. „Wie geht es Asklepios?“ Der nun zum dritten Mal frisch gebackene Vater lächelt müde.
„Gut, jetzt schläft er, aber nachts ist er immer wach und schreit viel. Tagsüber werde ich von Ihsan und Hiwa wachgehalten und nachts von Asklepios. Hiwa und Ihsan sollten auch nachts wach sein, dann könnte ich tagsüber schlafen.“ Er seufzt ein bisschen und ich lächle.
„Tja Akar, so ist das nun mal mit kleinen Kindern.“ Dann fällt mir noch etwas anderes ein.
„Ach ja, die Zeitung hat vor ein paar Tagen für dich angerufen. Anscheinend haben sie auch schon mit dir im Krankenhaus darüber gesprochen. Sie wollen einen Artikel über Asklepios schreiben. Das wäre doch auch ein ganz nettes Andenken für euch, oder?“ Akar scheint sich zu erinnern.
„Ja, das mache ich gerne. Ich komme später noch einmal zu dir“, sagt er und unterhält sich weiter mit Aileen.
Vor der Bürotür steht ein fremder Mann. Ich hatte ihn noch nie zuvor gesehen und wundere mich, was er wohl hier in unserer Unterkunft suchen mag.
„Was kann ich für Sie tun?“, frage ich deshalb und bin ein bisschen neugierig. Der Mann schaut mich auffordernd an und sagt: „Ich habe einen Hotelbetrieb und suche noch viele Mitarbeiter. Habt ihr Ukrainer da, die gewillt sind zu arbeiten? Sie haben ja jetzt die Erlaubnis dazu. Und wir würden das auch gerne unterstützen, ihnen helfen, damit sie Arbeit bekommen.“
An sich ist das eine gute Sache, denke ich mir. Im Nachhinein betrachtet war ich vielleicht doch ein bisschen zu naiv.
„Ja klar, am besten ich bringe Sie gleich zu unseren ukrainischen Bewohnern und Sie können selbst mit ihnen sprechen. Können Sie Englisch?“ Der Mann nickt und so bringe ich ihn in den ersten Stock, klopfe an eine Zimmertür und gebe ihm so die Möglichkeit sich mit einer Frau zu unterhalten, von der ich weiß, dass sie sehr gut Englisch kann. Die Bedingungen und den Stundenlohn, den er nennt, lassen mich jedoch ein bisschen stutzig werden. Während wir wieder die

Treppen hinuntergehen, höre ich, wie er noch mit jemandem, anscheinend seinem Chef, telefoniert.
„Acht Dinger sind fix“, spricht er in den Hörer hinein. Ich bin etwas schockiert, wie er es wagen kann Menschen als Sachgegenstände zu bezeichnen und gleichzeitig auch verwundert, warum er so sicher ist, bereits acht Zusagen bekommen zu haben. Und so beschließe ich, dass es vielleicht besser ist die Bewohner noch einmal vor diesem Mann und seiner zwielichtigen Firma zu warnen.

Als wir mittags um den großen runden Tisch sitzen, beschließe ich noch einmal den Vorfall mit dem Mann vom Hotelservice, der am Morgen in der Unterkunft die Ukrainer wegen Arbeitsplätzen angesprochen hatte, aufzugreifen.
„Ich werde die Bewohner auch noch einmal warnen“, sagt Daniel und seine Stirnfalten kräuseln sich dabei ein bisschen.
„Es ist so krass, was man zurzeit hört. Wusstet ihr, dass mittlerweile schon fünftausend ukrainische Frauen der Zwangsprostitution zum Opfer gefallen sind?“ Ich verschlucke mich fast an einem Stück Karotte.
„Es passiert oft sehr unterschwellig, zum Beispiel verlangen es die Vermieter, nutzen die Hilfsbedürftigkeit der Frauen aus und geben ihnen nur so eine Wohnung.“ Über derartige Probleme habe ich noch überhaupt nicht nachgedacht.
„Ja, wir sollten wirklich die Bewohner noch einmal warnen. Wer weiß, was der Mann da heute für ein Angebot für die Ukrainer hatte“, erwidert Shafiq und wirkt dabei sehr nachdenklich.

Nach der Mittagspause frage ich Azad: „Du hast gesagt, du warst insgesamt sieben Monate in dem Asylheim in Augsburg. Was ist dann, nach diesen sieben Monaten, passiert?“, Azad überlegt kurz, bevor er meine Frage beantwortet.
„Hm, jeden Tag hat mindestens einer von uns Bewohnern einen positiven Asylbescheid bekommen. Das haben wir dann immer gefeiert, denn wir haben uns für den anderen gefreut und jeden Tag habe ich in die Post geschaut, in der Hoffnung, selber einer der

Glücklichen zu sein." Ich nehme einen großen Schluck aus meiner Tasse.

„Dann habt ihr ganz schön viele Feiern gehabt", schlussfolgert Shafiq. „Ihr habt euer Leben genossen." Und ich merke, wie Azads Augen blitzen, als er an diese Momente zurückdenkt.

„Genau, insgesamt hat es sieben Monate bei mir gedauert. Und fast am gleichen Tag zusammen mit dem positiven Asylbescheid habe ich eine Arbeit gefunden." Ich freue mich für meinen Kollegen und frage: „Wo und als was hast du dann gearbeitet?", und er fährt unmittelbar fort: „Als Spüler in München an der Luitpoldstraße. Das Restaurant hieß *La Vida*. Das müsste es immer noch geben." Es klopft an unsere Bürotür und wir drehen alle unsere Köpfe in Richtung Eingang. Tafari steht mit seinem Antrag auf einen Reiseausweis vor der Tür, also setze ich mich an den Tisch mit der Plexiglasscheibe und fange an, den Fragebogen auszufüllen.

„Warum bist du nach Deutschland gekommen? Was war der Grund für deine Flucht?", lese ich laut vor, denn das ist die erste Frage, die dort steht. Erst versteht unser Bewohner nicht genau, was ich von ihm will. Mit viel Gestik und Mimik scheint er dann schließlich doch zu verstehen und erklärt mir auf demselben Weg, was ihm in Eritrea widerfahren ist.

„Peng Peng, Eritrea nicht sicher", versucht er mir zu verstehen zu geben. Anscheinend hatten sie in seinem Heimatland auf ihn geschossen. Ich weiß es nicht, aber vielleicht hat er genauso wie Buruk dabei eine Kugel in den Kopf bekommen, denn Tafaris Verhalten ist durchaus ein wenig auffällig. Er ist ein lieber Kerl, aber geistig nicht mehr ganz auf der Höhe und dementsprechend schwierig ist es auch für ihn, die Sprache zu lernen. Deshalb habe ich Verständnis, dass er auf unsere Hilfe angewiesen ist. Und gerade deshalb ist es schwierig und eine Herausforderung, ihm helfen zu können.

Den ganzen Nachmittag stehen Bewohner vor unserer Tür und brauchen unsere Hilfe beim Ausfüllen von Formularen oder beim Vereinbaren von Arztterminen. Auch mit den Ukrainern steht noch viel Arbeit an. Wir müssen einen Überblick bekommen, ob nun alle registriert und beim Jobcenter angemeldet sind, die Kinder müssen in

die Schulen und wir müssen uns überlegen, wie und wo die Studenten weiter studieren können. Als der letzte Bewohner versorgt ist und wieder Ruhe eintritt, schnaufe ich kurz durch und werfe dann einen kurzen Blick auf unsere Wanduhr. Es ist schon wieder einmal kurz vor sechs.
Heute ist die Zeit nur so gerast, denke ich mir. Da das ganze Team Feierabend hat, räumen wir alles auf, bringen unsere schmutzigen Tassen in die Küche, packen unsere Sachen zusammen und schließen das Büro ab. Am großen Eingangsbereich verabschieden wir uns voneinander und jeder geht seiner Wege.

Als ich am nächsten Morgen in der Arbeit eintreffe, ist Aileens Bürotür zu und ich höre, dass sie in einer Online-Sitzung ist. Der Rest des Teams ist noch nicht da. Es ist sehr ruhig, also beschließe ich, ein bisschen zu schauen, was unsere Bewohner so treiben und Pläne mit den Kindern für den Tag zu machen. Ich schaue auf meine Wetter-App. Oh! Heute soll es zwanzig Grad haben. Und so nehme ich mir vor, zusammen mit Daniel am Nachmittag ein Völkerballturnier mit den Kindern zu veranstalten. Daniel, Shafiq und Azad treffen auch schon eine halbe Stunde später im Asylheim ein. Wie jeden Morgen begrüßen wir uns mehr wie Familienmitglieder als wie Arbeitskollegen. Shafiq schaut heute gar nicht gut aus. Seine Augen sind verquollen.
„Meine Allergie ist heute ganz schlimm“, hechelt er.
„Du musst in die Berge. Fahr auf die Zugspitze für einen Tag. Das habe ich dir schon so oft gesagt“, tadle ich meinen Freund. Shafiq und ich lassen uns auf die blaue Couch fallen, Daniel und Azad setzen sich auf die schwarzen Bürostühle. Eine Frage, die ich seit gestern nicht mehr losgeworden bin, aber zwischendurch doch vergessen habe, will ich nun Azad stellen.
„Du sag mal“, lenke ich seine Aufmerksamkeit auf mich.
„Du hast mir doch mal erzählt, dass du in Augsburg auf einem Friedhof gearbeitet hast, oder nicht?“ Ich erinnere mich aus dem Grund so gut daran, weil viele meiner Vorfahren dort begraben sind.

„Hmm... es gab diese Regel für geduldete Flüchtlinge damals, dass jeder achtzig Stunden Sozialarbeit leisten musste, um ein Asylrecht zu bekommen."

Eine gute Sache ist das, denke ich mir und wundere mich, warum diese Regelung heutzutage abgeschafft worden ist. Es wäre eine gute Beschäftigung und würde die Bewohner der Asylunterkünfte auch ein Stück weit aus ihrer Perspektivlosigkeit locken. Mein Großvater war Dachdecker von Beruf und konnte folglich seine Tätigkeit im Winter nicht ausüben, war also während dieser Zeit arbeitslos und musste, um über die Runden zu kommen, Arbeitslosengeld beantragen. Dafür hat der Staat ihn während seiner Arbeitslosigkeit zum Straßenkehren oder Schneeräumen eingeteilt. Das war quasi auch eine Form von Sozialarbeit.

„Ich habe meine Sozialstunden auf dem Friedhof abgearbeitet. Da waren auch festangestellte Russen und ich habe mich mit denen während meiner Zeit dort angefreundet." Das kann ich mir gut vorstellen, denn Azad kommt mit jedem gut zurecht.

„Diese Russen haben auch mit unserem Chef gesprochen und wollten, dass ich eine Festanstellung bekommc, dass ich bei ihnen bleibe, und mein Chef wollte mich auch schon fest einstellen, aber ich habe nein gesagt. Der Russe, der sich für mich eingesetzt hat, hat nur den Kopf über meine Entscheidung geschüttelt und zu mir gesagt: ‚Bist du ein Idiot?! So ein gutes Gehalt bekommst du nirgendwo sonst!' Er hatte wirklich recht, es war ein gutes Gehalt. Ich hätte dort mit den ganzen Trinkgeldern, die man immer von den Angehörigen bei einer Beerdigung bekommt, monatlich fast fünftausend Mark verdienen können. Nicht einmal ein Arzt hat damals so viel verdient. Aber als ich dann meinen Aufenthaltstitel bekommen habe, bin ich nach München zu meiner damaligen Frau Nathalie gezogen. Da waren wir noch zusammen. Ich habe mich für sie und nicht für die Arbeit in Augsburg entschieden. Ob das die richtige Entscheidung war, kann ich heute nicht sagen. Ich weiß nicht, ob es daran gelegen hat, dass ich als Spüler eigentlich immer nur nachts gearbeitet habe und sie ganz normal tagsüber. Schon allein deshalb haben wir uns fast nie gesehen und wenn ich dann frei hatte, konnte ich meinen Rhythmus nicht mehr umändern und habe auch tagsüber geschlafen und war nachts wach. Ich habe euch ja erzählt, dass wir schon Schwierigkeiten hatten, als ich damals nach Deutschland gekommen bin, aber ich glaube, die Tatsache, dass wir unterschiedliche Tagesrhythmen hatten, war auch ein Grund, warum es nicht geklappt hat. Es hat unsere Beziehung auf jeden Fall nicht verbessert."

Die Erkenntnis

Wir haben mittlerweile Anfang August. Draußen ist es drückend heiß und die Hitze staut sich in unserem Assistentenbüro, das einer finnischen Sauna gleicht.
„Ich halte es nicht aus", stöhne ich und hänge mehr über dem Tisch anstatt zu sitzen. Auch Shafiq, Karin und Daniel scheinen schon zu zerfließen.
„Jetzt wünsche ich mir die sibirische Kälte herbei", seufzt Azad.
„Genauso heiß war es damals auch immer, wenn ich am Dönerspieß gestanden bin." Das wäre definitiv keine Arbeit für mich, obwohl ich es eigentlich eher warm mag.
„War das in der Zeit, als du Filialleiter in einer Dönerbude neben dieser einen großen Disko warst?", versuche ich mich an die Erzählungen meines Arbeitskollegen zu erinnern, was Azad etwas schlapp bejaht. Auch Shafiq scheint sich an diese Geschichte zu erinnern, denn er rappelt sich auf.
„Hast du nicht auch dort einmal einen Deutschen zusammengeschlagen und ein anderer Deutscher hat vor Gericht für dich ausgesagt?" Nun habe ich den Eindruck, dass auch Karin und Daniel ihre müden Ohren spitzen, denn für die beiden ist diese Geschichte neu.
„Ganz genau", entgegnet unser Freund.
„Das war 2011. In dem Jahr stand ich kurz davor, einen Aufenthaltstitel zu bekommen, aber dann ist dummerweise diese Geschichte passiert. Ich bin wirklich zwei Monate lang auf heißen Kohlen gesessen, weil ich so lange auf meinen Gerichtstermin warten musste. Gleichzeitig ist damals dann auch noch Tamaras Studentenvisum abgelaufen und sie

hätte eigentlich zurück nach Russland gehen müssen. Wegen meiner Duldung durfte ich sie auch nicht heiraten und so hatte ich mich eigentlich schon damit abgefunden, zurück nach Russland zu gehen, aber ich wollte nicht weg von meiner Tochter. Sie war gerade einmal drei Jahre alt." Ich kann mir gut vorstellen, wie nervenaufreibend das Warten ohne Gewissheit gewesen sein musste.

„Wer war dieser Deutsche, der vor Gericht für dich ausgesagt hat und warum hast du jemanden zusammengeschlagen?", fragen Daniel und Karin gleichzeitig.

„Der Deutsche war ein Fotograf und ich habe ihn damals beauftragt, für meine Filiale Werbefotos zu machen. Irgendwie haben wir uns sehr gut verstanden und schnell angefreundet. Er wusste, dass ich nur eine Duldung hatte und sobald er von dem Vorfall gehört hat, hat er mich zur Seite genommen und gesagt: ‚Ich werde für dich eine Falschaussage machen.'" Ich bin wirklich beeindruckt von der Hilfsbereitschaft dieses Mannes.

„Und wie kam es letztendlich zu dieser Schlägerei?", fragt Shafiq noch einmal nach.

„An dem Tag, als diese Schlägerei passiert ist, war es schon früh morgens, vielleicht so fünf Uhr. Auf jeden Fall konnte ich schon die ersten Sonnenstrahlen über dem Horizont sehen und die Vögel haben angefangen zu zwitschern. Es ist wirklich ein wunderschöner Morgen gewesen, daran erinnere ich mich komischerweise ganz genau. Der Himmel über dem Stadtbild hat sich so herrlich schön lila-rot gefärbt und eigentlich war ich kurz davor, meinen Laden zu schließen, aber da sind dann plötzlich diese drei halbstarken Riesen vor mir gestanden. Sie sind aus dem Club nebenan gekommen, alle waren sie hackedicht und wollten noch einen Döner bestellen. Mein erster Eindruck von diesem einen jungen Mann war eigentlich sehr gut. Er hat sehr höflich und nett gewirkt. Ich habe mir gedacht, er hätte ein Basketballspieler sein können, so groß wie er war. Bestimmt ein Meter neunzig! Aber er war wirklich sehr besoffen. Der junge Mann ist also auf mich zugekommen und hat drei Döner bestellt. Als ich dann alle bedient hatte, sind die Jungs nach draußen zum Essen gegangen. Sie haben ganz schön gegrölt und sich lautstark unterhalten. Ein paar Minuten später ist dann der junge Mann in meine Dönerbude zurückgekommen, in der Hand hatte er noch die Reste von seinem Fladenbrot. Ganz freundlich hat er zu mir gesagt: ‚Dein Döner ist so lecker, ich bestelle gleich noch einen!‘ Er hat die Worte mehr gelallt, als dass er sie ordentlich herausgebracht hätte. Ich habe mich schon ein wenig gewundert, dass er überhaupt noch stehen konnte, anscheinend hatte er wirklich einiges intus. Während ich also noch ein Fladenbrot in den Toaster gelegt habe und wieder dabei war, Kebabfleisch abzusäbeln, hat der Junge versucht, seinen Geldbeutel mit der freien Hand herauszufriemeln. Er hat es nicht geschafft und nach fünf Minuten konnte ich mir dieses Trauerspiel nicht mehr mit anschauen. Also habe ich kurzerhand beschlossen, ihm dabei zu helfen. Das hätte ich mal besser bleiben lassen, denn auf einmal, so schnell konnte ich gar nicht schauen, wie seine Stimmung schlagartig gekippt ist, und der zuvor so freundliche Mann ist plötzlich wahnsinnig aggressiv geworden. Er hat meine Hand gepackt und sie gegen die Wand gedrückt. Mit so einer Attacke hatte ich in diesem Moment wirklich nicht gerechnet. ‚Finger weg, du Arschloch!‘, hat er mich angebrüllt und ich konnte seinen Döneratem riechen. Ich weiß nicht, was in mich gefahren ist, aber auf einmal hat mein Verstand ausgesetzt und ich habe nur noch rotgesehen. Wie ein wilder Tiger bin ich über die Theke gesprungen und habe zum Angriff angesetzt. Ich habe ja erzählt, dass ich gut kämpfen kann. Und als Profiboxer könnt ihr euch vorstellen, dass ich weiß, wie man Menschen ausschalten kann, aber so einen Besoffenen kann jeder zusammenschlagen, das war kein Kunststück mehr. Ich habe also ausgeholt und mit ganzer Kraft in sein Gesicht geschlagen. Das Nächste, was ich dann noch gehört habe, war so ein ungesundes Knacken – ein Kieferbruch, gefolgt von einem dumpfen Schlag. Der junge Mann ist auf dem Boden meiner Filiale gelegen. Er ist umgefallen, wie ein schlaffer Mehlsack. In diesem Moment damals war ich derjenige, der sich wie ein Besoffener gefühlt hat, so unwirklich hat plötzlich meine ganze Umwelt gewirkt und wie durch einen Tunnel habe ich nur noch den vor mir liegenden Körper des Mannes wahrgenommen. Er war anscheinend bewusstlos. Und wie durch Watte sind die Stimmen seiner Freunde zu meinen Ohren hindurchgedrungen. ‚Du bist krank! Warum hast du das getan?!‘, haben sie mich angeschrien. Als die Polizei keine vier Minuten später mit Blaulicht und Sirene vor meiner Filiale gehalten hat, bin ich wieder aus meiner Trance aufgewacht. Anscheinend gleichzeitig mit dem jungen Mann, denn aus den Augenwinkeln habe ich gesehen, dass er seine Augen geöffnet hat. Stück für Stück ist Leben in den Jungen gekommen, er kam langsam wieder zu sich und hat versucht, sich aufzurichten. So schnell konnte ich gar nicht schauen, wie sich plötzlich vier Polizisten um mich herum drapiert haben, sie haben mich förmlich über die Geschehnisse ausgequetscht und auch die Freunde dieses Mannes wurden als Zeugen vernommen. Nachdem ich mich wieder gefasst hatte, habe ich, noch immer ein bisschen neben mir stehend, gestammelt: ‚Dieser Mann hat mich beleidigt, verletzt und geschlagen.‘ Der Polizist hat mich nur so komisch von oben bis unten gemustert und ich kam mir dabei wie ein illegaler Straßenköter vor. Dann hat er mir nach einer langen Pause eingeschärft: ‚Du weißt schon, dass du direkt zur Polizei gehen musst, wenn dich jemand angreift und du nicht schlagen darfst. In deinem Land mag vielleicht das Recht des Stärkeren gelten, aber wir sind hier nun einmal in Deutschland.‘ Ich habe nicht genau hingehört, was der Polizist zu mir damals gesagt hat, sondern habe meine Ohren gespitzt, um mithören zu können, was die Zeugen erzählt haben. Sie hatten nichts gegen mich in der Hand, denn sie haben eigentlich nicht sehen können, wie der Vorfall genau passiert ist, sie waren ja draußen gestanden. Alles, was sie gesehen haben konnten, war, wie der junge Mann bewusstlos umgekippt ist. Nach dem, was ich gehört habe, hat es so geklungen, als hätten seine Freunde den Polizisten auch tatsächlich die Wahrheit gesagt.“

Es klopft an unsere Bürotür und Armani Apochi, der nette Nigerianer mit der tiefen Stimme, der uns immer Avocados und Mangos bringt, steht vor uns. Ich weiß, dass er zu mir möchte, also ziehe ich meine Maske auf und gehe zu ihm hin.
„Hallo Armani. Wie geht es dir?“, frage ich an ihn gewandt. Er schaut sehr ernst und auch sein Tonfall wirkt noch ernster als üblich.

„Ich habe diesen Monat hundertsechzig Euro vom Sozial bekommen“, sagt er und lässt dabei den Kopf hängen. In seinem Tonfall schwingt weder Wut noch ein Vorwurf mit. Er wirkt resigniert.
„Du bekommst nur hundertsechzig Euro? Arbeitest du denn noch zusätzlich?“, frage ich ihn und bin dabei ein bisschen irritiert.
„Nein, mit meiner Duldung habe ich keine Arbeitserlaubnis“, sagt der Nigerianer mit einem ernsten Ausdruck.
„Bring mir mal deinen Bescheid und deine Kontoauszüge und dann schicke ich das Ganze an die Flüchtlingshilfe“, fordere ich ihn auf. Wenige Minuten später studiere ich aufmerksam das Schreiben. Und schon habe ich das Problem erkannt. Ich bin ein bisschen frustriert, als ich ihn aufkläre.
„Es liegt kein Fehler vor. Hier steht, dass dir insgesamt zwar etwas über dreihundert Euro zustehen, von diesen dreihundert musst du aber noch zweihundert Euro für deine Krankenkasse abziehen. Die werden direkt an die AOK überwiesen. Dir bleiben also wirklich nur noch hundertsechzig zum Leben übrig.“ Armani schaut mich mit seinen braunen Augen an und wirkt dabei sehr ernst.
„Ich muss Deutschland verlassen. Ich kann hier nicht mehr leben.” Das macht mich traurig. Ich habe Mitleid mit ihm und bin gleichzeitig wütend auf unser System. Es mag sein, dass Armani ein Wirtschaftsflüchtling ist, aber er ist ein guter Mensch, ein ehrlicher Mensch, der gewillt ist, sich zu integrieren, wenn er die Chance dazu bekäme. Er bezieht kaum Leistungen und arbeitet nebenher trotzdem nicht schwarz. Ihm sind die Hände gebunden.
„Ich werde eine E-Mail an die Flüchtlingshilfe schreiben und fragen, ob man in deinem Fall etwas tun kann“, entschließe ich mich. Das ist das mindeste, was ich für ihn machen kann. Er bedankt sich bei mir und schlurft schweren Schrittes davon. Ein Gefühl der Hilflosigkeit überkommt mich. Ali Abhdullah Ahmeds Satz kommt mir wieder in Erinnerung: ‚Anna, ich will Gerechtigkeit.‘ Gibt es Gerechtigkeit? Ich versuche, mich abzulenken und drehe mich zu meinen Kollegen um.
„Azad, wie ging es mit der Polizei weiter?“, frage ich, um auf andere Gedanken zu kommen.

„Am nächsten Tag bin ich mit starken Schmerzen an meinem rechten Handgelenk aufgewacht. Es war Sonntag, und so bin ich nicht zum Arzt gegangen."
Was Azad auch an keinem anderen Tag gemacht hätte, denke ich.
„Aber ich habe mir eine dicke Salbe auf die Schwellung drauf geschmiert und einen Verband um das Ganze gemacht. Trotzdem hat der Schmerz nur wenig nachgelassen. Abends war ich bei einem Freund, einem russischen Oligarchen, zum Essen eingeladen. Schon von weitem, als er mich kommen sah, hat er gemerkt, dass etwas nicht gestimmt hat. Er hat nur auf meine geschwollene Hand geschaut und gefragt: ‚Hast du dich mit jemanden geprügelt?'" Azad schmunzelt ein wenig.
„Er kannte mich wirklich gut. Ich hatte keine andere Wahl und so habe ich ihm und seiner Frau während des Essens die ganze Geschichte erzählt. Danach wussten die beiden alles vom gestrigen Vorfall. Nachdem ich mit meinem Bericht fertig war, hat erst einmal keiner etwas gesagt. Es herrschte Totenstille um den ganzen Tisch herum. Mir ist es wie eine Ewigkeit vorgekommen, in der keiner ein Wort verloren hat. Nach einigen Minuten hat mein Freund dann schließlich doch das Schweigen durchbrochen. ‚Steh auf, Azad, und geh zur Polizei', hat er mich aufgefordert. ‚Am besten jetzt sofort.'" Shafiq hebt seinen Kopf, er wirkt überrascht.
„Warum hat der Oligarch das gesagt?" Azad lächelt und sein ganzes Gesicht wirkt dabei verschmitzt.
„Ihr müsst wissen, er war ein Profi. Er war so oft im Knast wegen krimineller Dinge, Steuerhinterziehung, Drogenschmuggel et cetera. Als ich da so an seinem Tisch gesessen bin, hat mir der Oligarch einen wichtigen Rat gegeben: ‚Für dich wäre es besser, wenn du zuerst die Anzeige machst. Erzähl der Polizei die ganze Geschichte, wie dieser Vorfall gestern passiert ist. Den Rest machen wir später', waren seine Worte. Also bin ich wenig später zusammen mit dem Oligarchen aufgebrochen, direkt zur nächsten Polizeidienststelle. Dort haben mir die Beamten dann die Hand abfotografiert und viele Fragen gestellt. Ich habe den Polizisten erzählt, dass der Deutsche mich tags zuvor angegriffen hat und es quasi Notwehr war. Mein Oligarchen-Freund

hat meine Aussage bestätigt. Er wollte auch als Zeuge vor Gericht für mich aussagen. Zwei lange Monate musste ich dann also bis zum Gerichtstermin warten. Während dieser Zeit hatte ich Angst, jeden einzelnen Tag. Ich hatte nachts Angst, dass die Polizei kommen und mich zurück in den Irak abschieben würde. Als Krimineller hast du keine Chance auf ein Bleiberecht. Du wirst sofort in dein Land zurück überführt. Nach diesen zwei Monaten des Wartens ist es dann endlich soweit gewesen. Am Tag, an dem der Gerichtstermin war, bin ich in Begleitung meiner drei Zeugen aufgetreten. Ich bin mit meinem deutschen Fotografen-Freund, dem Oligarchen und einem deutschen Anwalt in den Gerichtssaal einmarschiert. Wir hatten in den letzten beiden Monaten genug Zeit gehabt, uns eine glaubhafte, überzeugende Geschichte für den Richter auszudenken. Ihr könnt euch gar nicht vorstellen, wie überwältigt ich war, weil alle für mich lügen wollten, nur um mir zu helfen, damit ich in Deutschland bleiben konnte. Ich habe nämlich auch gewusst, was es bedeutet, eine Falschaussage vor Gericht zu machen. Und trotzdem haben sich diese drei Freunde für mich eingesetzt."

„Moment mal", unterbricht Daniel in diesem Moment meinen Kollegen.

„Aber im Grunde genommen hat dich dieser junge Mann doch zuerst angegriffen. Er ist zwar nicht körperlich auf dich losgegangen, aber er hat dich doch angepöbelt und deine Hand verletzt." Azad überlegt kurz und fährt dann fort.

„Doch, es wäre meine Schuld gewesen, weil ich ihn letztendlich zuerst körperlich angegriffen habe. Der Junge wusste aber schon auch, dass er Mitschuld hatte. Er ist schließlich besoffen gewesen, hat in meinem Laden rumgepöbelt und mich schließlich auch ein bisschen körperlich verletzt. Aber letztendlich habe ich den entscheidenden Fehler gemacht, als ich mich nicht mehr beherrschen konnte und ihn angegriffen habe."

„Und hat der Richter dir deine Geschichte geglaubt?", frage ich Azad.

„Im Gericht haben alle gelogen, aber ich wurde freigesprochen. Meine Freunde haben offenbar sehr seriös gewirkt und einen guten Eindruck auf den Richter gemacht, der natürlich nicht gewusst hat, dass ich mit meinen Zeugen befreundet war. Ich meine, überlegt mal: ein deutscher Anwalt, übrigens ein sehr guter Anwalt. Er wusste schon, dass alles eine Lüge war, aber er hat mich trotzdem unterstützt. Dann ein deutscher Fotograf, und dann noch der Oligarch, der noch dazu ein renommierter Arzt war. Das Gesamtbild hat anscheinend einen guten Eindruck hinterlassen. Der Richter wusste auch nicht, dass der Oligarch so kriminell war, er schaut aus wie Brad Pitt.“ Azad lacht wie ein kleiner Schelm.

„Ich meine, der Richter hätte auch mal nachfragen können, was zwei ältere Herren mitten in der Nacht in einer Disko gemacht haben, aber das hat er nicht. Die Freunde des jungen Mannes, den ich angegriffen habe, waren auch alle Ausländer. Ich glaube, der eine war Amerikaner und konnte nicht so gut Deutsch, da war es schwierig, eine gute Aussage zu machen. Ich war auf jeden Fall so glücklich, als der Richter das Urteil gefällt hat, das könnt ihr euch gar nicht vorstellen. Dieser ganze Druck, der zwei Monate auf meinen Schultern gelastet hat, war auf einmal wie weggeblasen. Ich war so erleichtert, denn dieses Urteil hat bedeutet, dass ich von da an nicht sofort abgeschoben werden konnte. Ich wäre auch bereit gewesen, Geld an den deutschen Mann zu bezahlen, wenn ich nur meinen Aufenthalt bekommen hätte und nicht abgeschoben worden wäre. In diesen zwei Monaten, in denen ich mich immer wieder mit meinem Anwalt getroffen habe, habe ich ihm auch einmal die Frage gestellt, ob es nicht eine gute Idee wäre, dem jungen Mann Geld, also quasi Bestechungsgeld, anzubieten. Doch mein Anwalt hat mich auf diese Frage hin nur wie einen Geist angeschaut und gesagt: ‚Nein, das ist eine sehr schlechte Idee. Wir wissen nicht, ob er Geld annimmt.‘ Erst als mich der Anwalt aufgeklärt hat, habe ich seine Sorge verstanden. Hätte ich ihm tatsächlich ein Geldangebot unterbreitet, hätte das bedeutet, dass ich mich schuldig bekenne. Und zu diesem Zeitpunkt wusste ich ja noch nicht, ob er tatsächlich Schmerzensgeld will. Später habe ich dann aber erfahren, dass das der wahre Grund war, warum er überhaupt einen Prozess wollte. Der Junge hatte Geld gebraucht und dachte eigentlich, dass ich der Inhaber von dem Laden war, was jedoch nicht ganz gestimmt hat. Ich bin zwar der Filialleiter gewesen, der Inhaber war aber ein anderer.“

Wir werden erneut von einem unserer Bewohner unterbrochen. Diesmal ist es Farzin, ein herzensguter Mensch, sehr fleißig, der auch schon gut Deutsch gelernt, aber immer noch keinen Aufenthaltstitel hat, weil er nicht lügen kann.
„Hallo, grüß euch, wie geht's?“, lächelt er in die Runde. Ich merke, dass er sich freut, uns zu sehen, ihn aber gleichzeitig etwas zu bedrücken scheint.
„Ganz gut, und dir?“, frage ich.
„Ich weiß nicht so recht, ich habe so ein Schreiben bekommen, dass ich zur Ausreise verpflichtet bin.“ Er streckt mir einen Zettel entgegen und ich schaue mir das Schreiben an.
„Ja, das ist wieder das altbekannte Problem. Du musst deinen Pass beschaffen“, sage ich zu ihm und weiß gleichzeitig, dass das nicht möglich ist.
„Ich muss das Land verlassen.“ Eine Aussage, die ich heute schon einmal gehört habe.
„Gibt es irgendeine Möglichkeit, wie ich in die Vereinigten Staaten oder nach Mexiko kommen kann? Ich habe einen Onkel, der in Los Angeles lebt. Er hat zu mir gesagt, wenn ich erst mal in Mexiko bin, kann er mich schon irgendwie dorthin bringen.“ Ich schaue Shafiq an. In seinen Augen sehe ich die gleiche Ratlosigkeit, die ich bei mir selbst wahrnehme.
„Ohne Reisepass, wie willst du das machen?“, sagt er an Farzin gewandt und in seiner Stimme schwingt eine gewisse Hoffnungslosigkeit mit, aber gleichzeitig bleibt Shafiq mit seiner Aussage auch realistisch.
„Ja, das dachte ich mir schon“, seufzt Farzin und schlürft mit gesenktem Kopf davon. Wieder empfinde ich die gleiche Ungerechtigkeit wie bei Armani. Er ist ein so herzensguter und ehrlicher Mensch, warum werden ihm solche Steine in den Weg gelegt? Nachdem Farzin gegangen ist, herrscht eine Zeit lang Stille in unserem Büro, die irgendwann von Azad unterbrochen wird.

„Naja, wo sind wir stehen geblieben?“, fragt mein Kollege.

„Im Gerichtssaal“, antwortet Shafiq.
„Stimmt. Der Richter hat dann sein Urteil gefällt: Ich wurde freigesprochen und der Junge hat eine Strafe wegen Falschaussage bekommen. Ich habe somit nichts an ihn zahlen müssen. Auch mein deutscher Anwalt wollte kein Geld haben, er hat zu mir nur gesagt: ‚Das ist mein Geschenk für dich und ich bin froh, dass du in Deutschland bleiben darfst.‘ Als er das so zu mir gesagt hat, muss ich bestimmt wie ein Honigkuchenpferd gestrahlt haben und als ich an diesem Tag den Gerichtssaal verlassen habe, habe ich tausende Gefühle durchlebt.“
„Wie hat es sich für dich angefühlt?“, will ich wissen.
„Da war Freude, Erleichterung, Erstaunen und Dankbarkeit, das auf jeden Fall. Ich meine, ein deutscher Anwalt hatte für mich gelogen. Ich hätte nie erwartet, dass ein Deutscher vor Gericht eine Falschaussage machen würde, zumal ich wusste, dass er dafür ein Jahr lang sitzen könnte. Aber trotzdem haben sich er, der Russe und der Fotograf für mich eingesetzt. An diesem Tag war ich ihnen unendlich dankbar.“
„Du hast gute Freunde“, kommentiere ich Azads Erzählungen und bin gerührt von diesem Akt der Nächstenliebe.

„Kurz nachdem dieser Vorfall am Gericht war, habe ich dann auch meinen Aufenthalt bekommen. Sechs Jahre lang hatte ich dieselbe unfreundliche Sachbearbeiterin bei der Ausländerbehörde. Sechs Jahre bin ich jedes halbe Jahr in ihr Büro eingetreten und habe sie freundlich gegrüßt und sie hat mich keines Blickes gewürdigt. Diese Frau hat mich wie Dreck behandelt. Jedes Mal musste ich neunzig Euro für meine Verlängerung bezahlen, jedes Mal hat sie das Geld an sich genommen, ohne eine Miene zu verziehen. Jedes Mal, wenn ich aus dem Büro gegangen bin, die neue Duldung in meiner Jackentasche, habe ich mir geschworen, sie nie wieder zu grüßen. Ein einziges Mal hat sich diese Dame mit mir unterhalten. Ihre Worte waren: ‚Du wirst niemals einen Aufenthalt bekommen, wenn du einen Deutschen schlägst.‘ Nach dem Gericht war ich noch ein einziges Mal bei ihr, aber danach habe ich dann eine andere Sachbearbeiterin bekommen. Als ich dann eine neue Sachbearbeiterin bekam, hatte ich auch schnell einen

neuen Titel in der Tasche: meinen lang ersehnten Aufenthalt. Und dann bin ich heim zu meiner damaligen Freundin gestürmt, wir haben unsere Sachen gepackt und sind nach Dänemark. Dort haben wir geheiratet."
„Du und Tamara?", unterbreche ich den Redefluss und meine damit Azads jetzige Frau, mit der er nach wie vor glücklich verheiratet ist.
„Genau, aber ich habe euch noch gar nicht erzählt, wie ich meine Frau kennen gelernt habe", fährt er fort.
„Stimmt", bestätige ich.
„Wie hast du sie denn kennen gelernt?"
„Ich habe so viele illegale Sachen gemacht. Daniel, Karin, Anna, ihr müsst verstehen, wir Ausländer verhalten uns in vielen Dingen ganz anders als ihr Deutschen", und Shafiq nickt mit dem Kopf, um Azads Worte zu bestätigen.
„Deswegen erzähle ich euch diese Geschichte. Ehrlich gesagt ist Tamara meine dritte Frau. Doch zuerst will ich euch erzählen, wie ich Sofja, meine zweite Frau, kennen gelernt habe. Nathalie, meine allererste Frau, war mit Sofja befreundet." Ich sperre meine Ohren auf, um alles genau verstehen zu können.
Azads Geschichte wird irgendwie immer verworrener, denke ich mir in diesem Moment.
„Damals hat Sofja noch als Kellnerin in einem kleinen Café in der Innenstadt gearbeitet. An einem meiner freien Tage hat mich Natalie damals zur Seite genommen und zu mir gesagt: ‚Da gibt es ein Mädchen, das deine Hilfe braucht. Sie ist verzweifelt, denn ihr Visum ist abgelaufen, und jetzt sucht sie nach einem Weg, um in Deutschland bleiben zu können.' Also habe ich dieses Mädchen noch am selben Nachmittag, ohne groß darüber nachzudenken, in dem Café, in dem sie gearbeitet hat, aufgesucht. Als ich Sofja das erste Mal zu Gesicht bekommen habe, hat es mir fast die Sprache verschlagen. Sie war so bildhübsch! Die Kleine hatte schulterlange, hellblonden Haare, wirklich ein makelloses Gesicht mit den hohen Wangenknochen, eine kleine Stupsnase und rote, volle Lippen. Eine weißrussische Schönheit eben. Ich habe mich an einen freien Tisch gesetzt, mir bei ihr einen Espresso bestellt und erst einmal gewartet.

In einer ruhigen Minute hat sie sich dann kurz zu mir gesetzt und von ihrem Leben hier in Deutschland erzählt. Sofja ist damals als Au Pair hierhergekommen und nach zwei Jahren ist dann ihr Visum abgelaufen, aber sie wollte unbedingt bleiben. Das, was sie mir dann erzählt hat, hat mich wirklich tief getroffen. Die Kleine hat einiges mitgemacht in ihrem Leben. Sofjas Bruder hat sich erhängt und ihr Vater war schon früh gestorben. Das Mädchen wollte nicht zurück in ihre Heimat, deswegen hat sie Hilfe bei allen Russischsprachigen gesucht, die sie kannte. Zuerst ist sie auf meine Frau zugegangen und Nathalie hat Sofja an mich weitergeleitet."
„Nach Sofjas Schicht haben wir uns dann am Hauptbahnhof getroffen und sie hat mich gefragt, ob ich eine Lösung für ihr Problem wüsste. Wir haben an diesem Abend noch lange geredet und schließlich ist sie zu mir mit nach Hause gekommen und ich habe versucht, einen Weg für sie zu finden, in Deutschland zu bleiben. Mir ist auch schnell eine Idee gekommen: Viele deutsche Männer hätten Sofja heiraten wollen, aber die Kleine hatte einen Dickkopf. Sie wollte keine Zweckehe. Für Sofja wäre eine Heirat nur mit wahren Gefühlen in Frage gekommen. Einige Wochen später ist ihr Visum dann auch abgelaufen und so hat sie illegal bei mir weiter gewohnt. Sie war nur noch verzweifelt, also habe ich ihr vorgeschlagen auf muslimische Art zu heiraten."
„Was bedeutet das, auf muslimische Art zu heiraten?", unterbreche ich Azad, denn das habe ich davor noch nie gehört.
„Das bedeutet du gehst zum Mullah und dann seid ihr zwar verheiratet, aber nicht offiziell vor dem deutschen Staat."
Damit ist ihr dann aber auch nicht wirklich weitergeholfen, denke ich mir und erkenne, wie verzweifelt die junge Frau gewesen sein muss.
„Sie hat mir leidgetan und wir beide wussten ganz genau, dass sie auf Dauer weder bei mir noch in Deutschland bleiben konnte. Deswegen habe ich auch immer weiter Ausschau nach einem Mann für Sofja gehalten. Ich hatte auch schon einen meiner Arbeitskollegen, einen Deutschen, im Auge. Aus diesem Grund habe ich ihn auch einmal zu uns zum Abendessen eingeladen. Er hieß Gregor und ich habe gleich zu Beginn gemerkt, dass dieser Mann eigentlich Interesse an Sofja hatte. Nach dem Abendessen habe ich ihn dann noch zur Tür begleitet

und versucht, ganz nebenbei zu fragen: ‚Willst du sie heiraten, sie sucht einen Mann?‘ Obwohl ich mir genau das erhofft hatte, war ich doch ein wenig überrascht über die Reaktion von Gregor, denn er war sofort einverstanden. Als er dann weg war, habe ich Sofja von meinem Plan erzählt und sie gefragt, was sie davon halte. Ich werde ihren Blick nie vergessen. Da war nur noch Entsetzen in ihren Augen zu sehen. Lang war Sofja sprachlos, bis sie mir dann klipp und klar zu verstehen gegeben hat, dass sie diesen Mann nicht heiraten werde.
Ich habe es trotzdem immer wieder versucht, Sofja mehreren Männern vorgestellt, aber immer ohne Erfolg. Aber immerhin hat sie wieder Arbeit als Kellnerin gefunden – in einem kleinen georgischen Restaurant.“
„Aber warum habt ihr dann überhaupt auf muslimische Art geheiratet, wenn es ihr letztendlich nichts gebracht hat?“, fragt Karin und ist dabei wohl genauso irritiert wie ich. Und da gibt Azad zu: „Ehrlich gesagt hatte ich schon Gefühle für sie und außerdem habe ich mich sehr einsam gefühlt nach der Trennung von meiner Frau. Sofja hat quasi das Loch, dass Natalie hinterlassen hat, gefüllt. Und so dachte ich, unsere muslimische Ehe wäre für uns beide eine gute Lösung, denn für sie war es eine Chance, hier zu bleiben und ich war nicht länger einsam. Aber ich habe Sofja auch immer wieder gesagt, es sei okay, wenn sie einen Mann kennenlernt. Sie müsse sich nicht an mich binden, nur, weil wir auf muslimische Art miteinander verheiratet waren. Ich habe ihr meinen Segen gegeben und mir sogar gewünscht, dass sie glücklich wird. Tatsächlich hat Sofja auch einmal einen Mann kennen gelernt, sie hat mich zwar um Erlaubnis gefragt, aber ich habe mich für sie gefreut. Schon bald hat sich allerdings herausgestellt, dass der Mann an nichts anderem als Sex interessiert war. Irgendwann kam dann, was kommen musste, und so ist die Polizei eines nachts mal wieder bei uns aufgeschlagen, hat ihre Dokumente kontrolliert und festgestellt, dass sie illegal in Deutschland war. Die Polizei hat sie mitgenommen und sie musste vorerst einmal drei Monate ins Gefängnis. Bei meinem ersten Besuch bei ihr im Gefängnis hat Sofja mir dann auch erzählt, dass sie viel Geld angespart hat und es bei mir unter der Matratze versteckt hat. Es waren insgesamt fünftausend Euro, die sie zur Seite

gelegt hatte. In all den Monaten, in denen sie bei mir gewohnt hat, habe ich wirklich überhaupt nichts davon mitbekommen. Sofja hat mich gebeten, ihr das Geld bei meinem nächsten Besuch mitzubringen. Sie hat ihren Augen kaum getraut, als ich ihr die vielen Geldscheine heimlich zugesteckt habe. Ich weiß noch, wie sie mit großen Augen und einer weinerlichen Stimme geschluchzt hat: ‚Du bist der beste Mensch, den ich kenne. Jeder andere hätte das Geld behalten oder zumindest gefragt woher das Geld kommt.' Ich konnte es mir schon so ungefähr denken, aber ganz genau wissen wollte ich es ehrlich gesagt nicht. Danach ist sie direkt nach Weißrussland abgeschoben worden und durfte fünf Jahre nicht mehr ins Schengen-Gebiet einreisen. Das war 2004. Natürlich war ich sehr traurig über das, was passiert ist und wir haben die ganze Zeit über Kontakt gehalten, indem wir Briefe geschrieben und telefoniert haben, aber fünf Jahre ist eine lange Zeit und irgendwann habe ich dann in der Zwischenzeit Tamara, meine jetzige Frau, kennen gelernt. Aber glaubt nicht, dass das ein Happy End war und ich nie wieder was von Sofja gehört habe. Sofja ist nämlich keine fünf Jahre in Weißrussland geblieben. Sie hat wirklich alles versucht und unternommen, um dort heraus zu kommen, und irgendwie hat sie es auch tatsächlich bis nach Tschechien geschafft, und zwar mit einem Fluchthelfer, der ihr Arbeit in diesem Land zugesichert hatte. Aber sie ist auf ihn hereingefallen. Ihr könnt euch schon denken, was für eine Art von Arbeit das war."
„Prostitution?", wirft Daniel in den Raum.
„Exakt. Jemand hat sie dazu gezwungen. Sie war sehr verzweifelt in dieser Zeit und hat mich immer wieder angerufen und irgendwie hat sie mir auch leidgetan, aber ich konnte ihr nicht helfen. Wegen ihr habe ich immer wieder meine Handynummer wechseln müssen. Ihr müsst wissen, dass ich in dieser Zeit schon mit Tamara verheiratet war und sogar schon ein Kind hatte. Und das habe ich Sofja auch gesagt und trotzdem hat sie mich immer und immer wieder angerufen."

Als wir alle so dasitzen und den Erzählungen aus Azads Leben lauschen, kommt plötzlich Ihsan, unser aller Liebling, angerannt. Er beugt seinen kleinen Körper wie immer, wenn er uns besucht, über den

Tisch mit der Plexiglasscheibe und faltet die Hände zusammen, während er sich aufstützt, aber irgendetwas ist anders als sonst. Ich schaue in das Gesicht des Jungen, seine Mundwinkel haben sich schmerzverzerrt nach unten gezogen.
„Was ist los, Ihsan?“, frage ich den Siebenjährigen, der in Tränen ausbricht und schluchzt.
„Anna, die haben … die haben … meine Hose runtergezogen und dann gesagt ...“ seine Worte überschlagen sich. Das ist bei ihm immer der Fall, wenn er aufgeregt ist.
„Jetzt mal ganz langsam, Ihsan. Was ist passiert?“, versuche ich ihn zu beruhigen und streichle ihm über seine kurz geschorenen Haare.
„Wer hat was gemacht?“ Er kann nicht genau in Worte fassen, was geschehen ist, und so sage ich nur: „Kannst du mir zeigen, wo die sind, die das gemacht haben?“ Also laufen wir nach draußen. Ihsan bringt mich zum Eingang seiner Wohnung. Die Familie hat das Apartment gleich neben dem Fahrradschuppen. Dort sitzen Mariam, Tamina, Shalima und Liah und spielen Vater, Mutter, Kind. Ihsan geht zu den Mädels hin und reißt wütend Mariam einen Zettel aus der Hand.
„Schau, das haben sie gemalt“, weint Ihsan, der mittlerweile schon ein wenig gefasster wirkt. Ich schaue mir den Zettel an. Darauf ist eine Windel, ein Hundehaufen und drei Wörter, die darauf gekritzelt wurden, zu sehen: *Das ist Ihsan* steht dort geschrieben. Nachdem ich die Notiz gelesen habe, bin ich sprachlos. Damit haben die Mädels wirklich einen Nerv von Ihsan getroffen. Es ist für ihn selbst oft schwer zu verstehen, was er für eine Krankheit hat, dass er immer noch Windeln braucht und das wahrscheinlich ein Leben lang, wenn er nicht operiert wird. Der Kleine tut mir leid. Jetzt, wo er sich charakterlich gemacht hat, so vernünftig und brav geworden ist, wird er so sehr von den Mädchen gemobbt. Ich nehme den Zettel, bevor Ihsan ihn zerreißen kann und sage zu ihm: „Gib mir den Zettel, ich rede mit den Eltern.“ Mit hängendem Kopf gehe ich zurück ins Büro. Ihsan mag eine Behinderung haben, aber für mich ist er perfekt. Ich versuche auf andere Gedanken zu kommen und deswegen will ich von Azad wissen: „Wie hast du Tamara eigentlich kennen gelernt?“
„Ach, das war Zufall“, beantwortet er meine Frage.

„Wir haben uns damals über gemeinsame Freunde kennen gelernt. Ein Freund von mir hatte eine ukrainische Freundin und wir waren zu einer Hausparty eingeladen. Ich habe Tamara bei einer Geburtstagsfeier kennen gelernt. Das war im Jahr 2006, damals, als die WM in Deutschland war. In diesem Sommer haben wir oft zusammen die WM angeschaut“, schwärmt Azad und wirkt dabei sehr nostalgisch. Auch ich erinnere mich zurück an den Sommer, der erste, in dem ich die WM ganz bewusst miterlebt habe.

„Aber ich komme noch einmal zurück auf Sofja, die mittlerweile in Tschechien ihr Geld als Edelprostituierte verdient hat, wenn du diese Geschichte noch zu Ende hören willst.“ Ich nicke und merke, wie ich anfange, den Vorfall von gerade eben ein bisschen zu vergessen.

„Bis vor noch gut einem Jahr musste ich wirklich ständig meine Handynummer wegen ihr wechseln. Ich war hin- und hergerissen, denn natürlich wollte ich ihr helfen und sie unterstützen, aber auf der anderen Seite hatte ich ja meine Familie. Das letzte, was ich von ihr gehört habe war, dass sie einen siebzigjährigen Deutschen geheiratet hat. Er war einer ihrer Freier in Tschechien und hat sich dann dazu entschlossen, sie zur Frau zu nehmen. Das war ein sehr reicher Mann. Ich bin mir sicher, sie hat ihn wegen des Geldes geheiratet und wegen seiner deutschen Staatsbürgerschaft. Aber obwohl Sofja jetzt mit diesem Deutschen verheiratet war, hat sie mich trotzdem immer noch angerufen. Und deshalb musste ich wegen ihr immer weiter meine Nummer wechseln, ich habe sie in den letzten fünfundzwanzig Jahren bestimmt acht- oder neunmal geändert“, seufzt mein Arbeitskollege.

„Du hattest eine Stalkerin”, stelle ich fest.

„Sie war meine Stalkerin und ich wurde wegen ihr mal wieder zum Kriminellen“, erinnert sich Azad und ich frage ihn: „Wie meinst du das jetzt?“, woraufhin er fortfährt: „Naja, ich habe eine Illegale bei mir aufgenommen.“ Ich grinse ein wenig und sage: „Hier kommen gleichzeitig deine kriminelle und deine liebenswürdige Seite zur Geltung.“ Er erwidert mein Lächeln und beteuert: „Meine kriminelle Seite existiert heute nicht mehr. Mittlerweile bin ich, wie sagt man, total integriert und versuche nicht einmal mit dem Bus auch nur eine Station schwarz zu fahren. Aber bis ein Ausländer so richtig im Land

ankommt, die Kultur, die Traditionen und Bräuche der neuen Heimat versteht und wirklich verinnerlicht hat, das dauert lange. Ein befreundeter Russe hat mir einmal erzählt, dass er in Russland immer bei Rot über die Ampel gegangen ist. In Deutschland hat er das in der ersten Zeit auch gemacht. Dieser Freund hat allerdings beobachtet, was die Landsleute machen, und nach drei Tagen ist er nur noch bei Grün über die Ampel gegangen.“ Ich bin etwas erstaunt über diese Aussage von Azad.
„Willst du damit sagen, dass du nicht mehr bei Rot über die Ampel gehst?“, und denke daran, wie ich selbst fast täglich bei Rot über die Ampel fahre, weil ich ansonsten permanent zu spät in die Arbeit kommen würde.
„Oh ja, uns Ausländern gefallen Regeln, aber wir brauchen manchmal ein bisschen Zeit und Unterstützung von den Einheimischen. Wenn uns die Deutschen entgegenkommen, dann geht die Integration schneller.“

Die letzte Stunde sitze ich allein im Büro. Wie meistens um diese Uhrzeit ist es auch heute relativ ruhig. Als ich vor dem großen PC im Büro sitze, höre ich schon von weitem die Schritte von Markus, einem unserer Sicherheitsmitarbeiter. Wie meistens klopft er an meine Bürotür und begrüßt mich überschwänglich.
„Hallo Frau Will!“ So nennt er mich immer, weil er fasziniert davon ist, dass ich genauso wie die deutsche Moderatorin heiße, naja, zumindest fast.
„Na? Alles gut? Wie läuft’s in der Männerwelt?“ Themen, für die er sich immer ganz besonderes interessiert. Ich schaue hoch und grinse, weil ich mich freue, ihn zu sehen.
„Hallo Herr Lanz!“ Er heißt zwar nicht genau wie der TV- Star, aber sein Nachname beginnt mit dem gleichen Buchstaben.
„Kommst du mit? Ich mach jetzt gerade einen Rundgang.“ Eine gute Idee, denke ich mir, da ich den ganzen Tag gesessen bin. Also gehen wir den Gang weiter, Markus wirft routiniert einen Blick in die Bewohnerküche, kontrolliert, ob alle Herdplatten ausgeschaltet sind und alles in Ordnung ist, dann geht es weiter in den ersten Stock. Als wir nebeneinander die Treppe hochsteigen, sagt Markus zu mir: „Ich

konnte dich also nicht überzeugen, dass du zur Stadt kommst." Immer wenn ich mich über meine Arbeit aufrege, sagt er zu mir: „Weißt du was, komm zur Stadt." Ab und zu Rundgänge zu machen und zu schauen, ob alles in Ordnung ist und zwischendurch Tierdokus anzuschauen kann ich mir aber beim besten Willen nicht vorstellen.
„Nein, aber ich brauche eine neue Herausforderung", sage ich zu ihm.
„Was willst du machen?", fragt er und scheint dabei wirklich interessiert zu sein.
„Ich will Integrationskurse geben. Ich will beweisen, dass Integration wirklich funktionieren kann." Jetzt merke ich, wie Markus plötzlich nachdenklich wird.
„Integration wird nie ganz funktionieren. Der Mensch fällt zurück in sein altes Verhaltensmuster, wenn er sich überfordert fühlt. Da wird er wieder zum Kind und klammert sich an seine Herkunftskultur." Ich muss an all unsere afrikanischen Frauen denken, die jeden Tag ihre traditionellen Gewänder tragen, an die arabischen Männer, die Mate trinkend zu Hause sitzen und Shisha rauchen und an die klassische Rollenverteilung in diesen Kulturen: Die Frauen bleiben zu Hause, werden womöglich nie Teil unserer Gesellschaft, weil sie den ganzen Tag damit verbringen, den Haushalt zu führen, die Kinder zu erziehen und für die Familie zu kochen. Ich denke selbst an meine Zeit im Ausland. Dort habe ich mich tatsächlich immer gefreut, wenn ich jemanden aus meiner Heimat getroffen habe und Deutsch sprechen konnte. Einerseits kann ich Markus' Aussage verstehen, aber andererseits geben mir Azads Worte Hoffnung.
„Oh ja, uns Ausländern gefallen Regeln, aber wir brauchen manchmal ein bisschen Zeit und Unterstützung von den Einheimischen. Wenn uns die Deutschen entgegenkommen, dann geht die Integration schneller." Wer sagt, dass das eine das andere ausschließen muss? Kann ein Mensch nicht im Land integriert sein und trotzdem Teile seiner eigenen Kultur wahren? Letztlich ist es im Grunde doch nur wichtig, die Regeln, Gesetze und Werte des neuen Heimatlandes anzuerkennen, im Einklang mit diesen zu leben und die Sprache des Landes zu können. Denn „Sprache ist der Schlüssel zur Integration", wie Bijin uns gelehrt hat. Die Frage, die ich mir jedoch nach wie vor

stelle ist: Was müssen wir als Gesellschaft tun, dass sich der Mensch nicht überfordert fühlt? Mit diesem Gedanken schwinge ich mich nun auf mein Fahrrad und trete meinen einstündigen Nachhauseweg an.

An meinem nächsten Arbeitstag starte ich ein Experiment, indem ich Deutsch-Anfängerkurse für die Ukrainer organisiere. Es ist auch für mich eine neue Herausforderung, denn noch nie zuvor hatte ich Schüler ohne jegliche Vorkenntnisse unterrichtet. Der Kurs sollte um sechzehn Uhr starten, also stelle ich eine Stuhlreihe bereit und wische das Whiteboard sauber.

„Guten Tag“, begrüßt mich Nino, eine junge Frau in gebrochenem Deutsch. Ich schaue auf meine Armbanduhr, die fünf Minuten vor vier anzeigt. Die Pünktlichkeit der Bewohner überrascht mich, denn ein derartiges Verhalten bin ich seit den letzten eineinhalb Jahren nicht mehr gewohnt. Ich merke richtig, wie ich mich freue und erwidere ihren Gruß. Nino kommt nicht allein. Im Schlepptau hat sie ihre kleine Tochter Anastasia dabei, gefolgt von zehn ukrainischen Frauen, und sogar Kio hat sich unter die Frauentruppe gemischt. Die große Teilnehmerzahl und der damit verbundene Wille, Deutsch zu lernen, erstaunt und erfreut mich gleichermaßen. Die Schüler sind fleißig mit dabei und am Ende der Stunde werde ich auch gleich gefragt, für wann der nächste Kurs angesetzt ist. Ich denke, ich werde damit weitermachen. Dieser Tag war ein kleines Erfolgserlebnis. Es war ein Beweis dafür, dass Integration gelingen kann.

Links – Rechts – Mitte: eine Richtungsweisung

Es ist Samstag und ich sitze allein im Assistentenbüro. Wie gewöhnlich ist nicht sonderlich viel los am Wochenende. Draußen regnet es, der Himmel ist grau gefärbt und die Bewohner scheinen bei diesem irischen Oktoberwetter noch länger als sonst zu schlafen. Mir ist langweilig und so beschließe ich, Azad anzurufen. Er war die letzten Tage krank: Schlafstörungen. Die Arbeit in der Erstunterkunft nagt ganz schön an ihm, alle Bewohner stürzen sich immer auf meinen

Kollegen wie ein Bienenschwarm auf ein Stück Apfelkuchen, weil Azad der einzige Mitarbeiter aller Unterkünfte ist, der Russisch spricht.
„Hallo Azad! Na, wie geht's dir? Warst du gestern wieder arbeiten in der Erstaufnahmestelle?", frage ich ihn und höre vom anderen Ende der Leitung: „Danke, es geht mir besser, ja ich war gestern arbeiten. Wie geht's dir?" Ich halte meinen Rücken vor Schmerzen, nachdem mir gestern ein Stich durch meine Wirbelsäule gefahren ist.
„Weißt du noch, als du hier einen Hexenschuss bekommen hast?", was Azad bejaht.
„Jetzt habe ich einen und wollte morgen eigentlich einen Benefizlauf mitmachen." Mein Freund lacht.
„Das schaut dann wohl eher schlecht aus." Der Gedanke gefällt mir zwar nicht, aber wahrscheinlich hat er recht.
„Wie war's gestern in der Erstaufnahme? War viel los?" Ich höre Azad am anderen Ende der Leitung stöhnen.
„Wie immer. Ich habe langsam echt die Schnauze voll." Solche Worte bin ich nicht von meinem Kollegen gewohnt und spitze die Ohren.
„Du weißt, dass ich jeden Menschen respektiere, aber diese Ungerechtigkeiten kann ich nicht nachvollziehen. Die Ukrainer bekommen hier so schnell einen Aufenthalt, eine Wohnung und auch sonst ist alles für sie so einfach, und wir mussten damals sechs oder sieben Jahre warten und uns alles hart erkämpfen."
„Die Ukrainer sind halt näher an uns dran", versuche ich ihn ein bisschen zu beschwichtigen.
„Rein aus geographischen Gründen fühlen wir uns ihnen dementsprechend verbunden und verpflichtet, zu helfen."
„Das stimmt schon", argumentiert Azad.
„Aber sollte man einen Unterschied zwischen guten und schlechten Flüchtlingen machen? Hat dir Shafiq auch dieses Video gezeigt?" Ich denke an das YouTube Video, das Shafiq mir vor ein paar Tagen geschickt hat. Es beinhaltete einen Sketch von einem älteren deutschen Herrn, der einer jungen ukrainischen Blondine seine Hilfe angeboten hat, einen nigerianischen Mann ignorierte er jedoch. Ob es Flüchtlinge erster und zweiter Klasse gibt, ist eine ewige Diskussion. Sollte man einen Unterschied zwischen Sinti aus der Ukraine und gewöhnlichen

Ukrainern machen? Azad sagt, die Sinti und Roma kommen aus sicheren Gebieten und sind nur hier, um das System auszunutzen. Sie wollen auch nicht in eine kleinere Stadt weiterreisen, weil sie wissen, dass es dort nicht so viel zu holen gibt.

„Ich habe meine Zeit und meine Nerven für diese Leute geopfert und natürlich will ich weitermachen, aber das Ganze geht auch an meine Grenzen und viele nutzen uns nur aus." Ich denke an Shevchenko, der versucht hat, die Tafel zu betrügen.

„Gestern habe ich dann tatsächlich die neunzehnköpfige Familie zum Registrieren begleitet." Das zu hören erstaunt mich jetzt doch tatsächlich ein wenig.

„Du saßt wirklich mit ihnen im Taxi?!" Und ich schüttele mich innerlich, als ich an die Familie mit Läusen, Krätze und TBC denke.

„Ja, aber ich saß immerhin vorne beim Fahrer mit drin", sagt Azad und wirkt dabei etwas resigniert.

„Fünfhundert Euro hat das Ganze gekostet, bezahlt von unseren Steuergeldern."

Diese Gelder hätten sinnvoller genutzt werden können, zum Beispiel für Corona-Tests für uns Mitarbeiter, denke ich mir.

„Ach Azad, lass dich nicht so ausnutzen", seufze ich.

„Du musst wirklich was sagen, wenn es dir zu viel wird. Nicht, dass du wieder so schlimme Schlafstörungen wie letzten Winter bekommst." Damals ist mein Kollege zwei Monate ausgefallen, weil er nicht schlafen konnte. In dieser Zeit war er anfangs noch in der Arbeit und man hat ihm seine durchwachten Nächte immer angesehen. Insbesondere jetzt im Herbst, wo die Nächte wieder länger werden, schläft Azad schlechter. Er hat mir einmal erklärt, dass seine Schlafstörungen mit den Anschlägen, die er hier in Deutschland miterlebt hat, zusammenhängen. Seit dem Attentat im OEZ vor fünf Jahren schläft er schlecht. Damals war mein Freund dort Filialleiter in einer Pizzeria. Als draußen die Schüsse losgegangen sind, hat Azad sich im Kühlraum versteckt. Vermutlich erinnert sich sein Körper unbewusst an die Ereignisse und alles kommt wieder hoch, wenn es draußen kälter wird.

Wenn Azad von seiner Zeit als Filialleiter spricht, glänzen seine Augen immer.

Am darauffolgenden Montag sitzen wir wieder versammelt im Büro der Assistenten, als mein Arbeitskollege von seiner ehemaligen Tätigkeit dort berichtet.
„Ach, dort zu arbeiten, das war für mich das Paradies. Da gab es jeden Tag so schöne Frauen“, schwärmt unser Casanova.
„Ich habe insgesamt dreizehn Jahre dort gearbeitet. 2003 habe ich angefangen. Oh Mann, wie ich mich an die erste Zeit und meine Mitarbeiter dort zurückerinnere. Alles Schwule um mich herum! Der eine hat sich geweigert, Tonnopizza zu machen, weil er nicht wollte, dass seine Hände schmutzig werden, der nächste wollte keine Pizza wegen seiner Pediküre schneiden und der dritte, naja man hat sofort gemerkt, dass er schwul war, wenn er nur den Mund aufgemacht hat. Du weißt schon, so wie Schwule halt reden.“ Um seine Aussagen zu untermauern, steht Azad vom Tisch, auf dem er sitzt, auf, gibt uns ein sprachliches Beispiel und verdeutlicht sein Statement mit einer ausdrucksstarken Handbewegung. Daniel und ich, die mit ihm im Büro sitzen, müssen bei seiner Theatereinlage lachen. Mein Freund setzt sich wieder auf den Tisch und fährt fort: „Ich dachte mir nur: ‚Mein Gott, wo bin ich da gelandet?‘ Am Anfang war es für mich echt ein Horrorerlebnis. Aber komischerweise habe ich mich mit ihnen dann gut verstanden. Und danach habe ich gesehen, was für tolle Menschen das eigentlich sind. Aber gut, arbeiten haben sie deswegen trotzdem nicht können. Mann, waren die faul. Die Gastronomie ist ein hartes Business, und die drei haben nicht lange durchgehalten. Nach und nach haben sie alle aufgehört. An ihrer Stelle sind dann aber sehr viele hübsche Frauen gekommen, das war dann für mich auch okay“, grinst Azad und schaut dabei wie ein Spitzbube drein.
„Als die drei dann weg waren, war ich der Hahn unter lauter Hennen. Ich habe mich wie ein König gefühlt und so wurde ich von meinen Kolleginnen auch behandelt. Stellt euch das so vor, eine hat mir Kaffee gebracht, die nächste hat meinen Rücken massiert und solche Sachen.

Ich habe es in vollen Zügen genossen.” Ich grinse innerlich, denn mir geht es unter meinen Kollegen hier genauso.
„Alle zwei bis drei Monate hatte ich eine neue Liebschaft“, brüstet sich Casanova und ich merke, wie ich ihn ungläubig von der Seite anschaue. Er scheint meinen Blick richtig zu deuten, denn seine Reaktion darauf ist: „Ja, weißt du, dort gab es sechzehn Frauen und ich war der einzige Mann.“ Ich entgegne lachend auf seinen Kommentar hin: „Das muss für dich wirklich das Paradies gewesen sein“, und auch mein Freund lacht ein herzhaftes Lachen.
„Oh ja, das war es, so viele schöne Frauen, ein toller Job, aber leider wenig Geld.“ Das kommt mir sehr bekannt vor, weil ich die Gastronomiebranche kenne.
„2008 ist es dann besser geworden, denn da bin ich nach fünf Jahren Filialleiter geworden. Dafür musste ich allerdings meine ganzen Frauenliebschaften einbüßen. Aber ich wollte meine Stelle nicht verlieren, die ganzen Frauen, die mir die Füße geküsst haben, waren mir das nicht wert, weil ich schon immer davon geträumt habe, irgendwann einmal eine eigene Filiale zu haben, selbstständig zu sein, und ich muss sagen, ich habe einen verdammt guten Job gemacht. Die Filialleiterin vor mir war demotiviert und stand kurz vor der Rente. Ich habe alles geändert und einen Umsatz von 1,5 Millionen Euro in einem Jahr erwirtschaftet. Aber 2012 habe ich dann von mir aus gekündigt, weil ich eine bessere Filiale gefunden habe. Mein damaliger Arbeitgeber hat mich aber ganz schön reingelegt. Sein Plan war, alles von mir zu lernen und sobald er das Nötigste wusste, mich rauszuschmeißen. Währenddessen hat in meiner vorherigen Filiale ein deutscher Filialleiter meinen Platz übernommen. Er war so typisch deutsch und hat dementsprechend gearbeitet. Für eine Olive oder ein Blatt Basilikum mussten seine Stammgäste extra zahlen. Die Kundschaft war davon natürlich alles andere als begeistert und durch diese Aktion haben wir wirklich viele Stammkunden verloren, wodurch unser Umsatz natürlich dementsprechend stark gesunken ist, ich glaube insgesamt um dreißig Prozent. Ich wusste schon, dass der Geschäftsführer mit diesem neuen Filialleiter unzufrieden war, also habe ich ihn kurz entschlossen angerufen und gefragt, ob ich dort

wieder arbeiten kann. Ich glaube, er war begeistert von meiner Anfrage, denn er hat einfach nur zu mir gesagt: ‚Du kannst morgen anfangen.‘ Also bin ich wiedergekommen. Es hat nicht lange gedauert und ich habe den Umsatz dieser Filiale wieder deutlich steigern können, ich war vom Umsatz her sogar der allerbeste Filialleiter und die Kette, für die ich gearbeitet habe, war groß. Ich habe immer einen Bonus bekommen, aber ich habe auch sehr hart und viel gearbeitet und alles richtig gemacht. Sechs Tage die Woche bin ich jeden Tag zehn Stunden an meinem Arbeitsplatz gestanden. Aber es hat mir nichts ausgemacht. Ich habe viel positives Feedback von meinen Vorgesetzten bekommen und das Team hat mich sehr respektiert, es war toll. 2014 hatte ich dann so viele Überstunden angesammelt, dass ich sie mit Urlaubstagen abgebaut und mich dazu entschieden habe, in den Irak zu fliegen, um meine Familie nach so vielen Jahren wieder einmal zu sehen.
In der gleichen Nacht, in der ich in Sinjar gelandet bin, hat der IS mein Heimatland fünfzehn Kilometer entfernt von mir angegriffen.“ Und wieder einmal klappt mir die Kinnlade bei Azads Worten nach unten.
„Kennst du Forrest Gump?“, frage ich meinen Freund, denn manchmal kommt es mir so vor, als ob er sehr viele Parallelen mit diesem Mann hat. Azad nickt und lacht dabei.
„Eigentlich war ein Angriff dort nur eine Frage der Zeit und meine Freunde und Bekannten hier haben mich auch immer wieder gefragt: ‚Warum willst du ausgerechnet jetzt in den Irak fliegen?‘ Sie haben sich Sorgen gemacht und konnten es auch ehrlich gesagt nicht nachvollziehen, aber ich hatte meinen Freunden und meiner Familie dort versprochen, sie zu besuchen und ich wollte auch kein Feigling sein.
Ich kann mich noch sehr gut daran erinnern, wie das Flugzeug auf dem Flughafen in Sinjar in dieser Nacht im August aufgesetzt ist. Es war unglaublich heiß, tagsüber hatte es fünfundvierzig Grad im Schatten und noch um elf Uhr abends, als ich das Flughafengebäude verlassen habe, ist mir die drückend schwüle Hitze entgegengeschlagen. Zu dem Zeitpunkt, als ich den irakischen Boden betreten habe, wusste ich allerdings noch nicht, was sich in meiner unmittelbaren Nähe gerade abgespielt hat. Draußen haben meine Mutter und mein Vater vor dem

Flughafengebäude auf mich gewartet. Nachdem ich mein Gepäck vom Band aufgeklaubt hatte und durch den Zoll gegangen bin, habe ich Ausschau in der Menschenmenge nach den beiden gehalten und schon bald habe ich meine Eltern entdeckt. Ich weiß noch, wie ich im ersten Moment wie angewurzelt stehen geblieben bin. Ich habe mich gefragt, ob diese fremden Menschen wirklich meine Eltern waren und ich wusste zuerst auch nicht, was ich fühlen sollte. Ich war komplett verwirrt und überfordert, aber trotzdem habe ich in diesem Moment in der Ankunftshalle gemerkt, wie meine Augen wässrig geworden sind. Nur noch ein Meter hat mich von meinen Eltern getrennt und so konnte ich sehen, dass es den beiden anscheinend ebenso ergangen ist. Tränen sind über die hohen Wangenknochen meiner Mutter gelaufen. Das Weinen wurde zu einem Schluchzen und die fremde Frau mit Kopftuch und wallendem Gewand hat auf einmal ihre fülligen Arme ausgebreitet. Ich erinnere mich, wie ich noch einen kurzen Moment gezögert habe, bevor ich auf sie zugegangen bin und meine Mutter umarmt habe." Im Büro der Assistenten merke ich, wie gerührt ich von dieser Geschichte werde und auch dem Rest des Teams scheint es ähnlich zu gehen. Das verraten zumindest ihre Gesichter, als ich so in die Runde schaue.

„Mit einem nigelnagelneuen Opel sind wir dann zum Haus meiner Eltern gefahren. Das war ein Wiedersehen, könnt ihr euch vorstellen. Ein ganzes Empfangskomitee aus Onkeln, Tanten, Cousins, Cousinen, Schwägern und Schwägerinnen, Neffen und Nichten hat schon auf mich gewartet und wir haben meine Rückkehr bis spät in die Nacht gefeiert. Es waren zu viele Eindrücke an diesem Tag und die Erlebnisse, gekoppelt mit der anstrengenden Reise haben mich lange nicht einschlafen lassen. Also habe ich den Fernseher angemacht, um zu schauen, was sich gerade so in der Welt abgespielt hat. Und da habe ich es zum ersten Mal gehört. Der IS hat offiziell unser Gebiet angegriffen. Sinjar sollte später dann noch zu einem bekannten Schauplatz des IS werden. Nach dem IS-Angriff auf diese Stadt sind viele Flüchtlinge aus dem Sinjar-Gebirge weiter in den Norden bis zur türkischen Grenze geflohen, aber die Türkei hat sofort wieder ihre Grenzen dichtgemacht.

Im Fernsehen wurden währenddessen Bilder von einem Massaker gezeigt. Schreiende Menschen, die wild in alle Richtungen geströmt sind, waren zu sehen. Bilder von toten Kindern, Frauen und Männern sind auf dem Fernsehgerät erschienen und es wurde davon berichtet, wie Frauen als Sklaven gehalten und Kinder zu Soldaten ausgebildet werden sollten. Sofort bin ich nach unten in die Küche gerannt, in der zu dieser späten Stunde noch meine Eltern und drei meiner jüngeren Geschwister, die auch gerade auf Elternbesuch waren, gesessen sind. Ich brauchte nichts zu sagen, denn der Blick in ihre Gesichter hat mir schon verraten, dass sie bereits Bescheid wussten. Wir haben uns lange angeschaut und keiner hat auch nur ein Wort gesagt. Es hat Totenstille geherrscht, man hätte eine Stecknadel fallen hören können. Aber obwohl wir nicht geredet haben, wussten wir alle, dass Fliehen für uns nicht in Frage kommen würde. Wir hätten keine Chance gehabt, denn im Süden hatte sich bereits der IS breitgemacht und im Norden würden wir auf verschlossene Grenzen stoßen. Wir kurdischen Jesiden sind in all diesen Ländern unerwünscht, wir hätten nirgendwohin fliehen können. An Schlaf war in dieser Nacht auf jeden Fall nicht mehr zu denken. Die Sonne ist schon hinter den Hügeln aufgegangen, als wir von Neuem in unseren Opel eingestiegen und in Richtung des fünfzehn Kilometer entfernten angegriffenen Gebietes gefahren sind. Anna, ich habe das Elend gesehen, diese vielen toten Menschen, Mütter, die ihre toten Kinder zurücklassen mussten und geflohen sind. Die meisten von ihnen verdurstet. Diese IS-Kämpfer sind skrupellos. Jeder wusste, was sie mit der Zivilgesellschaft machen würden: unsere Frauen versklaven, unsere Kinder mitnehmen und zu Soldaten ausbilden und unsere Männer hinrichten.“ Ich merke, wie mir ein Schauer über den Rücken läuft und versuche, die Bilder, die in meinem Kopf entstehen, wegzudrücken.

„Wortlos haben meine Familie und ich uns die Gräueltaten angeschaut und sind wieder zurück nach Hause gefahren. Wir hatten ja keine Waffen dabei und dort gab es auch keine Waffen, mit denen wir hätten kämpfen können. Jetzt dort zu bleiben, um zu kämpfen, wäre gefährlich und sinnlos gewesen. Was wir brauchten waren Waffen.

Am nächsten Tag haben wir also alles, was wir an Waffen bekommen konnten, in unserem Dorf zusammengetragen, aber die Ausbeute war eher spärlich. Alles, was wir finden konnten waren alte, schlechte Waffen mit wenig Munition. Wie sollten wir damit also kämpfen? Ich bin innerlich verzweifelt, das könnt ihr mir glauben. Aber trotzdem wollte ich etwas tun, ich konnte schließlich nicht nur dasitzen und abwarten, was passiert. Ich wollte gegen den IS kämpfen und auch meine Brüder, Cousins und Onkel waren der gleichen Meinung. Glaubt mir, meine Familie besteht bestimmt mindestens aus zweihundert Männern und alle wollten wir kämpfen. Meine Frau Tamara in Deutschland hat sich natürlich auch wahnsinnige Sorgen gemacht, als sie erfahren hat, was während meiner Zeit im Irak passiert ist. Sie wusste zu diesem Zeitpunkt auch noch nicht, dass der Flughafen geschlossen war und ich noch keine Idee hatte, wie ich wieder zurückreisen konnte. Einmal, als ich die Möglichkeit dazu hatte, habe ich sie allerdings angerufen und da habe ich ihr erzählt, dass ich fest entschlossen bin zu kämpfen. Sie hat verständlicherweise geweint, aber mein Schwager, ihr Bruder, hat mich dabei unterstützt, mir den Rücken gestärkt und gesagt: ‚Männer müssen kämpfen. Bleib da und kämpfe für dein Land und dein Volk.‘ Jetzt war ich zwar fest entschlossen, aber unsere Regierung hat uns mal wieder einen Strich durch die Rechnung gemacht. Der irakische Staat wollte uns nicht kämpfen lassen, nur, weil wir Jesiden waren. ‚Wir haben genug Kämpfer und Waffen, geht nach Hause‘, haben uns die Soldaten an den Kopf geworfen, als wir vorgesprochen haben. Gleichzeitig, während die Soldaten unsere Hilfe abgelehnt haben, ist der IS immer weiter in unser Land vorgedrungen und hat das Sinjar-Gebiet bis runter nach Erbil erobert. Ein paar Tage später sind auch schon die Amerikaner zu Hilfe gekommen und die Deutschen haben Waffen geliefert. Viele Kinder, die in dieser Zeit geboren wurden, heißen jetzt Milan, weil das der Name dieser gelieferten deutschen Waffen war. Ich konnte zwar nicht kämpfen, aber ich konnte trotzdem nicht nur stillsitzen und tatenlos mitansehen, was da gerade in meiner Heimat passiert ist. Ich wollte irgendetwas tun in diesen letzten zwei Wochen, in denen ich noch im Irak war. Also habe ich zumindest den Menschen dort mit

Spenden und humanitärer Unterstützung geholfen. Die Männer, Frauen und Kinder haben bei fünfundvierzig Grad im Schatten dort draußen geschlafen und gewohnt. Ich habe das Elend jeden Tag, wenn ich einen Fuß vor die Haustür gesetzt habe, gesehen und trotzdem gab es viele Menschen, die diesen Leuten nicht helfen wollten, weil sie keine Muslime waren. Es hat dabei keine Rolle gespielt, dass diese Leute der gleichen Ethnie wie wir angehört haben. Wir waren alle Kurden. Das hat mich wütend und traurig gemacht, ich war enttäuscht vom Verhalten vieler Menschen dort". Während Azad diese Geschichten erzählt, kann ich förmlich seinen Zorn über das Verhalten mancher Menschen dort noch immer spüren.

„Nach diesen zwei Wochen bin ich dann trotzdem wieder zurück nach Deutschland, denn im Irak konnte ich nicht kämpfen und somit eh nichts machen, in Deutschland aber hat meine Arbeit auf mich gewartet", fährt er unverzüglich fort.

„Ich hatte nur ein Problem: Der Flughafen war, wie gesagt, dicht und deswegen konnte ich den Irak auf gleichem Weg, wie ich gekommen bin, nicht wieder verlassen. Den Weg über die Türkei konnte ich auch nicht gehen, weil ich auf vielen Demonstrationen gegen Erdoğan war. Also hatte ich nur noch die Wahl, illegal in den Iran einzureisen."

„Und wie hast du das angestellt?", will Daniel wissen.

„Indem ich zu Fuß über die Grenze gegangen und von dort aus dann zurück nach München geflogen bin."

„Das ist nochmal gut gegangen", seufzt Karin.

„Bist du dann gleich wieder in die Arbeit, als du zurück in Deutschland warst?", fragt Shafiq.

„Ja schon", beantwortet Azad meine Frage.

„Aber Ruhe habe ich nicht wirklich finden können, ich habe mir die ganze Zeit wirklich große Sorgen um meine Familie gemacht. Insbesondere dann, wenn ich in den Nachrichten von Bombenanschlägen, Vergewaltigungen, Massakern und dergleichen gehört habe und wenn ich Bilder auf Facebook von Kindersoldaten, Massengräbern und zu Tode gekommenen Menschen gesehen habe." Die Stimmung in der Küche wirkt gedrückt.

„Mit der Unterstützung der Amerikaner haben wir insgesamt zwei Jahre gebraucht, um den IS zu besiegen. Damals, zu dieser Zeit, war noch Obama Präsident. Trump hat dann später einmal über die Kurden gesagt: ‚Das sind unsere Freunde, die besten Kämpfer.‘ Aber als Erdoğan uns dann angegriffen hat waren seine Worte nur noch: ‚Die Kurden haben uns in Pearl Harbour nicht geholfen, warum müssen wir ihnen jetzt helfen?‘ Er ist ein Geschäftsmann durch und durch und natürlich hatte seine Aussage wirtschaftliche Hintergründe.“
„Was meinst du damit genau?“, will Aileen wissen und macht dabei einen äußerst interessierten Eindruck, während sie mit der Gabel in ihre Salatbox einsticht.
„Es stehen zwei Trump Tower in der Türkei“, entgegnet unser Kollege und holt weiter aus.
„Das, was die Türkei mit Syrien gemacht hat, ist im Grunde genau das gleiche, was Putin jetzt mit der Ukraine macht, aber keiner sagt etwas gegen Erdoğan. Erdoğan ist in Syrien einmarschiert und hat dort auch viele Menschen umgebracht. Es gibt tausende Videos, wie Frauen vergewaltigt und Kinder von den türkischen Söldnern umgebracht werden. Ich würde sogar behaupten, Erdoğan ist noch viel schlimmer als Putin. Es wurde nur nicht ganz so viel berichtet, wie es jetzt der Fall ist. Und die Ukraine ist schon allein geographisch näher an uns dran. Putin hat wahnsinnig viele Zivilisten umgebracht, das stimmt, aber Erdoğan hat fast jeden Tag so viele Zivilisten umgebracht wie Putin bis jetzt insgesamt. Ich habe so viele Berichte gelesen, wie türkische Söldner Menschen, ja selbst Kinder enthauptet haben. Die Kurden haben trotzdem immer tapfer gegen sie gekämpft, aber gegen die türkischen Söldner hatten wir keine Chance. Die Türkei ist sehr stark, wisst ihr. Mittlerweile ist sie sogar stärker als Russland. Dieses Land hat amerikanische Jets, die modernsten Waffen. Ich habe mir in dieser Zeit natürlich auch große Sorgen um meine Familie gemacht. Ich wollte wieder zurück in den Irak, um zu kämpfen. Und ich hatte so eine Wut auf die Türkei und auf die ganze Welt, weil sie weggeschaut hat. Keiner hat die Kurden unterstützt. Keiner ist damals auf Demos gegangen, keiner hat der Türkei gesagt: ‚Hört auf!‘ 2014 war nicht zu vergleichen mit heute, wo die ganze Welt gegen Russland ist. Damals

hat niemand berichtet, was wirklich passiert ist. Die Medien haben nicht berichtet, wie viele Menschen umgekommen sind, keiner hat die Fotos gesehen." In Azads Stimme schwingt sehr viel Wut und Enttäuschung mit. Er redet sich immer weiter in Rage, doch ich unterbreche seinen Gefühlssturm mit einem: „Warum?", denn das unsolidarische Verhalten der Bevölkerung und der weltweiten Politik damals erstaunt mich.

„Weil wir Kurden sind und das für die großen Politiker dieser Welt uninteressant ist. Ich vergleiche noch einmal die Solidarität, die den Ukrainern heute entgegengebracht wird, mit dem, wie es bei uns damals war: Die Ukrainer bekommen Spenden, Gelder und Waffenlieferungen. Das hat es überhaupt noch nie in der Geschichte gegeben, dass die ganze Welt einem Land so hilft, wie es jetzt der Fall ist. Ich war damals 2014 bei einer Demo vor dem türkischen Konsulat hier in München. Keine Unterstützung ist eine Sache, aber wir wurden vor diesem Konsulat angehupt. Das war ein unmissverständliches Zeichen, dass wir nur stören. Wir haben gegen Erdoğans Regime und seine Brutalität demonstriert, aber anstatt uns zu verstehen, hat die Bevölkerung uns geschimpft und als lästig abgetan. Im Grunde genommen ist doch alles nur Politik", schnaubt Azad und wirkt dabei noch immer sehr angespannt.

„Schaut mal auf die Uhr", fordert er uns auf und genau das machen wir.

„Wir sprechen jetzt vielleicht schon eine halbe Stunde und in dieser Zeit sind bereits hundertachtzig Menschen gestorben." Ich bin irritiert und schaue meinem Freund direkt in die Augen.

„Was meinst du?", frage ich ihn.

„Jede Minute sterben vier Menschen weltweit an Hunger. Heute sterben schon zehn Prozent mehr als noch vor einem Jahr. Aber wen interessiert das? Niemanden interessieren diese Menschenleben. Egal ob Zivilisten von türkischen Söldnern erschossen werden, oder ob du siehst, dass ein Kind irgendwo in der afrikanischen Wüste verhungert, das ist egal, denn keiner unternimmt irgendetwas dagegen. Klar, es gibt viele Spendenorganisationen, aber aktiv auf die Straße zum Demonstrieren gehen die wenigsten. Mit dem Geld, das Putin verschossen hat, könnte Afrika zehn Jahre lang ernährt werden. Die

Realität sieht oft ganz anders aus, als das, was die Medien zeigen. Aber Menschenleben und Blutvergießen sind den Politikern oft scheißegal. Wer Waffen hat, ist stark und macht den Schwachen das Leben schwer. Eigentlich geht es immer nur ums Geld. Glaubt mir, auch den Politikern in den USA und Deutschland sind ukrainische Leben im Grunde genommen scheißegal. Sie wollen nur nicht, dass Putin die Ukraine bekommt, weil sie nicht wollen, dass der russische Präsident noch mächtiger wird. Diese Hungersnot und auch die derzeitige Inflation, das hat alles Putin gemacht. Ihr seht ja täglich, wie Lebensmittel und Ressourcen immer teurer werden. Das wollen diese Länder aber verhindern und nicht, weil sie Mitleid mit den armen Menschen dort haben, oh nein! Die Politiker zeigen uns, wie furchtbar alles ist, aber in Wirklichkeit geht es ihnen um das russische Gas und Öl. Wegen diesen Bodenschätzen sind so viele Länder wie Deutschland überhaupt erst reich geworden. Die deutsche Wirtschaft wird den Ukraine-Krieg erst noch so richtig zu spüren bekommen. Und um dagegen etwas zu unternehmen, bewaffnet unser Land die Ukrainer. Unser Staat hilft den Menschen dort drüben nicht, weil den Politikern die Leben der ukrainischen Zivilbevölkerung leidtun, sondern aus einem einzigen Grund: Sie wissen schon, was Putin vorhat und Putin ist da nicht allein. Wartet ab, in zehn bis fünfzehn Jahren werden wir viel, viel mehr erfahren“, schnaubt unser Freund.

„Was werden wir erfahren?“, unterbricht Karin den in Rage gekommen Azad, welcher daraufhin unverzüglich eine Reihe von Fragen, von denen ich stark annehme, dass sie rein rhetorisch gemeint sind, in den Raum wirft.

„Was ist der Plan von Putin? Was ist der Plan der NATO? Warum war Putin acht Kilometer vor Selenskyjs Palast und ist dann wieder umgedreht?“ Ich merke, dass ich stutzig werde.

„Warum glaubst du, hat er das gemacht?“, frage ich Azad.

„Weil viele ukrainische Politiker für Putin arbeiten. Wenn Putin gewollt hätte, hätte er die Ukraine schon längst einnehmen können, aber die ukrainischen Politiker sind auf der russischen Seite. Selenskyj ist Putins Mann und der große Plan dieser Männer ist letztendlich, den Osten gegen den Westen auszuspielen “, ist Azad überzeugt.

Wir haben fertig gegessen, erheben uns vom großen runden Küchentisch und auf dem Rückweg in unser Büro redet unser Kollege weiter: „Ich habe die Vermutung, dass noch sehr viele andere Länder in diesen Ost-West-Konflikt verwickelt sind. Warum hat zum Beispiel Israel jetzt so gute Beziehungen zu Russland? Sehr viele asiatische und arabische Länder sind derzeit stärker mit Russland verbunden. Schaut euch nur einmal China und Indien an und auch Argentinien, Brasilien und viele afrikanische Länder sind auf Putins Seite und nicht auf der Seite der Ukraine, weil die Mächtigen diese Länder schon vermuten, was auf sie zukommt. Die USA haben Syrien, Libyen, Afghanistan und den Irak zerstört und jetzt haben sie Angst davor, dass sich die Geschichte wiederholt. Der Dollar ist tief gefallen, weil sich die Zentralbanken dieser Länder jetzt am Rubel und Yuan-Kurs und nicht mehr am Dollarkurs orientieren. Ich glaube, Putins Megaplan ist es, eine Verbindung mit so vielen Ländern wie möglich einzugehen, um letztendlich Amerika und Europa zu schwächen. Amerika hat jetzt schon drei Trillionen Dollar Schulden und auch ganz Europa hat unglaublich viele Schulden. Nur Russland ist derzeit schuldenfrei.“ In meinem Gehirn rattert es förmlich, ich habe Kopfweh bei den ganzen neuen Informationen, die da gerade auf mich einprasseln, doch Azad kommt nun erst richtig in Fahrt.

„Aber jetzt komme ich noch einmal darauf zurück, wie ich immer die Nachrichten verfolgt habe, um mitzubekommen, was zwischen der Türkei und den Kurden passiert ist“, greift mein Kollege noch einmal den roten Faden von zuvor auf.

„Ich war überwältigt, wie viele Freiwillige mein Volk im Kampf gegen die Türkei damals unterstützt haben, darunter auch viele Spanier, Italiener und andere Ausländer. Ihr könnt euch gar nicht vorstellen, wie dankbar ich diesen Menschen für ihre Solidarität war. In dieser Zeit habe ich nur gedacht: 'Was mache ich noch hier?' Aber meine Tochter hat mich zurückgehalten zu kämpfen. Was sehr viele Leute auch nicht wissen: Unsere Frauen haben auch so tapfer gekämpft. Ich kann euch sagen, das war die beste Frauenarmee in der Geschichte überhaupt.“

„Es gab eine kurdische Frauenarmee?“, unterbreche ich Azads Redefluss.

„Ja, diese Armee bestand aus vierzigtausend Soldatinnen, aber keiner weiß davon. Es gab auch viele Berichte auf ARTE oder vom Spiegel darüber. Ich habe wirklich einige gute Dokus darüber gesehen. Das waren so tapfere Frauen, der Wahnsinn. Damals über die Balkanroute sind natürlich fast nur Männer gekommen und die Frauen im Irak haben gekämpft. Ich habe mir nur gedacht, die Kurden sollten sich was schämen! Die Männer laufen weg und die Frauen kämpfen. Mein Gott, wie ich mich damals auch geschämt habe. Unsere Frauen haben in diesem Krieg mit schweren Waffen gegen diese jungen Männer gekämpft. Und diese türkischen Söldner waren kranke Menschen. Gefährlich, skrupellos und krank, sie haben sogar Leichen vergewaltigt." Als ich das höre, bleibt mir für einen Moment der Atem weg.

„Was?!", unterbreche ich Azad, nachdem ich meine Sprache wiedergefunden habe.

„Ja, da gab es leider sehr viele kranke Menschen in diesem Krieg und die ganze Welt hat weggeschaut. Keiner, wirklich keiner hat davon berichtet, was damals genau passiert ist. Und Trump hat noch dazu Erdoğan unterstützt. Er hat ihm den Weg freigemacht. Erdoğan hat selbst die Menschen getötet, die in die Türkei geflohen sind. Das macht Russland nicht. Putin nimmt die ukrainischen Flüchtlinge auf, er belohnt es sogar, dass sie kommen. Erdoğan ist der gleiche Idiot wie Putin. Er will auch viele Gebiete, wie zum Beispiel Kos oder Rhodos, zurückhaben. Genau wie Putin mischt er sich überall ein. In Nicaragua, in Griechenland und noch in ein paar anderen Ländern. Aber Erdoğan ist zehnmal schlimmer als Putin und trotzdem sagt keiner etwas dagegen, weil die Türkei ein NATO-Mitglied ist." Ich habe den Eindruck, dass Azads Zorn unser komplettes Assistentenbüro erfüllt, doch trotzdem muss er kurz innehalten mit dem Dampf ablassen, denn Larissa, eine ukrainische Bewohnerin, steht bei uns im Eingang und braucht Hilfe mit dem Ausfüllen von einem Formular für die Familienkasse. Als sie gegangen ist, wirft Shafiq in den Raum: „Die Ukrainer kommen selten zu uns in letzter Zeit."

„Ja, das stimmt, sie sind eigentlich selbstständig. Wenn es auf ihrer eigenen Sprache geschrieben steht, machen sie es eigentlich immer selber", bestätigt Daniel und auch Azad nickt.
„Ja, das ist richtig. Die sind nicht wie Akar. Uff, der macht mich schon wieder fertig. Erst vor ein paar Tagen war er im Krankenhaus und hat dort herumerzählt, dass wir ihm sein Leben schwermachen." Als ich diese Anschuldigung höre, verschlägt es mir erst die Sprache, dann werde ich sauer und kann wirklich nicht nachvollziehen, warum Akar so etwas gesagt haben soll, denn normalerweise haben wir eigentlich ein gutes Verhältnis zu ihm. Akar kann meistens wirklich lieb sein und ich habe ihn eigentlich gern. Aber bevor ich weiter über unseren syrischen Bewohner nachdenken kann, hat Azad auch schon von Neuem Luft geholt und fährt fort: „Ich muss sagen, es war ein großer Fehler von Frau Merkel damals, als die Balkanroute offen war zu sagen, dass alle in Deutschland willkommen sind, dass die Grenzen für alle offenstehen sollen. Unter diesen ganzen Flüchtlingen sind nämlich auch tausende Söldner vom IS und viele andere Terroristen mitgekommen. Man hat immer wieder von Sexsklaven und Enthauptungen vom IS hier in Deutschland gehört. Ich habe mir von Anfang an gedacht, dass das der größte Fehler war, den sie hatte machen können. Sie hat gesagt: ‚Wir schaffen das'. Ja, wir haben es geschafft, den Terroristen eine neue Heimat zu geben, anstatt direkt in den Ländern einzugreifen. Ich habe mir seit damals gedacht, dass es eigentlich nur eine Frage der Zeit sein kann, bis irgendwo ein Anschlag passieren wird. Bevor der Anschlag im OEZ passiert ist, gab es nämlich schon viele Anschläge vom IS: in Afrika, in der Metro in Sankt Petersburg, in der Türkei, in Ägypten, in Bagdad, in London ... Es gab viele Selbstmord-Attentate, zum Beispiel in Deutschland in der S-Bahn. Oder ihr erinnert euch bestimmt noch an den LKW, der in Berlin in den Weihnachtsmarkt reingefahren ist. Ein anderes Mal wurde ein Attentäter, der eine Bombe dabei hatte, einmal vor einer Disko festgenommen, das ging aber gerade noch einmal gut. Es sind zu viele Sachen passiert und die Politiker haben schon damals grundlegend versagt. Ihr werdet sehen, auch in der Ukraine-Krise haben sie wieder versagt, aber das wird erst noch in den nächsten zehn

bis fünfzehn Jahren rauskommen. Doch es wird rauskommen, genau wie damals, als Bush zugegeben hat, dass Chemiewaffen im Irakkrieg verwendet worden sind. Es gibt viele Beispiele, an denen wir sehen, wie Politiker gelogen oder etwas falsch gemacht haben. Irgendwann kommt alles raus. Ich habe damals in der Arbeit schon angefangen, Menschen zu beobachten, die verdächtig ausgesehen haben, denn ich habe mir wirklich die ganze Zeit seit Merkels Aufforderung gedacht, dass irgendwann etwas auf uns zukommen wird. Vor allem bei Muslimen mit Bart bin ich immer sehr skeptisch geworden. Deswegen habe ich an diesem Tag auch so reagiert." Ich merke, wie ich an den Lippen meines Kollegen hänge und seinen Erzählungen lausche, ihn jetzt allerdings trotzdem unterbrechen muss.
„Wie hast du denn reagiert?", frage ich nach und Azad holt ein wenig aus.
„Es war sehr schönes Wetter an diesem Tag. Ich erinnere mich noch daran, dass die Sonne geschienen hat. Eigentlich gehe ich immer gerne in die Arbeit, aber an diesem Tag habe ich mich geärgert, dass ich so lange bleiben musste, denn meine Tochter hatte ein Konzert mit ihrem Chor. Als Filialleiter konnte ich da nicht so ohne weiteres weg und noch dazu hatten wir wirklich wenig Mitarbeiter. Im Nachhinein betrachtet war es gut, dass wir so wenig Personal hatten, und auch das Wetter so gut war, denn gegen sechzehn Uhr, als es zu dem Anschlag gekommen ist, waren auch nur verhältnismäßig wenig Menschen dort drin in diesem Gebäude. Sagen wir mal so, das Einkaufszentrum war nicht gerammelt voll, wie für gewöhnlich. Bei mir war aber trotzdem viel los, ich war gut beschäftigt mit meiner Kundschaft. Die Menschen haben sich unterhalten, gegessen und gelacht und in dem Moment, als es passiert ist, hatte ich gerade niemanden zu bedienen, alle waren gut versorgt. Ich weiß noch genau, wie ich im Türrahmen, im Eingangsbereich von meinem Restaurant gestanden bin und gesehen habe, wie plötzlich ganz viele Menschen über die Rolltreppe gerannt sind. Sie sind gelaufen, so schnell sie konnten, und haben geschrien. Schüsse habe ich zu dem Zeitpunkt allerdings noch nicht gehört, aber ich habe in dem Moment schon gecheckt, was da los war, ich habe irgendwie gespürt, dass da ein Attentäter im Gebäude war. Zu dem

Zeitpunkt war dieser Mörder auch schon drinnen, und zwar im Obergeschoss. Er hat aber noch nicht geschossen. Viele sind weggelaufen, Einige sind sogar vom Obergeschoss aus runtergesprungen. Es war mir wirklich sofort klar, dass es ein Attentat war und ich dachte zuerst, es wäre ein Attentat vom IS. Mein nächster Gedanke war: ‚Jetzt muss ich schnell handeln.' Also habe ich mich zu meiner Kundschaft umgedreht und sofort ganz laut geschrien: ‚Raus!' Meine Stammkundschaft hat mich natürlich ganz erstaunt und irritiert angeschaut, sie hatten ja keine Ahnung, was da gerade abging. Aber ich habe nur weiter geschrien: ‚Weg! Macht, dass hier wegkommt!' Und noch bevor sie aufgestanden sind, habe ich die Schüsse gehört. Ich habe Menschen schreien hören und Kinder in die eine Richtung rennen sehen, ihre Eltern in die andere. Es war das totale Chaos. Man wusste nicht mal, wohin man laufen sollte. Und ich habe die Panik in den Augen der Menschen gesehen. Als das Ganze passiert ist, waren zwei meiner Mitarbeiter beim Rauchen draußen. Nur meine Putzfrau und ich waren noch im Restaurant. Mein erster Gedanke war: ‚weglaufen'. Aber dann kam mir ein zweiter Gedanke und zwar, dass es ja auch mehrere Attentäter sein könnten, und ich hatte Angst, ich könnte ihnen entgegenlaufen. Das erste, was mir in den Sinn gekommen ist, war unser Kühlraum. Also bin ich so schnell ich konnte in die Küche, habe von dort ein Messer mitgenommen, dann zurück in den Eingangsbereich, wo noch immer unsere Putzfrau stand. Ich habe sie an die Hand genommen und zu ihr gesagt: ‚Los! Schnell da rein!' Wir sind also so schnell und so leise wir konnten in den Kühlraum hinein und haben uns dort versteckt. Meine Kunden waren währenddessen schon lange weggelaufen. Später habe ich erfahren, dass es insgesamt fast tausend Menschen waren, die sich irgendwo im Gebäude versteckt gehalten haben. Wie gesagt, ich habe nur Schüsse und Schreie gehört und man wusste nicht, wo die Täter waren. Die Putzfrau und ich haben bis neun Uhr abends dort drinnen im Kühlraum ausgeharrt. Es war schrecklich, Anna, es war einfach nur schrecklich! Ich wusste nicht, was ich machen sollte, wenn der oder die Täter reingekommen wären, und da drinnen habe ich die ganze Zeit die Schüsse gehört. Es war so kalt, gerade einmal acht Grad hat es im

Kühlraum gehabt, und wir waren nur mit unseren T-Shirts da drin. Ganz still waren wir und wir haben auch versucht, langsam zu atmen, damit uns auch ja keiner hören konnte. Die Putzfrau ist schon nach ein paar Minuten kreidebleich geworden und war kalt wie eine Leiche. Ab und zu habe ich die Tür aufgemacht, damit wir Licht hatten. Immer wenn ich die Kühltür aufgemacht habe, bin ich auch ganz vorsichtig rausgegangen, um zu schauen, ob die Täter immer noch da waren. Und immer, wenn wir wieder Licht hatten, habe ich das blasse, angsterfüllte Gesicht der Frau vor mir gesehen."

„Hattest du Angst da drinnen?", frage ich Azad jetzt.

„Ich hatte keine Angst, nein, aber ich habe die ganze Zeit an meine Tochter gedacht. Ich habe gedacht, wie es wäre, wenn sie jetzt ohne Vater aufwachsen müsste. Ich habe daran gedacht, dass ich durch so viele Sachen durchgegangen und immer davongekommen bin und dann sterbe ich in der Arbeit durch einen Terroristen. Das war für mich so absurd. Wir haben die ganze Zeit wirklich kein Wort miteinander geredet, aber ich habe versucht, die Putzfrau zu beruhigen. Ich habe lange ihre Hände gehalten, sie waren so kalt, eisig kalt. Ich habe auch ihren unterkühlten Körper lange Zeit umarmt, sie gehalten und wir haben gewartet, sehr, sehr lange gewartet. Irgendwann haben wir dann Menschenstimmen gehört. Sechshundert Polizisten haben das Gebäude gestürmt. Ich weiß bis heute nicht, warum das Ganze so lange gedauert hat. Angeblich lag es daran, weil unklar war, wie viele Terroristen im Gebäude waren. Auf jeden Fall haben sie sehr lange gewartet, zu lange. Die Polizei hat an diesem Tag in meinen Augen sehr viele Fehler gemacht. Sie hatte keine Vorerfahrung. Nicht so wie in unseren Ländern."

„Ja, aber die konnten da doch nicht so lang nur tatenlos zuschauen!", falle ich Azad ins Wort.

„Vielleicht hat es wirklich so lang gedauert, alles zu sichern und euch dann rauszuholen."

Mein Freund hält kurz inne, bevor er weiterredet.

„Ich weiß nicht, was da so lange gedauert hat. Irgendwann habe ich nur gehört: ‚Kommt raus!' Als diese Worte gefallen sind, war mir klar, dass es Polizisten waren und ich habe rausgeschaut und so schwarz

gekleidete Beamte gesehen. Dann haben sie Waffen auf uns gerichtet und geschrien: ‚Hände hoch!‘ Sie wollten sicher sein, dass wir keine Terroristen sind. Anschließend haben sie uns durchgefilzt und wir wurden zusammen mit den anderen Menschen, die sich alle versteckt hatten, nach draußen geführt. Sechzehn Eingänge gibt es im OEZ, sechzehn Stück. An einem der Eingänge lag eine Leiche und sie haben uns zu diesem Eingang geführt. Wir alle mussten über diese Leiche steigen, wir wurden nicht daran vorbeigeführt, nein, wir mussten über sie drübersteigen“, erzählt mein Arbeitskollege. Ich höre die starke Wut und das Entsetzen aus seinem Tonfall heraus und merke, wie sich seine Stimmung auf mich überträgt.
„Warum haben sie das getan?“ Ich schaue in die Gesichter meiner anderen Kollegen. Auch sie wirken nach Azads Bericht mitgenommen.
„Ich weiß es ehrlich gesagt nicht“, überlegt mein Arbeitskollege.
„Wollten sie eine große Nummer daraus machen? Einige Frauen sind ohnmächtig geworden, aber die Polizisten haben uns geschubst und weitergezogen. Es waren ungefähr zweihundert Menschen, die mit mir auf diesem Weg nach draußen geführt worden sind. Die Polizisten haben uns auf direktem Weg zum Kentucky Fried Chicken gebracht, um uns dort zu verhören. Immer noch in meiner Arbeitskleidung hatte ich weder Papiere, einen Ausweis, noch ein Handy bei mir. Die Polizisten haben mich gefragt: 'Wie heißen Sie?', und ich habe wahrheitsgemäß 'Azad Mohammed' geantwortet. Das war alles, was sie wissen wollten und dann haben sie mich in Ruhe gelassen.
Ich erinnere mich daran, dass neben mir ein Deutscher gestanden hat, den ich flüchtig vom Sehen kannte. Er hieß Moritz. Dieser Bekannte konnte seine Identität auch nicht nachweisen. Anscheinend hat es den Beamten bei ihm aber nicht gereicht, dass er nur seinen Namen gesagt hat, denn er wurde gleich mit auf die Wache genommen. Ich war frei und Moritz wurde mitgenommen”, schnaubt Azad.
„Warum?“, hake ich nach.
„Ich weiß es nicht, aber an diesem Tag da sind sehr viele komische Sachen passiert, die nicht zusammengepasst haben.“ Er schaut nachdenklich drein.
„Was meinst du damit?“, frage ich ein wenig skeptisch.

„Danach haben wir von Schüssen und Leichen in der Innenstadt gehört. Ich frag mich bis heute: War das alles nur inszeniert? War das ein Stück weit von der Polizei geplant? War es gezielt? Wollte die Regierung Angst verbreiten? Warum haben sie unsere Handys konfisziert? Wollten Sie alle Beweise in Form von Videoaufnahmen vernichten? Meiner Meinung nach haben sie auch mehr Angst verbreitet und mehr dramatisiert und nicht viel richtiggemacht. Die ganze Stadt war an diesem Tag lahmgelegt, nur weil ein Mensch schießt. Ein Mensch geht mit einem Gewehr auf andere los und die ganze Stadt steht still. Es sind keine Busse, keine S-Bahnen, ja nicht einmal Taxis gefahren", argumentiert mein Freund und ich unterbreche ihn.
„Aber man wusste nicht genau, wie viele Attentäter es gab, man wusste überhaupt nichts Genaues", versuche ich das Verhalten der Polizei ein Stück weit zu rechtfertigen.
„Trotzdem hat die Polizei auf ganzer Linie versagt. Sie wusste nicht, wie man richtig sichert. Sie waren noch nicht mal fertig mit der Absicherung, da war der Terrorist schon längst tot. Und nicht nur das: Nach dieser Woche sind auch noch sehr viele andere komische Sachen passiert." Azad hält kurz inne.
„Was denn zum Beispiel?", will ich wissen.
„Ein paar Tage nach diesem Anschlag hat mich zum Beispiel eine sehr hübsche junge Frau angesprochen, weil sie mich in der Zeitung gesehen hat." Mein Kollege holt kurz Luft.
„Du warst in der Zeitung?", fragt nun Shafiq und klingt dabei ein bisschen neugierig.
„Ja, ich war in der Zeitung, weil ich der erste war, der gesagt hat, dass dieser Mörder gezielt Ausländer gesucht hat." Ich erinnere mich daran, dass das damals kurz nach dem Anschlag eine weit verbreitete These war.
„Wie bist du darauf gekommen?", will ich trotzdem von Azad wissen.
„Meine russische Nachbarin ist diesem Täter nämlich zufällig über den Weg gelaufen. Sie ist direkt vor ihm gestanden und er hat sie nur auf die Seite geschubst und sie angefaucht: ‚Geh weiter!' Sie hat dann nur noch gesehen, wie er gezielt auf dunklere Kinder losgegangen ist, hat sie mir später erzählt, und ich habe sofort verstanden, was das bedeutet

und das habe ich so an die Zeitung weitergeleitet. Deswegen sind so viele Journalisten zu mir gekommen und wollten mich interviewen, aber ich habe Angst gehabt und deshalb die ganzen Interviewtermine abgesagt.“ Shafiq zieht seine Augenbrauen hoch.

„Wie gesagt, ein paar Tage nach diesem Anschlag ist dann plötzlich diese junge Frau vor meiner Haustür gestanden und hat mich so merkwürdig angemacht. Sie wollte unbedingt mit mir einen Kaffee trinken gehen. Diese Frau hat mir erzählt, dass sie eben diesen Zeitungsartikel über mich gelesen hat und wollte von mir wissen, wie schrecklich denn das Ganze für mich gewesen sei. Sie hat mir so viele Fragen gestellt, zum Beispiel: ‚Warum hat die Polizei so reagiert? Warum haben die Medien das nicht gezeigt?‘ Und sie hat mir Bilder gezeigt. Diese Frau war auch der Meinung, dass alles inszeniert war. Zum Schluss hat sie mir dann noch ihre wahre Identität verraten.“

„Wer war diese Frau?“, fragt nun Daniel

„Sie war vom israelischen Mossad, das ist der Geheimdienst dort.“ Shafiq runzelt die Stirn.

„Warum hat dich eine Frau vom israelischen Geheimdienst befragt?“, fragt er, klingt dabei ein bisschen skeptisch und auch ich kann mir keinen Reim darauf machen.

„Der israelische Geheimdienst ist überall. Die wollten auch wissen, warum das nicht so war, wie die Medien gezeigt haben, was die Wahrheit ist und warum der Polizeieinsatz so lang gedauert hat.“

„Warum glaubst du hat der Polizeieinsatz wirklich so lange gedauert und warum glaubst du, dass alles inszeniert war?“, unterbricht Daniel Azad und ich merke, wie mein Kollege nun ernst wird.

„Ich glaube, ehrlich gesagt, der deutsche Geheimdienst und der deutsche Staat stecken dahinter. Sie haben die Situation ausgenutzt, sie haben es dramatisiert, schrecklicher gemacht, als es in Wirklichkeit war, weil sie gegen Merkels Politik waren. Es ging wieder einmal nur um die Politik, aber dass Menschenleben zerstört worden sind, das war den großen Politikern egal. Eine Woche später haben hundertsechzig Mitarbeiter im OEZ gekündigt und viele sind noch immer in therapeutischer Behandlung. Ich denke, dass der Staat und die Polizei versagt haben und anstatt zu helfen haben sie viele Menschen für immer traumatisiert, nur um ihre politischen Ziele zu erreichen. Wisst ihr, ich bin mir sicher, es hängt damit zusammen, dass die Stadt von der SPD regiert wird. Viele der SPD-Politiker waren gegen die Politik von Merkel damals und wollten deswegen diese Nummer sehr groß machen. Sie wussten schon, dass der Attentäter ein Ausländer war und genau das haben sie ausgenutzt, um damit deutlich zu zeigen, dass Merkel mit ihrem 'Macht die Grenzen für alle auf' einen großen Fehler gemacht hat. Deswegen haben sie die Nummer so groß werden lassen. In Wahrheit war dieser Terrorist aber schon längst tot, als die Polizisten aus den anderen Städten hergeholt worden sind, und ich bin mir wirklich zu hundert Prozent sicher, dass alles falsch gemacht worden ist", betont Azad nun noch einmal sein Statement.

Wir werden von Akar, der wie üblich mit seinem übertriebenen Elan zu uns ins Büro schneit, unterbrochen.
„Hallo meine Lieben, wie geht es euch?" Er wirkt einerseits super gut gelaunt, aber irgendwie trotzdem sehr müde, und es scheint ihn etwas zu bedrücken.
„Gut, Akar", geht Shafiq auf ihn ein.
„Wie geht es dir?" Ich schaue in die müden Augen des Syrers und denke, möglicherweise hat einer seine Jungs ihm schlaflose Nächte bereitet.
„Ich habe zwanzig Vögel zu Hause. Will einer von euch einen Vogel haben?" Mir fehlen die Worte. Dass Akar einen Vogel hat, ist allgemein bekannt, aber dass er sich jetzt tatsächlich echte Vögel angeschafft hat, obwohl er weiß, dass die Hausverwaltung das verboten hat, überrascht mich jetzt doch ein wenig.
„Zwanzig?!", rufe ich aus, nachdem ich meine Sprache wiedergefunden habe.
„Wie kommst du denn zu zwanzig Vögeln?" Bald stellt sich heraus, dass er einen männlichen und einem weiblichen Kanarienvogel gekauft hatte und sie sich ganz schnell vermehrt haben.
„Shafiq, nimm einen mit nach Hause, ich schenk dir einen", fordert Akar meinen Kollegen auf, aber Shafiq antwortet daraufhin nur lachend: „Du, Akar, das muss ich erst mal mit meiner Frau

abklären." Ich merke, wie der Bewohner nun versucht, mit meinem Kollegen zu verhandeln.

„Ach komm schon, was du musst abklären? Sei ein Mann! Du musst nichts mit Frau abklären", versucht Akar meinen Kollegen in gebrochenem Deutsch zu überreden, aber Shafiq geht nicht weiter darauf ein und lacht nur noch. Auch ich grinse still und heimlich in mich hinein. Dem Rest des Teams scheint es nicht anders zu gehen. Als Akar gegangen ist, fragt Karin, die mal wieder bei uns im Büro zu Besuch ist: „Wie bist du denn eigentlich nach Hause gekommen, wenn gar nichts gefahren ist?" Azad muss nicht lange überlegen, um den roten Faden seiner Erzählungen wieder aufzugreifen.

„Ich habe versucht danach irgendwie nach Hause zu kommen, aber das war gar nicht so einfach; wie gesagt, es gab keine Busse, keine S-Bahnen, nicht mal Taxis sind gefahren und ein Auto oder ein Fahrrad hatte ich nicht. Zu dem Zeitpunkt hatten meine Frau und meine Tochter auch noch nichts von alledem mitbekommen, weil das Konzert bis neun Uhr gedauert hat. Danach, als sie es dann erfahren haben, hat meine Frau versucht, mich zu erreichen, aber das Handy lag natürlich noch in dcr Arbcit. Sic hat sich große Sorgen gemacht, verständlicherweise. Aber sie konnte nichts weiter machen. Letztendlich bin ich zu Fuß nach Hause gelaufen und um ein Uhr nachts bin ich dann irgendwann angekommen."

„Du hast es geschafft", wirft Karin ein.

„Geschafft ja, aber danach ist es noch schlimmer für mich geworden", sagt Azad und wirkt auf einmal so ernst.

„Ich hatte keine Arbeit und der Schock, was dort passiert ist, diese Zeit im Kühlraum, saß dann schon irgendwie tief. Ich erinnere mich noch so gut an die Blumen, die die Leute vor dem OEZ abgelegt haben. Natürlich haben mich viele angesprochen. Wildfremde Menschen sind nach der Veröffentlichung des Zeitungsartikels immer wieder auf mich zugekommen und haben mir Fragen gestellt. Es war eine wirklich komische Zeit, diese Zeit danach. Ins OEZ ist kein Mensch mehr gegangen, denn natürlich hatten die Leute Angst. Einen Monat später hat dann der Geschäftsführer verkündet, dass wir den Laden dichtmachen müssen. Das Geschäft war tot, weil keine Kundschaft

mehr gekommen ist. Ich erinnere mich noch genau daran, als der Geschäftsführer mit einem Angebot auf mich zugekommen ist. Er hat mir angeboten, ich könne das Geschäft umsonst übernehmen. Nur die Firma würde rausgehen, aber das Geschäft würde mir gehören. Ihr könnt euch gar nicht vorstellen, wie ich mich an diesem Tag gefreut habe. Ich war so glücklich, so happy, ich habe mich gefreut wie ein Schnitzel. Das war mein Glückstag! Zwar war das Geschäft tot, aber ich habe gedacht, ich schaffe das schon irgendwie und ich habe mir sogar eingebildet, dass ich den Umsatz verdoppeln könnte. Also habe ich das Geschäft angenommen und die Übergabe hätte eigentlich planmäßig am ersten November stattfinden sollen. Aber dann ist Folgendes passiert, das mir einen Strich durch die Rechnung gemacht hat.“ Shafiq, Karin, Daniel und ich horchen auf.
„Am nächsten Tag habe ich einen Anruf vom damaligen Geschäftsführer mit einer Absage bekommen. Er hat mir nur mitgeteilt, dass es ihm leidtue, aber er habe die ganze Kette an eine Firma verkauft. Könnt ihr euch das vorstellen? In dem Moment ist eine Welt für mich zusammengebrochen. Ich konnte nicht weiter. Meine Träume, meine Ziele, meine Hoffnung, alles war auf einmal futsch, wie weggeblasen. Ich hatte nichts, gar nichts. Ich hatte nur ein Kündigungsschreiben in der Hand. Das war schlimmer für mich als der Anschlag. Ich habe an diesem Tag nicht nur meine Arbeit verloren, sondern einen Traum. Ich habe alles verloren. Deswegen bin ich auch krank geworden. Ohne Arbeit wusste ich nicht wohin und ich konnte auch nicht weiter in einem anderen Restaurant arbeiten, weil dieser Laden so viel für mich bedeutet hat. Versteht ihr, ich habe dort dreizehn Jahre lang gearbeitet. Ich habe mich hoch gearbeitet vom Spüler zum Filialleiter. Ich habe jeden Tag vierzehn Stunden dort gearbeitet, und das sechs Tage die Woche. Und die Überstunden, die ich gemacht habe, waren unbezahlt. Diese Arbeit, das war mein Leben. Ich kannte tausende Kunden beim Namen. Ich habe so viel für diese Firma gemacht. Keinen einzigen Tag habe ich mich krankgemeldet oder bin zu spät gekommen und dann haben sie mich so leichtfertig gekündigt. Das war der Weltuntergang für mich. Ich war sehr happy da, obwohl ich so viel geschuftet habe.“ Wut und Enttäuschung schwingt in der Stimme meines

Kollegen mit, während er spricht. Ich weiß es nicht, aber ich glaube, ich kann zumindest ansatzweise nachvollziehen, wie das für ihn gewesen sein musste, denn auch ich habe ein bisschen den Sinn in meiner Aufgabe hier verloren, als Barbara damals zu mir gesagt hat: 'Frau Will, die Integration funktioniert nicht.' Langsam wird unser Freund wieder gefasster.
„Die neue Firma wollte dann alles neu haben, sie hatten ihren eigenen Filialleiter. Das war nur so eine Immobilienfirma und das war‘s dann. Uns wurde allen gekündigt. Einige haben fast zwanzig Jahre dort gearbeitet. Eigentlich hätten sie meine Mitarbeiter auszahlen müssen, aber diese Firma war clever, sie haben das sehr schlau gemacht. Die neue Firma hat das ganze Personal übernommen und nach einem Monat wurde allen gekündigt. Das war völlig rechtens, wie sich hinterher herausgestellt hat, denn die Mitarbeiter mussten unter der neuen Firma auch neue Verträge unterschreiben und mit den neuen Verträgen hatten sie auch wieder eine Probezeit. So musste die Firma keinem dieser Mitarbeiter eine Abfindung bezahlen. Das war gut durchdacht von diesen Leuten”, schnaubt Azad und wird dabei wieder zorniger.
„Danach habe ich nur noch mitbekommen, dass diese neue Firma den Laden auch wieder für zweihundertsechzigtausend Euro weiterverkauft hat. Sie haben alle Filialen an Privatleute verkauft und kein einziger von meinen ehemaligen Mitarbeitern hat auch nur ein Dankeschön oder gar eine Abfindung bekommen, obwohl viele schon so lange dabei waren. Das hat mich so unglaublich wütend gemacht. Geld war für diese Firma wichtiger als Menschlichkeit, sowohl für die alte Firma als auch für die neue. Und dort habe ich dreizehn Jahre gearbeitet! Ich war nur enttäuscht, so enttäuscht! Das war der große Plan meines damaligen Arbeitgebers.“ In unserem Büro breitet sich für einen kurzen Moment eine Fassungslosigkeit aus.
„Ja, habt ihr denn gar nicht versucht, Kontakt mit diesen Verbrechern aufzunehmen? So einfach konnten die doch nicht davonkommen!“, wirft Shafiq nach einem kurzen Moment der Stille ein.
„Oh doch, wir haben angerufen und wir haben auch geschrieben, mehrmals sogar, aber diese Leute haben uns ignoriert. Man konnte

nicht an diese Verbrecher rankommen. Natürlich habe ich auch versucht, vor Gericht zu gehen. Ich hatte selbstverständlich einen Anwalt, aber wir hatten keine Chance wegen dieser neuen Firma. Ich war beim Anwalt, meine Kollegen waren beim Anwalt, nichts."
„Wegen der neuen Verträge, oder?", schlussfolgert Daniel. „Genau, weil die Mitarbeiter die neuen Verträge schon voreilig unterschrieben hatten. Die neue Firma hat sie gedrängt und sie haben die Verträge unterschrieben, ohne von den Konsequenzen zu wissen. Nach alledem, was da passiert ist, war ich verloren, ich hatte keinen Halt mehr. Es war, als wäre mir der Boden unter den Füßen weggezogen worden. Ich wusste nicht wohin. Das war das erste Mal in meinem Leben, dass ich arbeitslos war. Ich bin in ein richtig tiefes Loch gefallen. Es war so ein erniedrigendes Gefühl, im Arbeitsamt zu sitzen und diese Formulare auszufüllen. Ich habe mich so gedemütigt gefühlt, so gedemütigt. Und natürlich haben sie wieder versucht, mir Arbeit in der Gastronomie zu vermitteln, aber ich habe gesagt: 'Nein, das kann ich nicht mehr machen.' Nicht nur wegen der Filiale, sondern auch, weil ich zu dem Zeitpunkt schon zwei Operationen hinter mir hatte und außerdem wegen meiner schlimmen Allergie. Ich konnte nicht mehr, aber sie haben mich gezwungen." Je mehr ich versuche, mich in die Lage meines Freundes zu versetzen, umso mehr merke ich, wie sich Hilflosigkeit tief in meinem Inneren ausbreitet.
„Aber du hast es ja dann doch geschafft, woanders Arbeit zu finden", versuche ich ein bisschen optimistischer zu klingen.
„Ja, dann bin ich im Autohaus gelandet", erwidert Azad und ich merke, dass sich seine Augen wieder ein bisschen aufhellen.
„Natürlich war das alles dort sehr neu für mich und die Bezahlung war auch wirklich schlecht. Ich habe dreißig Prozent weniger verdient, als davor, aber das war mir egal. Ich wollte unbedingt arbeiten. Dass ich bei meiner Einstellung noch komplett überhaupt nichts über Autos wusste, hat mich auch nicht gestört. Ich lerne schnell, das wisst ihr ja." Das weiß ich nur zu gut und freue mich, wieder in ein glücklicheres Gesicht vor mir schauen zu können.

„Davor hatte ich nur Schrottautos und ich wusste auch nicht, wie man einen Kaufvertrag abschließt, aber ich habe schnell dazugelernt.“ Azad lächelt und wirkt dabei fast ein wenig stolz.
„Nach circa drei Monaten hat mein damaliger Chef zu mir gesagt, dass ich sogar besser als er sei, obwohl er schon seit dreißig Jahren Autos verkauft. Ich konnte gut mit Menschen“, begründet er die Aussage seines Chefs. Ich merke, wie sich meine Mundwinkel nach oben ziehen.
„Deswegen bist du auch in der Sozialbranche gelandet“, argumentiere ich wiederum und Azad fährt wie für gewöhnlich, ohne auf meinem Kommentar einzugehen, fort: „Aber dann hat sich für mich herausgestellt, dass es sogar noch etwas Besseres gibt, als in der Gastronomie zu arbeiten. Autos zu verkaufen hat mir tatsächlich sogar noch mehr Spaß gemacht. In der Autobranche war ich aber trotzdem nur zwei Jahre.“ Da unterbreche ich meinen Freund von Neuem: „Weil der Laden dann auch dichtgemacht hat?“, frage ich ihn.
„Nein, das war nicht der Grund, aber ich konnte diese vielen Lügen und diesen Betrug nicht mehr ertragen, ich wollte menschlich bleiben. Ich wollte den Leuten nicht irgendwelchen Schrott für Höchstpreise verkaufen, obwohl mein Chef mein Gehalt innerhalb von einem Jahr von neunhundert Euro auf zweitausendsiebenhundert gesteigert hat. Aber das Geld war kein Anreiz genug, meine Werte über den Haufen zu schmeißen. Meine Kundschaft waren gutgläubige, liebe Menschen, die keine Ahnung von Autos hatten, und ein Autoverkauf hat eigentlich immer so ausgesehen, dass ich insgeheim wusste, dass viele Bauteile des Autos schon kaputt waren. Natürlich durfte ich das den Kunden aber nicht sagen und das hat mir innerlich weh getan. Ich habe diesen Menschen zwar nicht direkt ins Gesicht gelogen, aber ich habe geschwiegen, und das ist im Grunde genommen das gleiche. Die einzige Möglichkeit, meine Kunden ein bisschen vorzuwarnen, war, ihnen zu empfehlen, zum ADAC zu gehen und das Auto überprüfen zu lassen. Das habe ich auch immer gemacht. Jedes Mal, wenn ich ein Auto verkauft habe, habe ich zu den Menschen gesagt: ‚Gehen Sie zum ADAC und lassen Sie es überprüfen, das kostet auch nur siebzig Euro.‘ Diese siebzig Euro habe ich auch immer vom aktuellen Kaufpreis des Autos abgezogen. Aber irgendwie haben die Leute

meinen Wink mit dem Zaunpfahl nie verstanden und sind nicht zum ADAC gegangen. Sie haben uns dann, wenn etwas kaputt gegangen ist, natürlich verklagt und dann musste ich vor Gericht. Anna, so oft war ich deswegen vor Gericht. Und da musste ich natürlich lügen und irgendwann konnte ich nicht mehr und habe mir gedacht: ‚Geld ist nicht alles.'" Es gibt wenig Leute, die das so sehen und ich schätze diese Ehrlichkeit, diesen Gerechtigkeitssinn meines Freundes.

„Durch Zufall habe ich dann von einer Freundin meiner Frau erfahren, dass es Arbeit in dieser Asylunterkunft hier gibt und dann habe ich mich beworben und so bin ich letztendlich hier gelandet. Aber eigentlich wollte ich diese Arbeit nur für kurze Zeit machen." Das wiederum kann ich sehr gut nachvollziehen, denn das war auch ursprünglich mein Plan.

Beide sind wir hier irgendwie hängen geblieben, denke ich und merke, wie ich ein bisschen grinse.

„Eigentlich wollte ich dann in ein anderes Autohaus wechseln, aber ihr seht ja, ich bin immer noch hier", grinst nun auch Azad. Es gibt anscheinend noch immer irgendetwas, das uns hier hält, das uns antreibt. Wahrscheinlich ist es unser Ziel, das noch nicht erreicht wurde: zu beweisen, dass Integration doch funktionieren kann. Ich schaue lange in das Gesicht meines Kollegen, der über die Jahre zu einem guten Freund für mich geworden ist. Er schaut zufrieden aus.

„Jetzt kennt ihr erst einen kleinen Teil meiner Geschichte", sagt mein lieber Freund und Kollege lächelnd und ich merke, wie es mich berührt. Ich schaue ihm lang in die Augen und sage: „Danke Azad, dass du deine Geschichte mit uns geteilt hast."

Die Hölle und das Paradies

„Manche Leute, die nach Deutschland gekommen sind, sind ins Paradies gekommen, manche in die Hölle." Diese Worte von Azad haben sich in meinem Kopf eingebrannt. Ich denke an unsere hundertvierzig Bewohner und weiß, für wen Deutschland das Paradies und für wen die Bundesrepublik die Hölle sein muss. Emal und seine Familie machen sich hier in Deutschland ein angenehmes, bequemes

Leben. Er hat sich von den Sozialleistungen, die er hier bekommt, ein wenig ansparen können, um sich ein Haus im Iran zu kaufen. Für ihn gleicht das Land hier einem Paradies. Dann fällt mir Buruk ein. Der Eritreer hat eine Kugel im Kopf, spricht kaum ein Wort Deutsch und laut Azad ist auch sein Arabisch oft nicht entschlüsselbar. Für Buruk ist es schwer, hier in Deutschland Fuß zu fassen. Er hat mich einmal gebeten, einen Dolmetscher für die Anmeldung in einer Sprachschule zu buchen. Ob er jemals die Sprache, was der Schlüssel zur Integration (wie viele sagen) ist, lernen wird, ist fraglich. Aber Buruk ist gewillt zu arbeiten. Trotz seiner Behinderung gelingt es ihm auch immer wieder Arbeit als Lagerist zu finden. Schaue ich mir diesen Bewohner an, dann weiß ich, dass er es eher geschafft hat, sich zu integrieren, als viele andere, die in unserem Heim leben und perfekt Deutsch sprechen. Viele, so wie Akar, denen die Integration nicht gelingt, die sich nicht verwurzeln können, werden nach Kriegsende in Syrien, der Ukraine oder in Afghanistan zurück in ihre Herkunftsländer gehen. Es gibt spezielle Programme, die auch jetzt schon helfen, eine Rückführung zu ermöglichen. Eines davon heißt *Coming Home*. Entscheidet sich ein Flüchtling dazu, in das Herkunftsland zurück zu gehen, bekommt er oder sie etwas Taschengeld, das dazu reicht, einen kleinen Laden zu eröffnen, sich schlichtweg ein Leben in der Heimat zu ermöglichen.
Es gibt aber auch viele, die es schaffen, sich ein Leben in Deutschland aufzubauen, sich zu verwurzeln und sich mit unseren Werten zu identifizieren. Schaue ich meine beiden Kollegen Shafiq und Azad an, sehe ich jeden Tag den Beweis dafür, dass Integration funktionieren kann. Sie haben mein Leben bereichert und ich wünschte mir, viele Menschen würden sich selbst ein Bild machen und in den Austausch mit direkten Betroffenen gehen, bevor sie an einer Pegida Demonstration teilnehmen, ohne jemals mit einem Geflüchteten gesprochen zu haben. Wir waren auch Flüchtlinge oder können selbst einmal zu Flüchtlingen werden. Jeder Einzelne von uns, jederzeit. Das sollten wir uns insbesondere jetzt, wo Krieg in Europa herrscht, vor Augen halten und wir wissen noch nicht, was in den nächsten Jahren auf uns zukommen wird. Erdoğan ist an Griechenland interessiert, China hat Pläne mit Taiwan und seit einiger Zeit ist wieder Krieg im

Irak. Es wird immer irgendwo einen Krieg auf dieser Welt geben und noch wissen wir nicht, inwieweit wir selbst in Zukunft in einen solchen verwickelt sein werden. Azad und seine Familie sind damals aus dem Irak geflohen, nachdem sein Cousin von politischen Gegnern auf grausame Art und Weise getötet worden ist. Meine Großeltern sind nach dem Zweiten Weltkrieg aus dem damaligen Sudetendeutschland nach Bayern geflohen, nachdem mein Onkel sein eigenes Grab schaufeln musste und letztendlich von tschechischen Soldaten erschossen worden ist. Mein Vater besitzt noch einen Flüchtlingsausweis. Auch meine Familie hat Zeit gebraucht, bis sie ihre Wurzeln hier in diesem Land gefunden hat. Meine Oma hatte Schwierigkeiten sich zu integrieren. Ich, in der dritten Generation, kann behaupten, es geschafft zu haben.

Es ist ein Freitagmorgen im Advent und wie jeden Tag schließe ich auch heute mein Fahrrad ab, öffne die schwere Eingangstür der Asylunterkunft und betrete das Gebäude. Die kahlen Wände sind mit silbernen und goldenen Weihnachtssternen beklebt und im großen Aufenthaltsraum steht schon ein dunkelgrüner Weihnachtsbaum, den wir als Spende von den Ehrenamtlichen bekommen haben. Shafiq und ich haben ihn gestern mit roten und blauen Christbaumkugeln geschmückt, Azad eine Lichterkette angebracht. Vor meiner Bürotür bleibe ich stehen und betrachte die bunte Lichterkette, die im Türrahmen hängt, und die kleine Krippe, die jemand auf unseren Eingangstresen gestellt hat. Bei diesem Anblick merke ich, wie ich nun so richtig in Weihnachtsstimmung komme und begrüße mit einem Gefühl von innerer wohliger Wärme meine Kollegen.
„Derzeit sind 65, 3 Millionen Menschen auf der Flucht und vielleicht sollten wir uns gerade jetzt der wahren Bedeutung des Wortes Advent, Ankunft, bewusst werden“ (Hebbelmann, 2015).
Ich denke an die nun sieben Jahre zurückliegende Rede damals 2015 im großen Hörsaal der Uni Heidelberg zurück. Eine Rede, die nicht aktueller sein könnte. Jetzt ist Krieg in der Ukraine und eine andere Welle von Flüchtlingen ist gekommen und wird noch kommen – Geflüchtete aus der Ukraine, vielleicht auch aus Russland und

Afghanistan. In den Nachrichten werden die beiden Flüchtlingswellen oft miteinander verglichen.
„2015 war einfacher“ (Knaus, 2022), sagte einst ein Nachrichtensprecher in der Tagesschau. Heute kommen die Geflüchteten schneller und der Wohnraum ist noch knapper. Auch sind es jetzt andere Menschen, die flüchten. Waren es 2015 vor allem junge Männer, so kommen nun überwiegend Frauen und Kinder. Die Bundesrepublik muss sich erneut vielen Herausforderungen stellen, um es zu schaffen, die Menge an Menschen einzugliedern, das ist sicher. Aktuell müssen vor allem noch mehr Kitaplätze und Deutschlernklassen für die Kinder geschaffen werden. Es ist eine Herausforderung, aber nicht unmöglich und letztendlich sorgt jede Möglichkeit der Herausforderung für Wachstumspotential. Warum also sollten wir die Diversität und Vielfalt nicht als Chance sehen, anstatt von Überlastungen und Unmöglichkeiten zu sprechen? Deutschland ist ein Einwanderungsland. Allein aus einem rein wirtschaftlichen Aspekt betrachtet braucht unser Land Zuwanderung. Azad wurde damals 1988 aus dem Irak vertrieben. Russland ist zu seiner zweiten Heimat geworden. Aktuell marschieren russische Soldaten in die Ukraine ein oder warten darauf, eingezogen zu werden, so wie der Zwillingsbruder seiner Frau. Wäre Azad in Russland geblieben, würde er vermutlich selbst bald an der Front kämpfen. Um dem zu entgehen, hätte er nun womöglich wieder fliehen müssen. Azad, der an so vielen Orten der Welt zu Hause war, hat sich seinen Namen vielleicht rein zufällig, vielleicht aber auch ein Stück weit unbewusst beabsichtigt nach dessen Bedeutung ausgesucht: *Freiheit* und *Unabhängigkeit*. Mittlerweile ist Azad deutscher Staatsbürger. Ich glaube, dass nun ein Teil seiner Wurzeln auch in Deutschland liegt, aber er in seiner Unabhängigkeit nie an ein bestimmtes Land gebunden sein wird.

Literaturverzeichnis

Alev, R. (29.01.2020). *der/die/das Respekt*. Von Was bedeutet Integration für dich?: https://derdiedasrespekt.at/flucht-zuwanderung/2020/01/was-bedeutet-integration-fur-dich/ abgerufen

Alhassan, B. (22.04.2020). *Facebook*. Von Lernen mit Bijin: https://de-de.facebook.com/groups/533614240656505/about/ abgerufen

BAMF. (14.12.2016). *Bundesamt für Migration und Flüchtlinge und Migration*. Von BAMF Migrationsbericht 2015: https://www.bamf.de/SharedDocs/Anlagen/DE/Forschung/Migrationsberichte/migrationsbericht-2015.html?nn=839068 abgerufen

Bröcker, M. (04.05.2022). *ThePioneer*. Von Butscha – Zwischen Wiederaufbau und Erinnerung: https://www.thepioneer.de/originals/hauptstadt-das-briefing/videos/butscha-zwischen-wiederaufbau-und-erinnerung abgerufen

Drotschmann, M. (01.10.2020). *MrWissen2go*. Von Armenien vs. Aserbaidschan: Was ist los in Bergkarabach?: https://www.youtube.com/watch?v=IhZB5ZvlGqE abgerufen

Duden, R. (02.08.2022). *Duden Online Rechtschreibung*. Von Integration: https://www.duden.de/rechtschreibung/Integration abgerufen

Genitz, C. (28.08.2015). *Frankfurter Allgemeine Zeitung*. Von Die gefährlichste Reiseroute der Welt: https://www.faz.net/aktuell/wirtschaft/Fluchthelfer-auf-der-balkanroute-die-gefaehrlichste-reiseroute-der-welt-13774141.html abgerufen

Gunkel, C. (15.03.2013). *Spiegel Geschichte*. Von Geruch von Müll und süßen Äpfeln: https://www.spiegel.de/geschichte/giftgasangriff-auf-halabdscha-1988-a-951065.html abgerufen

Hebbelmann, D. (Dezember 2015). *Eine Frage der Menschlichkeit.* Von Eine Frage der Menschlichkeit: https://www.uni-heidelberg.de/de/presse-medien/publikationen/unispiegel/uni-privat/eine-frage-der-menschlichkeit abgerufen

Heil, H. (30.03.2022). Bundesarbeitsminister Heil: Müssen Flüchtlingen langfristige Perspektiven eröffnen. (M. Strempel, Interviewer)

Knaus, G. (08.03.2022). *Tagesschau.* Von Migrationsforscher Gerald Knaus zur Flüchtlingsbewegung aus der Ukraine nach Deutschland: https://www.tagesschau.de/inland/innenpolitik/ukraine-fluechtlinge-aufnahme-deutschland-101.html abgerufen

Krammholz, K. (04.10.2010). *Abendblatt.* Von Christian Wulff: 'Auch der Islam gehört zu Deutschland': https://www.abendblatt.de/politik/deutschland/article107863038/Christian-Wulff-Auch-der-Islam-gehoert-zu-Deutschland.html abgerufen

Uno-Flüchtlingshilfe. (05.08.2022). *Uno Flüchtlingshilfe.* Von Die Balkanroute- vom nahen Osten nach Europa: https://www.uno-fluechtlingshilfe.de/informieren/fluchtrouten/balkanroute abgerufen

Wikipedia. (05.08.2022). *Wikipedia.* Von Balkanroute: https://de.wikipedia.org/wiki/Balkanroute abgerufen